教育部人文社會科學研究青年基金項目資助
"漢語程度副詞歷史演變的多角度研究"（14YJC740113）
浙江師範大學中國語言文學一流學科資助

本書是教育部人文社會科學研究項目的最終成果

張家合◎著

漢語程度副詞
歷史演變的多角度研究

中国社会科学出版社

图书在版编目 (CIP) 数据

漢語程度副詞歷史演變的多角度研究／張家合著．—北京：中國
社會科學出版社，2017.4

（浙江師範大學語言學書係）

ISBN 978 – 7 – 5203 – 0193 – 0

Ⅰ.①漢…　Ⅱ.①張…　Ⅲ.①漢語 – 副詞 – 研究　Ⅳ.①H146.2

中國版本圖書館 CIP 數據核字 (2017) 第 070216 號

出 版 人	趙劍英
責任編輯	任　明
特約編輯	付　剛
責任校對	張依婧
責任印製	李寡寡

出　　版	中國社會科學出版社
社　　址	北京鼓樓西大街甲 158 號
郵　　編	100720
網　　址	http://www.csspw.cn
發 行 部	010 – 84083685
門 市 部	010 – 84029450
經　　銷	新華書店及其他書店

印刷裝訂	北京市興懷印刷廠
版　　次	2017 年 4 月第 1 版
印　　次	2017 年 4 月第 1 次印刷

開　　本	710 × 1000　1/16
印　　張	19.5
插　　頁	2
字　　數	322 千字
定　　價	95.00 圓

凡購買中國社會科學出版社圖書，如有質量問題請與本社營銷中心聯繫調換
電話：010 – 84083683

摘　　要

　　作爲漢語程度表達的最重要手段之一，程度副詞從古至今發生了很多重要的變化，程度副詞不斷更新，構詞法日益豐富，句法組合能力逐步增強。結合句法和語義特徵，程度副詞可分爲最類、太類、甚類、更類和略類5個類別。本書結合詞彙化、語法化和認知語言學理論，從系統發展的觀點對歷史漢語中的程度副詞進行多角度的研究，考察其來源、發展、演變過程及句法功能，並對程度副詞歷史演變的一些相關問題進行探討。

　　本書除緒論、結語外，主要内容分六章。全書内容概括如下。

　　緒論部分對漢語（尤其是歷史漢語）程度副詞的研究現狀進行概述。在前人研究的基礎上，本書採用形式和意義相結合的標準，將漢語程度副詞分爲最類、太類、甚類、更類和略類五個類別。此外，緒論還對漢語程度副詞的研究價值、研究方法、語料來源及相關問題進行說明。

　　前三章對漢語不同時期程度副詞的面貌進行考察。上古漢語程度副詞系統已粗具規模，但各類程度副詞之間的數量存在較大差異。其中甚類數量最多，更類次之，而最類、太類和略類還比較少。上古時期程度副詞結構簡單，單音詞佔絕大多數，複音詞很少。其中，單音程度副詞所佔比例高，但不少詞仍是兼類詞。此期各類程度副詞的主要成員地位已很突出，主導詞使用更爲頻繁；中古漢語程度副詞的數量大大超過上古，各個次類也有很大發展，系統已經很完善。複音程度副詞在中古時期獲得較大發展，呈現出快速發展的態勢。不過，此期程度副詞的使用仍以單音程度副詞爲主，複音詞的使用頻率還不高；近代漢語程度副詞系統更加完善，五個次類的數量均很可觀，很多成員直接沿用到現代漢語之中。近代漢語裏複音詞獲得了很大發展，使用頻率進一步提高。

第四章考察程度副詞的組合功能及其歷史發展。程度副詞能與不同語法單位組合，所表達的意義主要有"性狀""數量"和"變化"三種。其中，強調性狀義是程度副詞最普遍的用法，最類、太類、甚類、更類和略類程度副詞均具有這種用法。強調數量義和變化義的程度副詞則較少，強調數量義的主要是略類程度副詞，強調變化義的主要是更類程度副詞。程度副詞可與形容詞性成分、動詞性成分及一些體詞性成分進行組合，但它們在不同時期的組合能力卻存在很大差異，既表現在程度副詞的日益豐富上，又表現在被飾成分的複雜化方面。此外，本章最後以"彌""愈"爲例進行對比研究，探討程度副詞個體成員在組合功能上的差異。

第五章結合詞彙化、語法化理論對幾組程度副詞做"個案研究"。程度副詞"過"多用於單音詞之前，它是由實詞虛化而來，中古新興並廣泛使用，近代以後使用頻率逐漸下降。"過於"是通過重新分析而產生，始見於近代，主要用於複音詞之前；程度副詞"越"是由實詞虛化而來，產生於宋代。《金瓶梅詞話》之後"越"的使用範圍迅速縮小，主要用於框式結構之中。"越發"是由"越"與"發"構成，較早見於明代。在《金瓶梅詞話》之後使用頻率不斷增加，在表"程度加深"的用法上逐漸取代"越"。最後還討論了"怪""生""挺""滿"和"蠻"等幾個詞的形成和使用情況。

第六章討論程度副詞系統的發展特點。程度副詞是一個相對封閉的系統，它們在歷史發展過程中表現出較強的規律特徵，歸結起來主要有穩定性、發展性、不對稱性和差異性四個方面。

結語部分總結全書，對程度副詞歷史演變的一些相關問題進行討論，如程度副詞的形成條件以及程度副詞與認知的關係等，并對研究中存在的問題進行剖析。

目　　录

緒　　論

一　程度副詞研究概況

（一）程度範疇及其表達手段

範疇原本爲一個哲學概念，是人類社會發展到一定階段的產物，它形成於人們認識世界和改造世界的實踐過程之中。在社會實踐過程中，人類對外界事物的感知和認識投射到語言中，就形成語言世界中各種不同的語義範疇，如亞里士多德在《範疇論》中羅列了"實體（substance）、數量（quantity）、性質（quality）、關係（relation）、地點（place）、時間（time）、情況（position）、具有（state）、動作（action）、承受（affection）"十種邏輯範疇。呂叔湘（1956）論述了"數量、指稱（有定）、指稱（無定）、方所、時間、正反·虛實、傳信、傳疑、行動·感情"九個範疇。

世界上的一切事物都具有量的特徵，如數量的多少、範圍的大小、時間的長短、程度的高低等。李宇明（2000：30）認爲量的次範疇主要有"物量、空間量、時間量、動作量、級次量、語勢"六種。量範疇的表達方式豐富多彩，不僅不同語言的表達手段不盡相同，而且同一語言在不同歷史時期的表達手段也會有所變化。依據表達方式的不同，李宇明（2000：73）又將量範疇分爲"明量"和"暗量"兩種。明量是用數量詞語表達的量，暗量指不用數量詞語而用其他手段表達的量。呂叔湘（1999：118—119）認爲程度是指"文化、教育、知識能力等方面的水平；事物變化達到的狀態"。客觀事物都具有一定的性質和狀態，在事物的使用和發展過程中，它們的性質和狀態又存在一定的等級差別，這些差別體現到量範疇中就是程度按照高低、大小進行的量化，這就是程度量。程度含有"量"的意義，是量範疇的一種，而且是一種相當抽象的"語義·語法"範疇，是與名詞的"空間性"和動詞的"時間性"處於同一層面上的。

　　本書所說的"程度"，指測定或評價某種行爲、關系、狀態或心理態度的時候表現出來的等級（《韋氏大詞典》修訂版）。對程度的描寫和說明，反映了人類對程度範疇的認識和理解。在人類語言中，程度範疇有不同層次的表達方式，涉及語言中詞彙、語法及句法等各個層面。一般認爲，程度副詞是程度範疇最重要的表達手段。漢語程度副詞的歷史演變，既是語言歷時演變的結果，又與共時的漢語方言差異有關。人類語言種類繁多，差異巨大，不同類別語言表達程度量的語法手段不完全相同。漢語是一種形態不豐富的語言，程度量的表達與英語等有豐富形態變化的語言既有相同之處，又存在著差異。英語形容詞程度量的差別主要有兩種表達方式：一是通過形容詞"級"的形式來體現，即在形容詞上加後綴 – er，– est，或是形容詞前加more，most。這種意義在漢語中則主要是通過"最、彌、更、越、稍、較"等具有比較義的程度副詞來表達；二是通過程度副詞來表達，即使用 very，quite，rather，terribly 等程度副詞表達程度，而漢語中則主要借助"甚、很、非常、有點"等不具有比較義的程度副詞來表達。

　　漢語程度表達的手段豐富多樣，除使用程度副詞這種最重要的手段外，還有其他的一些手段，常見的主要有：一是使用狀態形容詞表達程度，如"悠悠、茫茫、雪白、稀爛、乾巴巴、香噴噴、清清白白、乾乾淨淨、煞白煞白、冰涼冰涼"之類的詞；二是使用比較句、比擬句等句式表達程度，如"哪天也沒今天冷"，"一個白的白似雪，一個黑的黑似鐵"[①]；三是使用程度補語表達程度，如"聰明絕頂、

---

① 　此二例引自呂叔湘（1956：150）。

美豔絕倫、高興壞了、差遠了"等。

（二）古代漢語程度副詞研究概況

副詞是漢語中很有特點的一個詞類。自《馬氏文通》以來①，語言學界對漢語副詞進行了大量的探索，並取得了豐碩的成果，主要集中在副詞的虛實歸屬、内部分類、來源機制、句法特徵以及副詞成員之間的對比研究等方面②。程度副詞是副詞家族中一個舉足輕重的類別，它既有副詞的諸多共性，又有其自身的特點，因此程度副詞研究一直是漢語語法研究中的重要内容。近些年來，學者們就現代漢語程度副詞的下屬類別、句法功能等問題進行了較爲全面系統的研究，並通過個案研究和對比研究對現代漢語程度副詞的來源、語義指向、語用特徵等問題進行了多方面的探索。這些研究論證科學、方法得當、視角多樣，得出的結論大多很有說服力。

與現代漢語相比，儘管歷史漢語中程度副詞的研究尚未形成系統，但也取得了不少成績，主要表現在以下幾個方面③。

1. 程度副詞的界定

副詞包羅萬象、類別繁多、用法複雜，是漢語詞類問題中爭議最多、分歧最大的一個類詞。吕叔湘（1984：512）曾用"大雜燴"來描述副詞，實不爲過。由於人們主觀認識的差異和副詞自身的複雜性，副詞的範圍和分類問題一直困擾著漢語語法學界。目前，對副詞分類雖未達成一致的意見，不過大多數學者都認爲程度副詞是副詞中的一個重要類別。古代漢語研究中，一般是結合程度副詞的性質特徵來界定程度副詞的，如楊伯峻、何樂士（2001：270）認爲："程度副詞常用於動詞或形容詞謂語前，表示動作行爲或狀態所達到的各種程度。"唐賢清（2004b：15）指出："程度副詞是表示性質狀態或某些動作行爲所達到的各種程度的副詞。"楊榮祥（2005b：55）也指

---

① 《馬氏文通》中的"狀字"，大體相當於現代所說的副詞。

② 參齊滬揚、張誼生、陳昌來（2002），肖奚強、錢如玉（2006）等。

③ 下文主要綜述古代漢語程度副詞研究概況，必要時才涉及現代漢語方面的研究情況。

出：“程度副詞的語義特徵就是表示性質狀態的程度或某些動作行爲
的程度。”這些論述抓住了程度副詞的主要特點，爲我們判定程度副
詞提供了基本依據和操作標準。

2. 程度副詞的分類

　　現代漢語層面對程度副詞的分類標準大致有意義標準、形式標準
以及形式和意義形式相結合的標準三種①，而古代漢語程度副詞研究
中基本上是堅持以意義爲標準，而且這些分類多是在通論性著作中間
或論及，偶見單篇論文專門研究。程度副詞下屬小類具體有多少，學
界觀點並不一致。如柳士鎮（1992：221—222）分程度副詞爲表示
極至、表示轉甚、表示輕微三類；呂雅賢（1992）分程度副詞爲
“最、甚、微、更、信、漸”六類；徐朝華（1993）分程度副詞爲表
程度高低深淺和表程度變化兩類；高育花（2007：28）根據所表示
程度的不同，將中古漢語程度副詞分爲表極度、甚度，表比較度和表
微度三類；楊伯峻、何樂士（2001：270）將程度副詞分爲表示程度
高，表示程度在變化之中，表示程度輕微，表示程度正恰合適，表示
程度差不多五類；陳蘭芬（2004）將程度副詞分爲“最”“極”
“甚”“過”“微”“更”“漸”七類；葛佳才（2005：137）將程度
副詞分爲表示程度過分、至極、高、輕微和變化五類；陳群（2006）
將程度副詞分爲“太”“更加”“最”“很”和“稍”五類；趙長才
（2006）將程度副詞分爲最高、過甚、一般的程度很高和在比較基礎
上的程度增高四類。

　　語法研究的一個核心任務就是探尋語法形式與語言意義之間各種

---

① 根據語義特徵劃分程度副詞的，如呂叔湘（1956：147—150）、黎錦熙（2000：
138—140）、楊伯峻、何樂士（2001：270）、高育花（2007：28）等；從語法功能角度劃
分程度副詞的，如夏齊富（1996）等；結合句法和語義標準劃分程度副詞的，如王力
（1954/1985：131—132），黃盛璋（1957），馬真（1988），周小兵（1995），張桂賓
（1997），陳克炯（1998），儲澤祥、肖揚、曾慶香（1999），韓容洙（2000），張誼生
（2000c：23—33；2004：4—5），張亞軍（2002：142—143），藺璜、郭姝慧（2003），馬
慶株（2005：143）等。

錯綜複雜的對應關係。我們認爲，語言形式和意義之間是緊密聯繫的，在語法結構裏，二者共處一體，缺一不可。就程度副詞而言，單純的意義標準雖然在操作上很方便，但缺乏形式上的驗證，單純的形式標準又會造成一定的混亂。從意義上看，程度副詞既可表示程度高，又可表示程度低，還能表示程度的變化；而且，不同類別程度副詞的組合能力往往又存在不少的差異①。有鑒於此，本書採用形式和意義相結合的標準，將程度副詞分爲五類，即最類、太類、甚類、更類和略類：

　　最類程度副詞：如"最、極、至"等，表示程度到達頂點，無以復加，相當於現代漢語的"最""極"等；

　　太類程度副詞：如"太、過、忒"等，表示動作或性狀程度超過常規，相當於現代漢語"太；過分"等；

　　甚類程度副詞：如"甚、大、很"等，表示動作或性狀的程度很高，相當於現代漢語的"非常；很"等；

　　更類程度副詞：如"愈、更、越"等，表示動作或性狀程度的增加或變化，相當於現代漢語的"更加；越發"等；

　　略類程度副詞：如"稍、略、微"等，表示程度低或數量不多，相當於現代漢語的"略微；有些"等。

　　上舉的"最""太""甚""更"和"略"都是古代漢語（或某一時期）中該類程度副詞中的典型成員，它們的使用頻率最高，組合功能最豐富，使用面最廣，特徵也最典型，因此可以用它們來命名程度副詞下屬的各個次類。如上所示，以上五個類別的意義差別明顯，而且它們在句法上也存在很大的不同，尤以"更類"程度副詞爲甚。

　　3. 專書程度副詞描寫

　　近些年來專書語法研究取得了重要進展，同時程度副詞的專書研究也取得了不少成績。張詒三（2001）對《三國志·魏書》的程度副詞進行了描寫；唐賢清（2002—2004）的一組文章對《朱子語類》

---

① 程度副詞組合功能的歷史面貌和歷時發展情況見本書第四章。

的程度副詞，如“大段”“大故”“太”“煞”“可煞”“太煞”等作了較充分的研究；闞緒良（2003）認爲“傷”有“太”義，並指出《齊民要術》有補前說“自東漢迄宋，中間尚缺晉、南北朝、隋各時代用例”的作用；武振玉（2003）考察了《兒女英雄傳》中的程度副詞；傅書靈（2005）考察了《歧路燈》中“極”的使用情況，並指出作狀語的“極”在清代中期以後的文獻中出現的頻率逐漸降低；劉曉惠（2005）從語法化角度對《搜神記》中的程度副詞進行了考察；武振玉（2005b）從結構形式方面對“三言二拍”的程度副詞進行了探討；趙長才（2006）較爲詳細地考察了《莊子》中的 19 個程度副詞的使用情況，並運用語法化理論對程度副詞的來源做了探討，進而認爲《莊子》時代程度副詞體系已經比較完備；鄭燕萍、曹煒（2008）對《型世言》的程度副詞進行了全面考察。

　　以上是單篇論文，還有不少碩士學位論文對漢語史中一些重要專書，如《國語》《莊子》《史記》《後漢書》、“敦煌變文”“敦煌愿文”、《五燈會元》《型世言》《西遊記》《金瓶梅》《歧路燈》《儒林外史》《紅樓夢》《鏡花緣》《兒女英雄傳》《老殘遊記》等的程度副詞進行了研究①。此外，還有不少碩士、博士學位論文，它們或是以專書程度副詞爲研究對象，或者研究副詞時對程度副詞亦有論及。這裏不再一一羅列。

　　4. 斷代程度副詞描寫

　　斷代語法研究是漢語史研究的一項重要工作。如韓陳其（1988）統計出古漢語單音節程度副詞大約共 80 個，並根據音韻關係進行了一些考察；李傑群（1992）考察了先秦到唐代漢語常用的 20 多個程度副詞；柳士鎮（1992：221—222）列舉了魏晉南北朝時期的不少程度副詞；呂雅賢（1992）調查了從先秦到西漢的 25 個程度副詞的使用情況，認爲先秦時期程度副詞數量較少，表示性狀和動作的程

---

　　① 參看董淑慧（1997）、侯立睿（2003）、孟豔紅（2004）、李俊輝（2006）、覃興華（2006）、王麗潔（2007）。

度，多用形容詞而不是副詞；徐朝華（1993）考察了上古（周秦到西漢）程度詞，指出部分程度詞是由同形形容詞、動詞本義直接引申而來，較多的程度詞是由同形形容詞、動詞的引申義引申而來，少數程度詞是由同名名物詞引申或假借而來。上古程度詞的發展變化在於數量的增加和程度意義系統的形成上；陳克炯（1998）以先秦漢語爲研究對象，對何金松《虛詞歷時詞典》、何樂士等《古漢語虛詞通釋》、楊伯峻、何樂士《古漢語語法及其發展》中尚未談到的程度副詞及其用法有所補充，並對程度副詞的句法功能和內部差異有所論及；楊伯峻、何樂士（2001）對漢語程度副詞作了較爲詳盡的羅列；陳蘭芬（2004）是一篇專門以中古程度副詞爲研究對象的碩士學位論文，對中古程度副詞的語義指向、句法功能進行了探討，並對"酷、傷、非常、更加"四詞進行了一些考證；楊榮祥（2005b）統計了《敦煌變文集》《朱子語類》《新編五代史平話》和《金瓶梅詞話》四種近代文獻的程度副詞，並對它們的組合功能進行了一些研究；陳群（2006）對明、清兩代程度副詞進行了一些討論；高育花（2007）對中古副詞作了較全面的研究，對程度副詞的面貌和組合功能也略有關注，並分析了"差""更""頗""多少"四詞的歷史發展情況。

5. 程度副詞來源考察

張誼生（2000a）對現代漢語副詞生成和語法化機制等問題進行了深入的探討。該文不僅對探討現代漢語副詞的形成和發展具有較強的指導意義，而且對古代漢語程度副詞來源的研究也具有重要的參考價值。來源考察是目前古代漢語程度副詞研究中所佔比重最大的一部分，已考察的程度副詞主要有：

倍（黃增壽，2005b），倍加（黃增壽，2005b），差（高育花，2007），大段（唐賢清，2002），大故（唐賢清，2003a），非常（張亞軍，2002；陳蘭芬，2004；武振玉，2004b），更（高育花，2001b、2007），更加（陳蘭芬，2004），過、過於（張家合，2010a），好（武振玉，2004c），好不（袁賓，1984），很（王靜，

2003a；陳寶勤，2004），極（楊榮祥，2005a、2005b），酷（陳蘭芬，2004），老大（李計偉，2005），偏（黃增壽，2005b），頗（洪成玉，1997；高育花，2001a、2007），煞（唐賢清，2003b、2003c、2003d、2004a；楊榮祥，2005b），傷（吳琦幸，1982；劉凱鳴，1985；闞緒良，1998、2003；陳蘭芬，2004；汪維輝，2007），甚（李傑群，1986；楊榮祥，2005a、2005b），甚大（黃增壽，2005a、2005b），十分（唐韻，1992；武振玉，2004d），越、越發（2010b），最（宋洪民，2002）等。

6. 程度副詞的句法功能研究

程度副詞的句法功能包括兩個方面：一是程度副詞在句中充當句法成分的能力；二是程度副詞能與其他詞類組合的能力。學者對這兩方面均有所關注，不過多見於現代漢語方面。

充當狀語是程度副詞最基本的語法功能，這已爲學界所普遍認可。關於程度副詞能否作補語的問題，不同的學者對此有不同看法。一種觀點認爲程度副詞主要作狀語，也可作補語，如呂叔湘（1999：18）、邢公畹（1992：243—244）、張誼生（2000b）、鄭燕萍（2007）等；另一種觀點則認爲程度副詞只能作狀語，不能充當補語，如朱德熙（1982：192）、馬真（1997：31—32）、邢福義（1997：181—182）、聶志平（2005）等。

以上都是現代漢語方面的討論，而對古代漢語程度副詞能否充當補語問題的討論還不多。目前所見，楊伯峻、何樂士和楊榮祥等學者對此有所關注。楊伯峻、何樂士（2001：270）認爲："程度副詞常用於動詞或形容詞謂語前，表示動作行爲或狀態所達到的各種程度。"楊榮祥（2005a、2005b：292）認爲漢語副詞只能作謂詞性結構中的修飾成分，也就是只能在狀中結構中充當狀語。而現代漢語副詞研究中，一般都認爲少數副詞如"極"和"很"還可以充當補語，如"好極了、好得很"。這是歷時演變映現在共時平面中的一種特殊現象，這種特殊現象，是可以通過對"極"和"很"等少數幾個副詞的來源及其發展歷史的分析作出解釋的。近代漢語中，也有一些詞，通常被看作是副詞作補語，如"甚、煞、極、非常、再三、恰好"
等，其實，在句法結構中，它們中有些根本就不應該分析爲補語，也
不是副詞，有些雖然是在句法結構中充當狀語，但也並不是副詞。通
過考察這些詞的發展歷史，我們發現這些詞在近代漢語中雖然最常見
的用法是用作副詞，但同時還具有非副詞用法。那些被看作副詞作補
語的用例，都可以作出別樣的解釋。

　　我們贊成程度副詞只能作狀語的看法。現代漢語中雖然有不少詞
用於動詞或形容詞之後充當補語，如"很""極"等。我們認爲它們
都是語言歷時演變在共時平面的反映。以"很"爲例，在現代漢語
謂語之前的"很"，我們必將其看作程度副詞，這是確鑿無疑的，那
麼謂語之後的"很"呢？由於謂語之後的"很"和謂語之前的"很"
的意義存在著相通之處，因此在一般情況下，我們可能也會將其定性
爲程度副詞，而不會考慮它的來源而將其看作形容詞，雖然它是從形
容詞"很"發展而來的①。如果明白"很"的歷時發展過程，從語言
發展的觀點來看待這一問題時，我們就很自然地將古代漢語裏用於補
語位置上的"很"看作形容詞而不是副詞。

　　程度副詞修飾形容詞和心理動詞已爲學界所公認，如朱德熙
（1982：196）、呂冀平（2000：130）、張亞軍（2002：127）等。不
過，隨著研究的深入，語言學界對程度副詞句法功能的認識也不斷地
深化，不少學者開始認識到很多動詞和動詞短語也可受到程度副詞的
修飾，如周鳳彤（1988），夏齊富（1996），郝琳（1999），袁明軍

---

　　①　在外語教學中有一種"語言遷移現象"。遷移是一種認知行爲，是主體的主觀加工
過程，即多種不同學習方式之間的相互作用、相互影響，它存在於各種內容、各種形式的
學習中，同樣也存在於語言學習過程中。就語言遷移而言，既包含不同語言之間的遷移，
即語間遷移（interlingual transfer），也包含同一語言內部的遷移，即語內遷移（intralingual
transfer）。遷移包括正遷移和負遷移兩種，前者可以幫助學習者順利完成語言學習，後者會
妨礙學習者的學習，使其產生偏誤。我們認爲，將謂語之後的"很"看作程度副詞，是用
已有知識、經驗對其他事物的重新認識，與外語教學中的"遷移"現象有類似之處，它屬
於"負遷移"。參見姚梅林、吳建民（2000）。

（2000），張誼生（2000c：29、2004：3），刁晏斌（2006、2007）等。以上是現代漢語方面的研究情況，古代漢語方面對程度副詞組合功能的研究則相對薄弱一些，目前只有少數學者進行過探討。如楊榮祥（2005b：55）指出："現代漢語中程度副詞最明顯的特點是大都可以比較自由地修飾單個形容詞，修飾動詞則要受到很多限制，一般只能修飾助動詞、表心理活動的動詞和某些特定的動詞性結構。在近代漢語中，程度副詞則可以比較自由地修飾動詞性結構，少數還能修飾充當謂語的 NP。如果就單個程度副詞而言，近代漢語中的很多程度副詞的用法與現代漢語有所不同。"

7. 程度副詞內部結構研究

劉開驊（2004）列舉了"特加""愈加""益加""愈益""更愈""絕更""益更""最差""特尤"九個中古漢語的程度副詞，並對它們的成因進行了一些分析。

武振玉（2005a）認爲漢語雙音程度副詞從來源上可分爲三類：同義複合、加詞綴、源自短語。同義複合是原本可以獨立運用的單音程度副詞的同義組合，其結構形式不很緊湊，從漢魏六朝到明清均有不同形式出現。其特點一是涵蓋的面廣，二是出現的形式多，三是一些形式的使用時間不是很長。加詞綴的形式是原本可以獨立運用的單音節程度副詞加前綴或後綴形成的，前綴只有一個"可"，後綴有"其""生""地"等，主要應用於中古和近代漢語之中。源自短語的形式主要爲表示程度高和表示程度比較這兩類，其特點是出現頻率一般不高，語法化的過程比較緩慢，但是多數形式沿用到現代漢語之中，是影響最大的一類。

（三）目前程度副詞研究中存在的問題

古代漢語程度副詞研究取得了不少成績，但仍有很多問題尚需解決，還有進一步挖掘的空間，主要表現在以下方面。

1. 古漢語程度副詞的面貌還不夠清晰

古漢語程度副詞的研究，往往只關注一些比較重要的程度副詞的語法化過程，而對其他的程度副詞則缺乏足夠的重視。據我們統計，上古漢語程度副詞的數量有 40 多個，中古程度副詞 110 多個，近代約 160 個。雖然有些程度副詞已引起學者們的重視，但仍有爲數不少的程度副詞尚未得到深入研究。如略類副詞、"不 + X"類（"不妨、不勝"等）和"非"類（"非常、非分、非甚"等）副詞，就少有學者論及，而像"過、深、生、盛、尤"等很有特點的程度副詞也缺乏深入探討。此外，還有不少使用頻率不高的程度副詞使用情況尚不清楚。在這些程度副詞的來源、發展過程和使用情況還沒弄清楚之前，很難說我們已經準確地把握了古代漢語程度副詞的全貌。

2. 程度副詞的句法功能缺乏深入研究

目前，對古代漢語程度副詞句法功能的研究，多是附帶提及，很少有學者作過系統的研究。因此，有關程度副詞句法功能的許多問題尚需進一步探討，如程度副詞的句法組合能力如何，其下屬小類的句法功能的差異，程度副詞對形容詞性成分、動詞性成分和體詞性成分的句法、語義的選擇問題，程度副詞在句中充任句法成分的問題等。在此基礎上，可以進一步研究程度副詞句法功能的歷時發展情況。

調查發現，程度副詞在句法上很有特點，首先它可以修飾形容詞、心理動詞、助動詞、行爲動詞、形容詞短語、動詞短語及一些體詞性成分；其次程度副詞次類對所修飾成分是有選擇的，即它們所修飾的成分是不完全相同的。如幾乎所有程度副詞都可以與形容詞（性質形容詞）、心理動詞、助動詞、形容詞短語等組合，而行爲動詞、動詞短語與程度副詞的組合是有很強選擇性的。總體來看，行爲動詞、動詞短語多與更類和略類程度副詞組合，而少與最類、太類和甚類程度副詞組合。一些體詞性成分基本只能與最類程度副詞中的個別成員組合，而不能與絕大多數的程度副詞搭配。

3. 程度副詞發展的特點及其原因研究不多

目前，對程度副詞發展特點及其原因的研究還很少。據我們調查，漢語程度副詞下屬類別發展變化的速度有快有慢，既表現爲一定的保守性，又表現出漸變性的特點。由於文獻自身性質特點的不同，程度副詞又表現出較強的差異性，一是佛經文獻與中土文獻使用程度副詞的差異；二是在詞彙複音化的趨勢下，程度副詞複音化發展迅速，中古以後複音詞數量已超過單音節詞，但不同類別之間又有顯著差異；三是中古以後複音詞雖在數量上超越單音詞，但在使用頻率上遠遠不及單音詞，即使是近代漢語時期以後，這種局面仍未得到根本改變。

重視語言事實的發掘，是漢語語法史研究的優良傳統。不過，目前的漢語研究已經不能僅停留在語言事實的描寫階段，必須對語言現象的產生、發展、演變等情況進行理論解釋。目前，漢語程度副詞的研究主要使用統計、描寫等方法，偏重於語言事實的描寫，集中在程度副詞使用頻率的統計和出現時代的確定上，而忽視了隱藏於語言事實背後的機制和規律。這在今後的研究中需要加強。這些問題同樣適用於漢語的程度副詞研究之中，目前對這些問題很少有學者進行專門研究，更沒有學者對這些現象背後的原因進行系統的解釋性研究。

4. 對比研究尚未展開

朱德熙（1982：197）在講到現代漢語程度副詞時指出："不同的程度副詞，除了語義上表示的程度有差別外，語法功能也不完全一樣。"現代漢語裏已有不少論文對不同程度副詞在語義、句法、語用方面的差異進行過比較，而古代漢語方面很少有學者對此進行研究。古代漢語裏意義相同、相近而用法存在差異的程度副詞數量眾多，通過對比研究，發現不同程度副詞之間的"同"和"異"，既可爲研究程度副詞歷時替換尋找依據，也是我們深入瞭解、認識這些程度副詞的必要途徑。

歷史漢語程度副詞的研究，多立足於歷史文獻的考察，研究視野狹小，而影響程度副詞分佈和使用的方言因素和地域因素基本被忽略。而且，這些研究往往停留在漢語本體層面，不能將歷史漢語置於人類語言的類型學視野下進行考察。這樣勢必導致其研究成果難以與現代漢語及其他語言接軌，難以與鄰近學科溝通。

二　研究價值、語料來源、研究方法及相關說明

（一）研究價值

作爲漢語程度最重要的表達手段，程度副詞從古至今發生了很多重要的變化，程度副詞不斷更新，構詞方式日益複雜，句法組合能力逐步豐富。程度副詞一直是漢語語言學界關注的熱點之一，漢語學界對古代漢語中的程度副詞進行了不少探索，並取得了一定的成果。結合現代語言學理論，對漢語程度副詞的歷史演變進行多視角、全方位的研究，至少具有以下幾方面的價值：

（1）有助於推進歷史漢語程度副詞的系統研究。目前尚未見到對歷史漢語的程度副詞進行系統全面考察的研究成果。漢語程度副詞數量眾多，歷史變化頻繁。現有的研究主要集中在一些常見成員上，研究的系統性明顯不足；程度副詞的產生、發展過程等方面研究較多，而其句法組合能力、語法意義、歷史變化等問題則很少爲學界所關注。本書將系統全面地研究漢語程度副詞的基本面貌和歷史流變，考察程度副詞的句法組合能力及歷史變化，探求程度副詞產生、發展的內在原因和演變機制，實現古今漢語程度副詞研究的對接。

（2）有助於準確揭示現代漢語程度副詞的歷史來源。現代漢語程度副詞的形成是多層次多來源的。不少古代漢語的程度副詞沿用至現代漢語之中，它們中的多數來自古代的通語，少數則來自古代的方言。李如龍（2000）認爲：“古今漢語的演變史之中，不論是上古、中古、近代、現代，都有共同語和方言的互動，各個歷史時代之間，共同語和諸方言也並非直接的承變，而必定有許多交叉。”從時間（縱）、空間（橫）兩個方面入手，有助於準確揭示現代漢語程度副詞的歷史來源。

（3）有助於豐富和深化漢語的詞彙化、語法化理論。程度副詞的產生、發展及歷史變化都與人類的認知有密切關係。結合認知語言學、詞彙化、語法化等相關理論，探討和揭示漢語程度副詞形成、發展過程中表現出來的一般特徵和特殊規律，不僅對漢語副詞及其他詞

類的研究都具有指導意義和參考價值，有助於豐富和深化漢語的詞彙化、語法化理論，還能豐富和完善漢語語法史研究的手段和方法，進而推動漢語史研究的發展，都具有積極的作用。

（二）研究方法

1. 共時描寫和歷時考察相結合

共時平面的研究是歷史語言學研究的重要內容之一。語言是不斷變化發展的，語言的變化是絕對的，靜止是相對的，因此只有共時描寫和歷時考察相結合才能把握語言現象的本質。漢語程度副詞數量眾多，它們不斷地發展變化。程度副詞的歷時考察既要弄清楚不同時期程度副詞的面貌，又要在此基礎上進行上下繫聯，探討程度副詞的產生和消亡情況。程度副詞的句法功能也很有特點。通過共時和歷時的考察，我們發現它們在歷史過程中發生了不小的變化。

2. 時間和空間相結合，進行縱橫兩方面的研究

我們採用形式和意義相結合的標準，將漢語程度副詞分爲最類、太類、甚類、更類、略類等五個類別。對選擇的語言材料進行窮盡式、封閉性的調查統計，甄別出漢語程度副詞的基本成員和次要成員，並對這些詞語的使用情況進行全面系統考察。結合漢語史、地方志、方言志、移民史，重點辨析各個歷史時期的程度副詞。漢語史側重時間上的聯繫，以此爲切入點，討論不同時期及不同空間地域之間程度副詞的相互影響和關係。

3. 定量研究與定性研究相結合

對考察對象進行定量研究，在此基礎上再作定性分析。本書對程度副詞的判定標準主要依據其使用頻率，絕大多數結論都是在資料的統計和分析上進行的，以增強結論的可信度。如程度副詞主導詞的歷時替換，程度副詞的產生和消亡，都必須在定量統計的基礎上才能得出較爲公允的結論。

4. 抽樣調查和全面調查相結合

爲了保證結論的真實性和可靠性，我們必須選取一定數量的材料作窮盡性的統計分析。沒有這一項基礎性的工作，就無法發現和

總結漢語語法發展的基本規律。爲此，我們選取了上古、中古和近代漢語的一些重要語料進行封閉性的窮盡統計，這既是判定程度副詞形成的重要依據，也是保證程度副詞面貌描寫準確性的有效手段。

但在研究某一具體問題時，我們則不能局限於只對一些重要語料的窮盡統計，還應進行更大規模的調查。比如在考察某一程度副詞的源流，探討程度副詞句法功能時，我們必須對漢語史中有關該語言現象的語料進行全面的統計分析，才能得出公允的結論。

5. 描寫和解釋相結合

漢語史的研究不能僅僅滿足於語言事實的描繪，還要深入探討引發語言發生變化的深層原因，既要知其然，還要知其所以然。本書力圖全面充分吸收漢語史、現代漢語共同語、漢語方言學的研究成果，引進認知語言學、語言類型學等理論和方法，對相關問題進行綜合性的研究，事理論研究和漢語事實描寫相結合，準確地描繪漢語程度副詞的面貌，揭示其句法語義特點，並在描寫的基礎上對這些語言現象作出合理的解釋。比如結合語法化理論討論程度副詞來源問題，運用認知語言學理論對程度副詞的歷時替換進行解釋。這些都是擺在我們面前的課題。

（三）語料來源

語料的調查採用抽樣和全面調查相結合的方法。一方面，我們必須選取漢語史上有代表性的典型語料進行窮盡統計，以保證結論的真實性和可靠性；另一方面，研究某一具體問題時，我們又不能僅僅局限於一些代表性語料，還應進行更大規模的調查。在典型語料的選擇上，我們主要考慮語料的口語性、時代性及地域性特徵等幾方面的因素。

本書窮盡統計了歷史漢語中的一些重要語料，上古漢語主要有：《尚書》①、《詩經》《儀禮》《論語》《老子》《左傳》《國語》《禮

---

① 僅指今文《尚書》二十八篇，不包括古文《尚書》二十五篇。

記》《墨子》《商君書》《孟子》《莊子》《荀子》《韓非子》《戰國
策》《呂氏春秋》《公羊傳》《穀梁傳》《史記》《鹽鐵論》等。

中古漢語調查語料分兩種類型。一類是中土文獻，它們主要是：
《論衡》《漢書》《金匱要略方論》《三國志》《抱朴子內篇》《世說新
語》《宋書》《南齊書》《齊民要術》①、《洛陽伽藍記》《顏氏家訓》；
一類是漢譯佛經，它們主要是安世高、安玄、嚴佛調、支讖、支曜、
康孟詳、竺大力、竺曇果等的譯經以及《撰集百緣經》《六度集經》
《大莊嚴論經》《百喻經》《阿育王傳》《佛本行集經》等佛經文獻。
根據呂澂（1979、1981）與許理和（1984、2001）等的論述，現將
各經的譯者、譯作時代以及它們在《大正藏》中的冊數列舉如下。

文獻	譯者	譯者時代	《大正藏》中的冊目
長阿含十報法經	安世高	約 150—170 年	1
人生欲生經	同上	同上	1
一切流攝守因經	同上	同上	1
四諦經	同上	同上	1
本相猗致經	同上	同上	1
是法非法經	同上	同上	1
漏分佈經	同上	同上	1
普法義經	同上	同上	1
八正道經	同上	同上	1
七處三觀經	同上	同上	2
大安般守意經	同上	同上	15
陰持入經	同上	同上	15
禪行法想經	同上	同上	15
道地經	同上	同上	15
法受塵經	同上	同上	17
阿含口解十二因緣經	同上	同上	25

---

① 參引《齊民要術》時，除去卷前《雜說》和卷二"青稞麥"條。主要參看柳士鎮
（1989）、汪維輝（2004；2006；2007）。

文獻	譯者	譯者時代	《大正藏》中的冊目
法鏡經	安玄共嚴佛調	約180年	12
道行般若經	支婁加讖	約170—190年	8
兜沙經	同上	同上	8
阿閦佛國經	同上	同上	11
遺日摩尼寶經	同上	同上	12
般舟三昧經	同上	同上	12
文殊師利文菩薩署經	同上	同上	14
伅真陀羅所問如來三昧經	同上	同上	15
阿闍世王經	同上	同上	15
內藏百寶經	同上	同上	17
成具光明定意經	支曜	約200年	15
修行本起經	竺大力共康孟祥	約200年	3
中本起經	曇果共康孟祥	約200年	4
撰集百緣經	舊題［三國吳］支謙	兩晉之際①	4
六度集經	康僧會	三國吳	3
大莊嚴論經	鳩摩羅什	後秦	4
百喻經	求地毗那	南朝齊	4
阿育王傳	僧迦婆羅	南朝梁	50
佛本行集經	闍那崛多	隋	3

近代漢語時期的語料主要有：敦煌變文、《王梵志詩》《入唐求

---

　　① 《撰集百緣經》（下簡稱《撰》）的作者和成書時代，目前學術界存在爭議，一派認爲確係三國吳·支謙所譯，持此觀點者人數居多，如呂澂、俞理明先生等。另一派則認爲非支謙所譯，像許理和（1998：68、123 注［137］）未將《撰》列入支謙譯經，但沒有闡明具體的理由；季琴（2004：103）認爲：“《撰集百緣經》的作者確實不是支謙，至於它的成書年代可能晚於三國”；日本的出本充代博士主要從內容上，將其與《賢愚經》作比較，認爲《撰》應該晚於《賢愚經》，大概出現在六世紀中葉（辛島靜志，2006）；陳祥明（2009）認為：從語法與詞彙兩個方面將《撰》與十八部支謙譯經的語言進行了對比，指出《撰》不是支謙所譯，該經的翻譯年代不早於西晉，很可能是兩晉之際或東晉以降的譯作。（參看汪維輝，2007：109—110 並注［1］）因此，本書將《撰》的翻譯年代暫定爲兩晉之際。

法巡禮行記》《祖堂集》《近代漢語語法資料彙編》（宋代卷）、《朱子語類》《元典章·刑部》《新校元刊雜劇三十種》《近代漢語語法資料彙編》（元代卷）、《老乞大諺解》《朴通事諺解》《金瓶梅詞話》《訓世評話》《近代漢語語法資料彙編》（明代卷）、《醒世姻緣傳》《聊齋俚曲集》《紅樓夢》（前 80 回）①、《兒女英雄傳》。

現代漢語時期主要選取了一些現代經典作家的作品，如魯迅、老舍、錢鍾書、王蒙等人的作品，以及《現代漢語方言大詞典》《漢語方言大詞典》和眾多的方言論著所收錄的方言資料。

（四）相關說明

1. 程度副詞與形容詞的區分問題

漢語是一種形態不夠豐富的語言，不少程度副詞又是從實詞虛化而來的，它和其他詞類特別是形容詞之間存在一定的糾葛。本書區分程度副詞和形容詞，主要依據它們的句法特徵，即程度副詞只能充當狀語，不能作別的成分，而形容詞除了作狀語之外，還可以充任定語、謂語等成分。有些詞既可以作狀語，又可充當其他成分，但作狀語和作其他成分時的意義明顯不同，那麼該詞則是兼類詞，如：

a_1好漂亮　　　　　b_1好戲

a_2怪高興的　　　　b_2怪脾氣

a_3生怕　　　　　　b_3生雞蛋

"好""怪""生"在上列 a 組裏修飾謂詞性成分，爲程度副詞；在 b 組裏修飾名詞，則爲形容詞。

不過，有些詞充當狀語時的意義與充當謂語、定語是顯然有聯繫時，如果單從詞義的同一性去判斷，則很難判定其詞性歸屬，如"甚"②：

---

① 除特別說明外，下文《紅樓夢》均指其前 80 回。

② 本書將在後文專門討論上古漢語"甚"的詞性問題。

a_1夏桀迷惑，暴亂愈甚。(《呂氏春秋・先識覽》)

a_2事之彌煩，其侵人愈甚，必至於資單國舉然後已。(《荀子・富國》)

a_3若獲諸侯，其虐滋甚。(《左傳・昭公元年》)

a_4齊加不信於王，而忌燕愈甚，是王之計過矣。(《史記・蘇秦列傳》)

b_1其室則邇，其人甚遠。(《詩經・國風・鄭風》)

b_2慰湣沈屯，則利害相摩，生火甚多，眾人焚和。(《莊子・外物》)

b_3滕文公問曰："齊人將築薛，吾甚恐。如之何則可?"(《孟子・梁惠王下》)

b_4秦急圍邯鄲，邯鄲急，且降，平原君甚患之。(《史記・平原君列傳》)

"甚"在上列a組例句裏義爲"厲害、非同一般"，在b組例句裏義爲"甚、很"，這兩個意義之間存在明顯的關聯，但它們在用法上卻有顯著不同：a組裏"甚"作謂語，而且可受到程度副詞"愈、滋"的修飾。而b組裏"甚"作狀語，它不能再受到程度副詞等的修飾。因此，"甚"在a組和b組裏的性質並不相同，即a組中的"甚"爲形容詞，b組中的"甚"爲程度副詞。

2. 並列式程度副詞的認定

學術界對"最差""甚大""愈益"這種並列連文形式是否具備詞的資格問題，有不同看法：一類認爲這種並列形式是詞，如曹廣順（1984）認爲"大噉、極甚、共同、盡皆、悉皆、皆總、並總、並皆、盡總、總皆、並悉、咸皆、俱總、皆悉、都總、只徒、咸悉"是雙音節副詞；許理和（1984）認爲東漢時期"共同、同共、又復、皆悉、悉皆、都皆、都悉、甚大"是複合詞；王海棻（1991）稱這種形式爲"疊架形式"，如"盡皆、悉皆、皆悉、咸皆、都皆、都總、並悉、皆總、總皆、並皆、咸共、並總、咸盡、悉共、皆共、盡總、總悉、咸悉、並共、總俱"等；柳士鎮（1992）列舉了"悉皆、咸皆、並皆、盡皆、皆悉、悉共、咸悉、咸共、並共、率皆、都皆、都盡、嘗經、即便、登即、便即、仍便、遂便、輒便、復更、尚猶"等"組合使用的雙音節副詞"，並指出："副詞的這類用法在此期（指魏晉南北朝——引者按）之前已有少量運用，但廣泛流行卻從此期開始。從所用詞語的面貌看，大多是舊有同義成分的復用，也可以是新舊同義成分的並用。主要反映在範圍副詞與時間副詞上。"董志翹、蔡鏡浩（1994）列舉了"更轉、何太、加轉、偏最、頗更、頗極、頗甚、頗益、甚至、少多、太傷、特地更、忒煞、至甚、轉更、轉加、轉益、最差、最較（校）"等中古複音程度副詞；解惠全（1997）認爲"並皆、並共、並同、並咸、皆共、皆並、皆通、悉皆、悉具、悉俱、悉並、咸並、咸共、咸皆、咸悉、唯獨、惟獨、獨唯、獨惟、猶尚、猶/由且、尚猶、且猶/由、乃遂、遂乃、遂便、遂即、即便、便即"等都是複音虛詞。

　　一類認爲這種並列形式還不是詞，如楊榮祥（2005b：284）等將這種形式看作"副詞並用"現象。楊先生提出了並列複合式合成副詞的六條標準：（1）語序穩定；（2）構成成分比較固定；（3）兩個語素獨立爲詞時意義有所差別，複合爲一個合成詞後意義發生了融合，形成一個新的具有整體性的意義；（4）合成副詞形成以後，其構詞成分雖然還可以單獨用作副詞，但至少其中一個構成成分作爲獨立的副詞是不太常用的，或逐漸地變爲不太常用；（5）合成副詞一經產生，就應具有不弱於其構成成分用作單音節副詞的生命力；（6）凡並列成分到現代漢語中還能獨立用作副詞，而並列形式今天已經不用或不具活力者，不看作合成副詞，並列形式一直到今天還繼續使用者，視爲合成副詞。

　　此外，部分學者對此態度不甚明朗，如朱慶之（1992b）稱這種形式爲"雙音語言單位"，所舉例爲"都悉、盡皆、悉皆、咸共、皆共、都共"等；梁曉虹（2001）列舉了《正法華經》中"共俱、皆共、皆俱、皆悉、盡悉、俱共、俱同、皆普、普共、普悉、僉共、悉

遍、悉共、悉皆、悉俱、悉僉、咸皆、咸俱、咸悉、便即、即便、即
尋、尋便、尋即、遂便、輒便、輒即、便旋、復重、復更、更復、又
復、重更、復還、還復”等“同義複合副詞”。不過，梁又指出這些
“同義複合副詞”，“從嚴格的意義上說，有的並不能算是詞，而是結
構或短語”。

我們認爲，古代漢語中“最差”“甚大”“愈益”等一些成員，
雖然存在使用頻率不高，使用範圍有限，結構不夠穩定等問題，但這
都是詞彙發展過程中常見的現象。本書將這些並列形式看作複音詞，
主要基於以下兩個方面的考慮：第一，並列式一直是漢語中最能產的
構詞方式之一，古代漢語中出現了大量的並列式程度副詞，符合漢語
複音化的大趨勢；第二，並列式程度副詞大量出現並廣泛使用，與程
度副詞自身的特點有密切關係，即說話者表達感情的需要。而且不少
並列式程度副詞在語言中使用頻率較高，如“極大、甚大、更加、愈
益、更加、益加、加倍、倍加”等，它們是古代漢語程度副詞的重要
成員。還有部分程度副詞一直沿用至現代漢語之中，如“略微、些
微、更加、越加、愈加、愈益”等。

3. 漢語史分期

我們採用現在較通行的看法，將漢語史分爲上古漢語、中古漢
語、近代漢語和現代漢語四個階段。起訖時間具體如下：

上古漢語：商周—西漢

中古漢語：東漢—隋代

近代漢語：唐代—五四運動以前

現代漢語：五四運動至今

4. 本書使用符號

NP：體詞性成分，包括名詞和名詞短語、代詞和代詞短語

VP：動詞性成分，包括動詞和動詞短語

AP：形容詞性成分，包括形容詞和形容詞短語

DA：程度副詞

5. 幾點說明

第一，本書討論程度副詞來源時，轉引自《漢語大字典》和《漢語大詞典》的一些例句，文中不再一一注明；

第二，有些程度副詞的連用，如"十分怪"等①，由於它們明顯不是一個程度副詞，因此，本書將它們分別統計在程度副詞"十分"和"怪"兩個程度副詞之中。其他成員亦同此；

第三，本書所引佛經文例均據臺灣新文豐公司影印日本《大正新修大藏經》（簡稱《大正藏》），"/"前的阿拉伯數字爲《大正藏》冊數，"/"後的阿拉伯數字爲《大正藏》頁碼，字母 a、b、c 分別是同頁上、中、下三欄標號。

---

① "十分怪"的用例，如《金瓶梅詞話》第五十四回："今早心腹裏，都覺不十分怪疼了。"

第一章

上古漢語程度副詞面貌

上古時期是漢語的源頭，各種語言現象萌芽、產生或發展於這一時期。程度副詞在上古時期由少到多，由簡單到複雜，逐漸走向成熟。統計發現，上古時期程度副詞已經粗具規模，其下屬次類業已基本完備。在調查的一批上古漢語的典型語料中，共發現程度副詞有5個類別42個成員①。

第一節　最類程度副詞

上古漢語最類程度副詞共8個，它們是：至、最、最爲、極、絕、綦、窮、肆②。其中，"至""最""極"三詞是上古時期最類程度副詞的主要成員，它們的使用數量遠遠高於其他程度副詞。

表 1－1　　　　　　上古漢語最類程度副詞使用情況

	至	最	最爲	極	絕	綦	窮	肆	合計
數量	274	114	8	36	10	9	3	2	456
比例（%）	60.09	25	1.75	7.89	2.19	1.97	0.66	0.44	100

① 下文若無特別說明，本書的統計數據均依據"緒論"中交代的典型漢語語料。凡言"共/計/凡……例"者，亦在此調查範圍之內。下文亦同此，不再一一交代。由於認定標準和個人理解的差異，上古漢語程度副詞數量的統計結果不盡相同，如陳克炯（1998）認爲上古漢語程度副詞約45個，與本書的統計情況略有不同。下文也存在這種差異，將不再一一指明。

② 這裡主要依據使用頻率的高低對程度副詞進行排序。通過派生或聯合方式構成的複音詞，置於構成複音詞的第一個程度副詞之後。同時構成的多個複音詞，它們內部則依據音序進行排列。中古、近代漢語裏"沿用的程度副詞"也採用這種方式排列。

至

"至"本爲動詞，義爲"到達"。《說文》："至，鳥飛從高下至地也。從一，一猶地也。"李圃（1989：67）認爲："至，甲骨文至從矢，下面指示符號一，指地。""至字以箭由空中到達地面表達到義。"到達往往有一個終點，最開始"至"的對象是具體處所，然後擴大到時間，當"至"的對象由具體的處所、時間變爲抽象的性狀時，"至"就由動詞逐步虛化爲表程度的副詞。"至"用作程度副詞在上古時期已很常用，是此期使用頻率最高的最類詞，共 274 例①，如：

（1）至誠感神，矧茲有苗。（《尚書·大禹謨》）

（2）今之世至寒矣，至熱矣，而民無走者，取則行鈞也。（《呂氏春秋·功名》）

最

《說文》："最，犯而取也。"程度副詞"最"似與此義無關。《小爾雅·廣詁》："最，叢也。"胡承珙義證："最當從《說文》作冣，《說文》：'冣，積也。''最，犯而取也。'本爲二字，後人多混冣爲最，冣字遂廢。"《玉篇·曰部》："最，齊也，聚也。"《集韻·泰韻》："最，聚也。""最"表程度，當由其"聚集"義虛化而來。《廣韻·泰韻》："最，極也。"《字彙·曰部》："最，尤也。"上古"最"已比較成熟，其使用頻率僅次於"至"，共 114 例，如：

---

① 上古時期"至"又寫作"致"，《漢語大詞典》："'致'通'至'。盡；極。"如《論語·子張》："喪致乎哀而止。"皇侃義疏："致，猶至也……使各至極哀而止也。"《荀子·榮辱》："志意致修，德行致厚，智慮致明，是天子之所以取天下也。"楊倞注："致，極也。"因此表 1−1 將"致""至"一並統計爲"至"。下文中程度副詞的不同形體，將被統計爲一個程度副詞。

（3）故農之用力最苦，而贏利少，不如商賈、技巧之人。
（《商君書·外內》）

（4）故桓公問管仲曰："治國最奚患？"對曰："最患社鼠
矣。"（《韓非子·外儲說右上》）

"最"與後綴"爲"構成"最爲"，較早見於《荀子》，僅1
例，即：

（5）隘而用之，得而後功之，功賞相長也，五甲首而隸五
家，是最爲眾強長久，多地以正，故四世有勝，非幸也，數也。
（《議兵》）

上古後期"最爲"使用數量有一定的增長，《史記》共7
例，如：

（6）於是軒轅乃習用干戈，以征不享，諸侯咸來賓從。而蚩
尤最爲暴，莫能伐。（《史記·五帝本紀》）

（7）子贛既學於仲尼，退而仕於衛，廢著鬻財於曹、魯之
間，七十子之徒，賜最爲饒益。（又，《貨殖列傳》）

極

《說文》："極，棟也。"故"極"本爲名詞，指房屋的中棟、正
樑。引申爲頂點、最高的地位。《廣雅·釋詁四》："極，高也。"段
玉裁《說文解字注》："極，凡至高至遠皆謂之極。"徐鍇《說文解字
繫傳》："極，屋脊之棟也，今人謂高及甚爲極，義出於此。"可見，
程度副詞"極"正是在名詞基礎上不斷虛化而來的。《漢語大詞典》：
"極，程度副詞。猶甚，最，很，狠。"據調查，"極"在上古的使用
頻率低於"至"和"最"，凡36例，如：

（8）樂極和，禮極順，內和而外順，則民瞻其顏色而弗與爭也；望其容貌，而民不生易慢焉。（《禮記‧樂記》）

（9）且夫知不知論極妙之言，而自適一時之利者，是非埳井之蛙與？（《莊子‧秋水》）

絕

《說文》：“絕，斷絲也。”引申指一般的斷裂，如《荀子‧修身》：“其折骨絕筋，終身不可以相及也。”“絕”在此基礎上虛化出“橫度”“超過”義，如《荀子‧勸學》：“假舟檝者，非能水也，而絕江河。”程度副詞“絕”正是在“超越”義上虛化而來的。上古共11例，如：

（10）平王遂自娶秦女而絕愛幸之。（《史記‧伍子胥列傳》）

（11）太后私與通，絕愛之。（又，《呂不韋列傳》）

綦

“綦”同“綥”。《說文》：“綥，帛蒼艾色也。”本義爲青黑色。程度副詞用法當與其本義無關，或爲“極”的假借字。《說文通訓定聲》：“綦，假借爲極。”《漢語大詞典》“綦，極；很。”程度副詞“綦”上古僅見於《荀子》9例，如：

（12）有災繆者，然後誅之。故聖王之誅也綦省矣。（《仲尼》）

（13）綦大而王，綦小而亡，小巨分流者存。（《王霸》）

窮

“窮”，本爲動詞，義爲“盡，完結”，《說文》：“窮，極也。”如《尚書‧微子之命》：“作賓於王家，與國咸休，永世無窮。”引申爲“達到極點”義，如《荀子‧富國》：“縱欲而不窮，則民心奮而不可說也。"在此基礎上發展出至極義。程度副詞"窮"較早見於《墨子》。上古漢語"窮"表程度共3例，如：

(14) 故天子者天下之窮貴也，天下之窮富也。(《墨子·天志上》)

(15) 然地亦窮險，唯京師要其道。(《史記·貨殖列傳》)

肆

《說文》："肆，極陳也。"段注："極陳者，窮極而列之也。"故"肆"義本爲"盡力陳列"，引申指"極"等義。《小爾雅·廣言》："肆，極也。""肆"義同"極"。上古時期程度副詞"肆"並不多見，凡2例：

(16) 吉甫作誦，其詩孔碩；其風肆好，以贈申伯。(《詩經·大雅·崧高》)

(17) 若夫山林匱竭，林麓散亡，藪澤肆既，民力凋盡，田疇荒蕪，資用乏匱，君子將險哀之不暇，而何易樂之有焉？(《國語·周語下》)

第二節　太類程度副詞

上古漢語太類程度副詞數量不多，共2個，它們是：太、已，其中"太"的使用頻率較高，"已"的使用略少。

表1-2　　　　　　　　上古漢語太類程度副詞使用情況

	太	已	合計
數量	101	69	170
比例（%）	59.41	40.59	100

太

《廣韻·泰韻》："太，甚也。""太"表過甚義，古今通用。上古共 101 例，如：

> （1）旱既太甚，蘊隆蟲蟲。（《詩經·大雅·雲漢》）
> （2）雖然，其爲人太多，其自爲太少；曰："請欲固置五升之飯足矣，先生恐不得飽，弟子雖饑，不忘天下。"（《墨子·天下》）

上古"太"亦作"大"或"泰"。《說文釋例》："古只作'大'，不作'太'。"《說文》："泰，滑也。從廾，從水，大聲。夳，古文泰。"《廣韻·泰韻》："泰，大也。"段玉裁《說文解字注·水部》："（泰）後世凡言大而以形容未盡則作太。""謂'太'即《說文》'夳'字，'夳'即'泰'，則又用'泰'爲'太'。"《漢語大詞典》："太"，"古作'大'，也作'泰'。凡言大而以爲形容未盡，則作太。"因此，表1–2將"太""大"和"泰"一並統計。

上古文獻中"太"寫作"大"的用例如：

> （3）彼譖人者，亦已大甚。（《詩經·小雅·巷伯》）
> （4）仲弓曰："居敬而行簡，以臨其民，不亦可乎？居簡而行簡，無乃大簡乎？"子曰："雍之言然。"（《論語·雍也》）

寫作"泰"的用例如：

> （5）昊天泰幠，予慎無辜。（《詩經·小雅·巧言》）
> （6）夫必恃人主之自躬親而後民聽從，是則將令人主耕以爲上，服戰雁行也民乃肯耕戰，則人主不泰危乎？而人臣不泰安乎？（《韓非子·外儲說左上》）

已

程度副詞"已"，爲"太，过分"義，《廣雅·止韻》："已，甚也。"如《詩經·唐風·蟋蟀》："無已大康，職思其居！"毛傳：

"已，甚也。"《管子·戒》："其爲人也，好善而惡惡已甚，見一惡終身不忘。"尹知章注："已，猶太也。言憎惡惡人太甚。"已"用作程度副詞，主要見於上古時期的文獻，共69例，如：

(7) 昊天已威，予慎無罪。(《詩經·小雅·巧言》)

(8) 子產曰："臣聞其外也已遠矣，而守其內也已固矣，雖國小，猶不危之也。君其勿憂。"(《韓非子·外儲說左上》)

上古時期"已"還可寫作"以"，《漢語大字典》：" '以'表示程度深，相當於'太'、'甚'。"又："'以'通'已'。太；甚。"故表1-2將"已""以"一並統計爲"已"。上古文獻中"已"寫作"以"的用例，如：

(9) 晉陽處父聘於衛，反過寧，寧嬴從之，及溫而還。其妻問之，嬴曰："以剛。"(《左傳·文公五年》)

(10) 今願竊有請也，木若以美然。(《孟子·公孫丑下》)

第三節　甚類程度副詞

上古漢語甚類程度副詞數量豐富，共16個，它們是：大、甚、甚大、孔、尤、良、殊、殊大、何其、一何、丕、盛、深、祁、偏、重。其中"大"和"甚"使用最爲頻繁，是此期甚類程度副詞的主要成員，它們的使用頻率遠遠高於其他成員。

表1-3　　　　　　　　上古漢語甚類程度副詞使用情況

副詞	數量	比例（％）	副詞	數量	比例（％）	副詞	數量	比例（％）
大	571	42.33	殊	20	1.48	深	7	0.52
甚	557	41.29	殊大	1	0.07	祁	2	0.15
甚大	1	0.07	何其	18	1.36	偏	1	0.07
孔	88	6.52	一何	2	0.15	重	1	0.07

續表

副詞	數量	比例（%）	副詞	數量	比例（%）	副詞	數量	比例（%）
尤	34	2.52	丕	14	1.04			
良	22	1.63	盛	10	0.74	合計	1349	100

大

“大”本爲形容詞，與“小”相對。《說文》：“大，天大、地大、人亦大，故大象人形”。如《詩經·小雅·吉日》：“發彼小豝，殪此大兕。”“大”從其形容詞義虛化出程度副詞用法，表示程度深①。上古漢語“大”的使用已相當成熟，是此期出現頻率最高的甚類程度副詞，共 571 例，如：

（1）邦人大恐。王與大夫盡弁，以啟金縢之書，乃得周公所自以爲功，代武王之說。（《尚書·金縢》）

（2）今自陛下舉兵擊匈奴，中國以空虛，邊民大困貧。（《史記·酷吏列傳》）

甚　甚大

由於所持的標準不同，目前學界對程度副詞“甚”的形成時間有兩種看法：一種觀點認爲“甚”在上古漢語應看作形容詞，六朝以後才轉化爲程度副詞。理由是“甚”在上古時期除充當狀語外，還可以作謂語等句法成分。只有“甚”不再作謂語等句法成分，只能充任狀語時才轉化爲程度副詞，如郭錫良（1985）、李傑群（1986）、楊榮祥（2005b：292—293）等。另一種觀點認爲上古漢語裏“甚”可作程度副詞，同時不排斥充當作謂語等句法成分的“甚”。他們將作謂語用法的“甚”看作是形容詞“甚”的活用或臨時功能，如馬建忠（1983：237）、呂叔湘（1956：148）、楊樹達（1979：236）、

---

① 甲骨文中程度副詞只有“大”，參張玉金（1994：14）。

楊伯峻（1983：87）、楊伯峻、何樂士（2001：274）等。

依據調查，上古漢語"甚"除可作謂語外，還大量用作狀語。用作謂語的，如：

（3）縱無大討，而又求賞，無厭之甚也。（《左傳·襄公二十七年》）

（4）民之於仁也，甚於水火。（《論語·衛靈公》）

（5）甚矣吾之衰也！（又，《述而》）

（6）居二年，聞紂昏亂暴虐滋甚，殺王子比干，囚箕子。（《史記·周本紀》）

"甚"作狀語也頗常見，上古共557例，如：

（7）其室則邇，其人甚遠。（《詩經·鄭風·丰》）

（8）慰暋沈屯，則利害相摩，生火甚多，眾人焚和。（《莊子·外物》）

（9）滕文公問曰："齊人將築薛，吾甚恐。如之何則可?"（《孟子·梁惠王下》）

（10）秦急圍邯鄲，邯鄲急，且降，平原君甚患之。（《史記·平原君列傳》）

我們認爲上古漢語裏"甚"是兼類詞，作狀語時爲程度副詞，原因有二：

第一，用作形容詞或程度副詞的"甚"在意義和用法上都存在著較明顯的差別。首先，意義上存在差別：形容詞"甚"爲"過分、厲害、超過一般"義，主要作謂語。程度副詞"甚"爲"很"義，表程度高，主要作狀語。其次，句法用法上不同："甚"作謂語時，可受其他成分的修飾，而作狀語時只能修飾謂語，一般不能直接接受其他成分的修飾。如：

（11）而齊未加信於足下，而忌燕也愈<u>甚</u>矣。（《戰國策·燕策一》）

（12）上病益<u>甚</u>，乃爲璽書賜公子扶蘇曰："與喪會咸陽而葬。"（《史記·秦始皇本紀》）

（13）四海之內，美人亦<u>甚</u>多矣，聞臣之得幸於王也，必褰裳而趨王。（《戰國策·魏策四》）

（14）重黎爲帝嚳高辛居火正，<u>甚</u>有功，能光融天下，帝嚳命曰祝融。（《史記·楚世家》）

前兩例"甚"爲形容詞，作謂語，受到"愈"和"益"的修飾；後兩例"甚"爲程度副詞，充當狀語，修飾謂語"多"和"有功"。

第二，"甚"作狀語的用法在上古時期已經大量存在。上古時期"甚"用作狀語並非個別現象，且用例由少及多，不斷發展壯大。考察發現，"甚"的兩種用法，大致可以戰國爲界。西周、春秋時期，"甚"以作謂語爲常。戰國以後，"甚"逐漸多用作狀語，不少文獻，如《墨子》《莊子》《韓非子》《呂覽》等，作狀語的數量已超過了謂語。這種趨勢一直延續到後世漢語之中。

表1-4　　　　　　"甚"在上古漢語的使用和發展變化情況①

語料 用法	西周		春秋				戰國				西漢	
	尚書	詩經	論語	老子	左傳	國語	墨子	莊子	韓非子	呂覽	史記	鹽鐵論
謂語	0	9	5	1	58	17	13	19	53	4	174	9
狀語	0	1	0	8	26	14	28	20	55	59	243	9

上古時期"甚"的兩種用法在上表中得到較好的反映："甚"在

---

① 上古漢語裏《尚書》《儀禮》《商君書》三書未見"甚"，故不列於此表。李傑群（1986）未統計上古後期（西漢）"甚"的使用情況。我們發現《史記》時代"甚"作狀語已經超過充當謂語了，二者之比爲243：174。李傑群（1986）和我們的統計數據存在著些許的差異，李文認爲《左傳》《墨子》《荀子》和《莊子》"甚"作狀語的數據分別是27、26、27和21例，我們統計的數據分別是26、28、26和20例。

此期有兩種不同的用法，一種作謂語，一種作狀語。這兩種用法都有不少用例，且文獻分佈比較廣泛，說明它們在此期都很常見，不存在一種用法對另一種壓倒性多數的局面。因此，"甚"在上古時期應是一個兼類詞，既可作形容詞，又可作程度副詞。不過，這兩種用法的"甚"關係密切，程度副詞是從其形容詞意義發展而來。

"甚大"連文，1例：

（15）彼其所至者，甚大動也；案屈然已，則其於志意之情者惆然不嗛，其於禮節者闕然不具。（《荀子·禮論》）

孔

"孔"本爲"通達"義，《說文》："孔，通也。"《詩經·周南·汝墳》："雖則如燬，父母孔邇。"毛傳："孔，甚。"《爾雅·釋言》："孔，甚也。""孔"表程度高應從"通達"義逐步引申發展而來，具體過程尚不甚清楚。程度副詞"孔"多用於上古漢語，尤多見於《詩經》。上古"孔"共88例，如：

（16）四海會同，六府孔修；庶土交正，厎慎財賦，鹹則三壤成賦。（《尚書·禹貢》）

（17）其新孔嘉，其舊如之何？（《詩經·豳風·東山》）

尤

"尤"，本爲形容詞，義爲"突出的，特異的"。《說文》："尤，異也。"如《左傳·昭公二十八年》："夫有尤物，足以移人。""突出的，特異的"即超出一般，由此引申出表程度高的意義。上古漢語程度副詞"尤"共34例，如：

（18）余並論次，擇其言尤雅者，故著爲本紀書首。（《史記·帝本紀》）

（19）孝武皇帝初即位，<u>尤</u>敬鬼神之祀。（又，《孝武本紀》）

良

“良”表程度，《漢語大詞典》始見書證爲《漢書・馮唐傳》：“上既聞廉頗、李牧爲人，良說。”《漢語大字典》始見書證爲《史記・秦始皇本紀》：“始皇默然良久，曰：‘山鬼固不過知一歲事也。’”從文獻來看，“二典”所引書證均晚。“良”表程度，戰國已見1例（如下），西漢以後數量急劇增加，共21例，均見於《史記》之中。如：

（20）左右既前斬荊軻，秦王目眩<u>良</u>久。（《戰國策・燕策三》）

（21）沛公默然<u>良</u>久，曰：“固不能也。今爲奈何？”①（《史記・留侯世家》）

殊　殊大

《說文》：“殊，死也。”如《管子・入國》：“不耐自生者，上收而養之疾，官而衣食之，殊身而後止。”引申爲“斷絕”義，如《左傳・昭公二十三年》：“武城人塞其前，斷其後之木而弗殊。”又引申爲“區分、區別”義，如《史記・太史公自序》：“法家不別親疏，不殊貴賤，一斷於法。”又有“差異、不同”義，如《易經・繫辭下》：“天下同歸而殊塗。”再發展出“超過、特出”義②，如《樂府詩集・相和歌辭三・古辭〈陌上桑〉》：“坐中數千人，皆言夫壻殊。”最後再引申爲甚義副詞。上古漢語“殊”表程度的共20例，如：

---

① 程度副詞“良”的一個重要特點是，多用於“久”之前構成形容詞“良久”，而少用於其他詞語之前。在《史記》中，“良久”似可看作一個詞。

② 我們認爲“超過、特出”義是程度副詞形成過程中的重要一步，但在上古時期文獻中卻沒有發現這種用法的例句，故此處只能援引中古例說明。

（22）老臣今者殊不欲食，乃自强步，日三四里，少益耆食，和於身也。（《战国策·赵策四》）

（23）殊不知齊寇之所在，國人甚安。（《吕氏春秋·貴直論》）

"殊大" 連文，1 例：

（24）父以足受，笑而去。良殊大驚，随目之。（《史記·留侯世家》）

何其　一何

"何其" 最初表示 "怎麼那樣" "爲什麼那樣"，用於疑問句，如《詩經·邶風·旄丘》："何其久也？必有以也。"《左傳·僖公二十四年》："雖有君命，何其速也？" 随著使用頻率的增加，它們逐漸凝固爲一個詞，表示程度高。上古漢語 "何其" 表程度共 18 例，如：

（25）二三子何其感也！（《左傳·僖公十五年》）

（26）始陛下與臣等起豐沛，定天下，何其壯也！（《史記·樊噲列傳》）

"一何" 由副詞 "一" 與疑問代詞 "何" 構成①。"一何"，表示程度高，上古 2 例：

（27）齊王按戈而卻曰："此一何慶吊相随之速也！"（《戰國策·燕策一》）

---

① 上古時期 "一何" 又可寫作 "壹何"，表 1–3 將它們一並統計爲 "一何"。"壹何" 在上古僅 1 見：帝非我不得立，已而棄捐吾女，壹何不自喜而倍本乎！（《史記·外戚世家》）

丕

"丕"，本是形容詞，"大"義。《說文》："丕，大也。"如《逸周書·寶典》："四曰敬，敬位丕哉！"孔晁注："丕，大也。"程度副詞"丕"是從形容詞用法虛化而來。上古漢語程度副詞"丕"共14例，多見於《尚書》之中，如：

（28）今惟我周王，丕靈承帝事。（《尚書·多士》）

（29）公稱丕顯德，以予小子，揚文武烈。（又，《洛誥》）

盛

"盛"，本指祭祀所用食物。《說文》："盛，黍稷在器中已祀者也。"如《尚書·泰誓上》："犧牲粢盛，既于凶盜。"由祭品豐富引申出"興盛，興旺"義，如《禮記·月令》："（季春之月）生氣方盛，陽氣發泄。"又引申出"豐富，豐盛"義，如《逸周書·大匡》："（王）問罷病之故，政事之失，刑罰之戾，哀樂之尤，賓客之盛，用度之費。又發展出"大，盛大"義，如《孟子·公孫丑上》："自生民以來，未有盛於孔子也。""盛"表程度高就是從"盛大"義發展而來的。"盛"表程度較早見於《國語》，早於《漢語大詞典》和《漢語大字典》所收例證。上古漢語"盛"共10例，如：

（30）寡君不佞，不能事疆埸之司，使君盛怒，以暴露於弊邑之野，敢犒輿師。（《國語·魯語上》）

（31）三月爲楚相，施教導民，上下和合，世俗盛美，政緩禁止，吏無奸邪，盜賊不起。（《史記·循吏列傳》）

深

"深"，古水名。《說文》："深，水，出桂陽南平，西入營道。"不過，"深"在文獻中常作爲形容詞"淺"的反義詞出現，表示"距離大"的意義，如《詩經·邶風·谷風》："就其深矣，方之舟之。"

又《荀子·榮辱》："短綆不可以汲深井之泉。"表示具體的空間物體的量度"距離大"很容易發生隱喻引申，發展出比較抽象的程度高義。《韓非子》《戰國策》已見"深"表程度高的用法，早於《漢語大詞典》和《漢語大字典》所舉書證。上古漢語"深"共7例，如：

(32) 以王之賢聖與國之資厚，顧荊王之賢人，王何不深知之而陰有之。(《韓非子·內儲說下》)

(33) 今公叔怨齊，無奈何也，必周君而深怨我矣。(《戰國策·韓策二》)

祁

《小爾雅·廣詁》："祁，大也。"《廣韻·支韻》："祁，大也。"如《詩經·小雅·吉日》："瞻彼中原，其祁孔有。""祁"的程度副詞用法是在"大"義上虛化而來的。上古漢語程度副詞"祁"凡2例，即：

(34) 冬祁寒，小民亦惟曰："怨咨。"(《尚書·君牙》)

(35)《君雅》曰："夏日暑雨，小民惟曰怨；資冬祁寒，小民亦惟曰怨。"(《禮記·緇衣》)

偏

"偏"，即不居中、不正。《說文》："偏，頗也。"如《左傳·僖公十年》："七日，新城西偏，將有巫者而見我焉。"此義繼續虛化爲副詞，表程度高。劉淇《助字辨略》卷二："偏，畸重之辭也。"上古漢語用例很少，僅1例：

(36) 老聃之役，有庚桑楚者，偏得老聃之道。(《莊子·庚桑楚》)

重

《說文》："重，厚也。"程度副詞"重"是從其形容詞用法虛化而來，程度副詞"重"在上古尚處於萌芽期，僅 1 例：

（37）今富摯能，而公重不相善也，是兩盡也。（《戰國策·楚策四》）

第四節　更類程度副詞

上古漢語更類程度副詞已很發達，共 11 個，它們是：愈、愈益、彌、益、益大、尤益、滋、滋益、加、兄、更[1]。其中，"愈"的使用頻率最高，"彌""益""滋"和"加"四個詞使用也較頻繁，其他成員使用不多。

表 1–5　　　　　　　　　**上古漢語更類程度副詞使用情況**

副詞	數量	比例（%）	副詞	數量	比例（%）	副詞	數量	比例（%）
愈	191	38.98	益大	1	0.20	加	53	10.82
愈益	5	1.02	尤益	1	0.20	兄	7	1.43
彌	85	17.35	滋	65	13.27	更	5	1.02
益	74	15.10	滋益	3	0.61	合計	490	100

愈　愈益

"愈"，本爲動詞，"超出，超過"義。《玉篇·心部》："愈，勝也。"如《論語·公冶長》："子謂子貢曰：'女與回也孰愈？'""愈"用作程度副詞是從"超出，超過"義虛化而來。"愈"是上古時期使

---

① 更類程度副詞常可構成並列式複音詞。"更類＋更類"仍是更類副詞，當更類程度副詞與其他類別的程度副詞組合時，往往表達程度的增加或變化意義，因此我們也將它們看作更類程度副詞。下同。

用最多的更類詞，共 191 例①，如：

（1）昔我往矣，日月方奧。曷云其還？政事愈蹙。（《詩經·小雅·小明》）

（2）宋王謂其相唐鞅曰："寡人所殺戮者眾矣，而群臣愈不畏，其故何也？"（《呂氏春秋·淫辭》）

"愈益"連文，5 例。如：

（3）魏王雖無以應，韓之爲不義愈益厚也。（《呂氏春秋·審應》）

（4）相如初尚見之，後稱病，使從者謝吉，吉愈益謹肅。（《史記·司馬相如列傳》）

彌

"彌"，弓張滿，《字彙·弓部》："弓張滿也。"又表示一般的"滿、遍"義，如《周禮·春官·大祝》："國有大故天災，彌祀社稷禱祠。"鄭玄注："彌，猶遍也。"由此引申，獲得"更加"義，《小

---

① 上古時期"逾""俞""瘉"等幾個與"愈"形體相近的詞，它們也表"更加"義。"逾"本爲"超過、經過"義，《說文》"逾，進也。"如《尚書·禹貢》："浮于江、沱、潛、漢，逾於洛，至於南河。"孔傳："逾，越也。"由此義引申出"更加"義。如《墨子·所染》："不能爲君者，傷形費神，愁心勞意，然國逾危。"孫詒讓《墨子閒詁》："逾，《治要》並作愈。""俞"本爲應答之詞，猶是、對。如《尚書·堯典》："帝曰：'俞，予聞，如何？'"後假借爲"愈"，如《國語·越語下》："使者往而復來，辭俞卑，禮俞尊。"（《國語》例中"俞"在四部備要本裏寫作"愈"）"瘉"，同"愈"，《說文》："瘉，病瘳也。"如《漢書·高帝紀上》："漢王疾瘉，西入關，至櫟陽。"顏師古注："瘉與愈同。愈，差也。"後又可用作"更加"義。如《荀子·堯問》："孫叔敖曰：'吾三相楚而心瘉卑，每益祿而施瘉博，位滋尊而禮瘉恭，是以不得罪於楚之士民也。'"段玉裁注："凡訓勝、訓賢之'愈'皆引申於'瘉'。'瘉'即'愈'字也。"鑒於"愈""逾""俞"和"瘉"幾個詞在上古時期字形相近，且存在通借、異體等關係，我們在表 1-5 將它們一並統計爲"愈"。

爾雅·廣訓》："彌，益也。"《廣韻·支韻》："彌，益也。"上古漢語程度副詞"彌"共85例，使用頻率僅次於"愈"，如：

（5）始見於君，執摯至下，容彌蹙，庶人見於君，不爲容，進退走。（《儀禮·士相見禮》）

（6）其索之彌遠者，其推之彌疏，其求之彌強者，失之彌強。（《呂氏春秋·論人》）

益　益大　尤益

"益"，爲"溢"的古字，本義指水滿而溢出。《說文》："益，饒也。"王筠《說文釋例》卷四："益之水在皿上，則增益之意，即兼有氾溢之意。溢似後來分別文。"由水漲而泛指任何事物的增加、增益，進而引申出程度副詞的用法。"益"表"更加"義，上古漢語共74例，如：

（7）夫豢豕爲酒，非以爲禍也，而獄訟益繁，則酒之流生禍也。（《禮記·樂記》）

（8）及壬子，駟帶卒，國人益懼。（《左傳·昭公七年》）

"益大""尤益"連文，各1例：

（9）於是燕王因益大信子之。（《韓非子·外儲說右下》）

（10）諸士在己之左，愈貧賤，尤益敬，與鈞。（《史記·魏其武安侯列傳》）

滋　滋益

"滋"，本爲動詞，義爲增益，增加。《說文》："滋，益也。"如《左传·僖公十五年》："物生而後有象，象而後有滋，滋而後有數。""滋"的程度副詞用法就是由其動詞用法發展而來的，上古漢語

"滋" 表程度共65例①, 如:

（11）弗得, 滋怒, 自投於牀, 廢于爐炭, 爛, 遂卒。（《左傳·定公二年》）

（12）若是, 則弟子之惑滋甚。（《孟子·公孫丑上》）

"滋益" 連文, 3例②。如:

（13）今將軍爲秦將三歲矣, 所亡失以十萬數, 而諸侯並起滋益多。（《史記·項羽本紀》）

加

"加" 本爲動詞, "誣枉, 誇大" 義。《說文》: "加, 語相增加也。" 段玉裁注: "引申之凡據其上曰加。" 由此引申出 "增加, 加大" 義。《爾雅·釋詁上》: "加, 重也。" 如《左傳·隱公五年》: "公曰: '叔父有憾於寡人, 寡人弗敢忘。' 葬之加一等。" "加" 表程度是由其動詞用法虛化而來。上古漢語 "加" 表程度共53例③, 如:

---

① 上古漢語 "茲" 也可用作更類程度副詞, "茲", 本爲 "草木滋盛" 義, 《說文》: "草木多益。" 引申爲抽象的程度副詞, "更加" 義。上古漢語程度副詞 "茲" 用例如:

以虧人愈多, 其不仁茲甚, 罪益厚。（《墨子·非攻上》）是以一人則一義, 二人則二義, 十人則十義, 其人茲眾, 其所謂義者亦茲眾。（《墨子·尚同上》）

"茲", 是 "滋" 的古字, 孫詒讓間詁: "茲、滋古今字……古正作茲, 今相承作滋。" 故表1-5將 "滋" "茲" 一並統計爲 "滋"。

② 上古漢語 "滋益" "茲益" 並用, 故表1-5中 "滋益" 的統計數字包括 "茲益" 在內。"茲益" 用例如:

及正考父佐戴、武、宣公, 三命茲益恭, 故鼎銘云: "一命而僂, 再命而傴, 三命而俯, 循牆而走, 亦莫敢余侮。饘於是, 粥於是, 以餬余口。"（《史記·孔子世家》）

③ 李傑群（1992: 327）認爲 "加" 在唐以前都不是程度副詞, 對此我們有不同意見。就調查情況來看, 上古時期 "加" 具有轉化爲程度副詞的語義基礎, 而且上古時期 "加" 在不少句子中確實已經表達程度。趙長才（2006: 96）也認爲 "加" 大約產生於戰國初期。

（14）鄰國之民不加少，寡人之民不加多，何也？（《孟子·梁惠王上》）

（15）順風而呼，聲不加疾也；際高而望，目不加明也；所因便也。（《呂氏春秋·順說》）

兄

《說文》："兄，長也。"段玉裁注："口之言無盡也，故以兒口爲滋長之意。"引申有"增益"義，如《詩經·大雅·召旻》："彼疏斯粺，胡不自替，職兄斯引？"毛傳："兄，茲（滋）也。"《詩經·大雅·桑柔》："不殄心憂，倉兄填兮。"毛传："兄，滋也。"陆德明释文："兄，音況。本亦作況。"孔穎達疏："況訓賜也，賜人之物則益滋多，故況爲滋也。""兄"的程度副詞用法就是在此意義基礎上引申而來，上古漢語共7例①，如：

（16）不殄心憂，倉兄填兮。（《诗經·大雅·桑柔》）

（17）王兄自縱也②。（《墨子·非攻下》）

更

更，本義是改正、改變。《說文》："更，改也。"如《論語·子張》："君子之過也，如日月之食焉：過也，人皆見之；更也，人皆仰之。"引申出"更換、變易"義，如《左傳·昭公三年》："景公欲更晏子之宅。"由此引申出表程度的用法。"更"是漢語最重要的副

---

①　"況"在上古漢語也可作爲"更加"義程度副詞，如：

脊令在原，兄弟急難。每有良朋，況也永歎。（《詩經·小雅·常棣》）以衆故，不敢愛親，衆況厚之。（《國語·晉語一》）

《說文》："況，寒水也。""況"的來源，似與其本義無關，應是"兄"的假借用法。《說文通訓定聲》："況，假借爲兄。"段玉裁注："俗人乃改作從水之'況'，又偽作'况'。"因此，表1–5將"況"一並統計爲"兄"。

②　王念孫《读书杂志·墨子二》："兄與況同。況，益也。言紂益自放縱也。"

詞之一，上古時期尚處於剛剛萌芽狀態，數量還不多。"更"表程度
較早見於戰國時期，上古時期的用例不多，共5例，如：

（18）其修士不能以貨略事人，恃其精潔而<u>更</u>不能以枉法爲
治。（《韓非子・孤憤》）

（19）是以廉吏久，久<u>更</u>富，廉賈歸富。（《史記・貨殖
列傳》）

第五節　略類程度副詞

上古漢語略類程度副詞共5個，它們是：頗$_2$、少、小、略、差$_2$。
其中"頗$_2$"和"少"使用最頻繁，是此期略類程度副詞的主要成
員，它們的使用頻率遠高於"小""略"和"差$_2$"。

表1-6　　　　　　　上古漢語略類程度副詞使用情況

	頗$_2$	少	小	略	差$_2$	合計
數量	78	61	5	2	1	147
比例（％）	53.06	41.50	3.40	1.36	0.68	100

頗$_2$

《說文》："頗，頭偏也。"段玉裁注曰："引申爲凡偏之稱。"
"頗"從名詞引申爲形容詞，又從表示"偏"的形容詞意義虛化爲副
詞，用於形容詞、動詞之前，表示程度不居中、偏向一面，有時表示
程度偏高，記作"頗$_1$"，有時表示程度偏低，記作"頗$_2$"。學者一般
認爲"頗$_2$"始見於《史記》。但學術界對"頗$_1$"產生的時間有較大
的分歧，如周秉鈞（1981：375）、呂雅賢（1992）、楊伯峻、何樂士
（2001：275）、葛佳才（2005：144）等認爲"頗"表程度高始見於
西漢；向熹（1993下：77）、高育花（2001a；2007：175）等認爲
"頗$_2$"表程度高始見於東漢；洪成玉（1997）認爲"頗$_2$"在唐以後

才表程度高。

高育花（2001a；2007：176）指出，“頗”字是古代漢語程度副詞中語義最爲模糊的一個，也是語義最爲豐富的一個。“頗”字最初只表示程度低，東漢以後才出現表示程度高的用法。原因是上古漢語表程度高的程度副詞數量多，而表程度低的程度副詞數量少，“頗”最先在數量很少的略類程度副詞中立足，然後再向甚類程度副詞發展。通過對上古文獻的考察，我們贊同高文的觀點，認爲“頗$_2$”始見於《史記》，“頗$_1$”在中古以後才出現。

上古漢語“頗$_2$”是上古時期使用最多的略類程度副詞，共 78例，其中《史記》73 例，《鹽鐵論》5 例。如：

（1）自大宛以西至安息，國雖頗異言，然大同俗，相知言。（《史記·大宛列傳》）

（2）先帝之時，郡國頗煩於戎事，然亦寬三陲之役。（《鹽鐵論·擊之》）

少

《說文》：“少，不多也。”“少”表程度是由“不多”義發展而來。“少”是漢語重要的略類程度副詞，中古、近代漢語一直沿用。“少”表程度，上古漢語共 61 例，使用頻率僅次於“頗$_2$”，如：

（3）若前華後河，右洛左濟，主芣、騩而食溱、洧，修典刑以守之，是可以少固。（《國語·鄭語》）

（4）以大王之賢，士民之眾，車騎之用，兵法之教，可以並諸侯，吞天下，稱帝而治，願大王少留意，臣請奏其效。（《戰國策·秦策一》）

小

“小”，本爲形容詞。《說文》：“小，物之微也。”由物體之微到程度之低，符合詞義發展的規律。上古漢語"小"用作程度副詞不多，共5例，如：

（5）民亦勞止，汔可小康。（《詩經·大雅·民勞》）

（6）其爲人也，小有才，未聞君子之大道也，則足以殺其軀而已矣。（《孟子·盡心下》）

略

"略"，本義爲經營天下。《說文》："略，經略土地也。"由此引申出"謀略、謀劃"義，而謀略一般只是論其大體輪廓，故引申出"大旨、簡略、減少"義，再虛化出"略微、稍微"義。《漢語大詞典》引北周庾信《周驃騎大將軍李夫人墓誌銘》："（夫人）本有風氣之疾，頻年增動，略多枕臥。"《漢語大字典》引《紅樓夢》第七十四回："外特寄香袋一個，略表我心。"均太晚。"略"表程度低，上古漢語已有用例，但不常見，2例，即：

（7）而人主之守司，遠者天下，近者境內，不可不略知也。（《荀子·君道》）

（8）於是項梁乃教籍兵法，籍大喜，略知其意，又不肯竟學。（《史記·項羽本紀》）

差₂

高育花（2007：111）對程度副詞"差"的來源有較詳細的考察，認爲其引申過程爲"差（失當、差錯）→歪斜、不正→程度高/程度低"。即"差"本爲形容詞，"差錯、不當"義。《說文》："差，貳也，差不相值也。"由此引申爲"歪斜"義。《廣雅·釋詁二》："差，衺也。""歪斜"即不正，不居中。與"頗"虛化方式類似，"差"由"不正"義引申出程度副詞用法，表示程度高或程度低。"差"表程度高，始見於中古漢語，記爲"差₁"；"差"表程度低，始見於上古漢語，記爲“差$_2$”。

“差$_2$”始見於上古漢語，但用例極少，僅1例：

（9）其一日重八兩，圜之，其文龍，名曰“白選”，直三
千；二曰以重差小，方之，其文馬，直五百；三曰復小，撱之，
其文龜，直三百。（《史記·平準書》）

小　結

通過上文對上古漢語程度副詞的考察，可以看出以下三點。

第一，程度副詞系統已粗具規模，但內部不均衡

程度是人類認識認知的重要內容，與人類的生活、生產密切相
關，因此上古時期程度副詞已經獲得了很大的發展。調查發現，程度
副詞的五個下屬小類，上古漢語已經全部具備，程度副詞系統已經粗
具規模。就總數來看，共42個，不可謂不豐富。但各類程度副詞內
部不均衡，類別之間的數量存在較大差異。其中，甚類數量眾多，是
程度副詞中最爲豐富的次類，共16個，佔此期總數的38.10%；更類
程度副詞也很多，共11個，佔26.19%；最類、太類、略類較少，分
別爲8個、2個和5個，佔19.05%、4.76%和11.90%。

第二，單音程度副詞所佔比例高，不少詞仍是兼類詞

此期程度副詞結構比較單一，以單音詞爲主，複音詞很少。其
中，單音程度副詞33個，佔此期程度副詞總數的78.57%，複音程度
副詞9個，佔程度副詞總數的21.43%。不少單音詞同時具備不同的
詞性，如“最、絕、極、良、益、加、甚”等多數單音節程度副詞，
它們還是兼類詞，程度副詞只是它們的一種用法而已，尚未以用作程
度副詞爲常，或者發展爲專職的程度副詞。因此，一些詞是否應被看
作程度副詞就有不同看法，如不少學者將上古時期的“加”“甚”等
詞排除在程度副詞之外。根據調查情況來看，本書將它們視爲程度副
詞是有依據的：一是兼類詞是古今漢語中都很常見的語言現象，它們

同時具備程度副詞和其他詞性並不矛盾；二是這些詞在上古漢語時期已經具備向程度副詞轉化的語義基礎和句法環境。而且從使用頻率來看，它們也具有較高的使用頻率，特別是作狀語的"甚"的數量已經超過充當謂語的用量了。

第三，主要成員地位突出，主導詞使用頻繁

主要成員指在表達同一語義的若干詞語中使用較多，組合能力較強的一些詞，它們是語義場中的典型成員[①]。"至""最"是此期最類程度副詞的最主要成員，二者共使用 388 次，佔該類（456 次）的 85.09%；"太"是太類程度副詞的主要成員，共使用 101 次，佔該類（170 次）的 59.41%；"大""甚"是甚類的主要成員，共使用 1128 次，佔該類（1349 次）的 83.62%；"愈""彌""益"是更類的主要成員，共使用 350 次，佔該類（490 次）的 71.43%；"頗$_2$""少"是略類的主要成員，共使用 139 次，佔該類（147 次）的 94.56%。

主導詞指表達同一語義的若干詞語中使用頻率最高、組合能力最強的詞[②]。揭示主導詞的發展變化特點對漢語語法、詞彙研究具有重要意義。就各主導詞而言，它們的使用頻率很高，除"愈"佔該類總使用數的 38.98% 外，其他類別主導詞所佔比例均在 40% 以上，其中"至"佔最類的 60.09%，"太"佔太類的 59.41%，"大"佔甚類的 42.33%，"頗$_2$"佔略類的 53.06%。

---

① 最類、太類、甚類、更類和略類程度副詞均可看作表達同一意義成員構成的語義場。

② 程度副詞的句法組合能力見於本書第四章。

第二章

中古漢語程度副詞面貌

東漢以後，中國社會進入一個紛爭混亂的時代。這種動蕩不安和急劇變化的社會局面雖給社會生產帶來了巨大的災難，但爲民族的融合和文化的傳播創造了條件，此期漢語的發展也深受其影響。此外，佛教在東漢初傳入中國，對漢語的發展產生了深遠影響。與上古相比，中古漢語程度副詞共有 5 個類別 114 個成員，既有一些承襲上古漢語而來的成員，更有眾多中古新興的程度副詞①。

第一節　最類程度副詞

中古漢語最類程度副詞共 18 個，它們是：最、最差、最大、最極、最是、最爲、最第一、第一最、極、極大、極甚、極爲、極爲甚、至、至爲、窮、絕、第一。其中“最”“極”和“至”的使用頻率較高，是該類的主要成員。

表 2 - 1　　　　　　　中古漢語最類程度副詞使用情況

副詞	數量	比例（％）	副詞	數量	比例（％）	副詞	數量	比例（％）
最	874	37.66	第一最	2	0.09	至爲	1	0.04

① 採用“新興”的說法，是受柳士鎮（1992）的影響。一些詞語或語法現象我們即使在中古的傳世文獻中也沒有見到，但因爲文獻研究的局限性，我們很難肯定上古漢語裹絕對沒有。即便上古出現的一些詞或語法現象，如果它們的使用頻率太低，中古或近代才有較廣泛的使用，我們也可認爲是“新興”。

續表

副詞	數量	比例（％）	副詞	數量	比例（％）	副詞	數量	比例（％）
最差	1	0.04	極	613	26.41	窮	31	1.34
最大	1	0.04	極大	46	1.98	絕	20	0.86
最極	1	0.04	極甚	5	0.22	第一	5	0.22
最是	1	0.04	極爲	28	1.21			
最爲	109	4.70	極爲甚	3	0.13			
最第一	3	0.13	至	577	24.86	合計	2321	100

一　沿用上古的最類程度副詞

沿用上古的程度副詞有"最、最爲、至、極、窮、絕"6個，它們繼續保持強勁的發展勢頭，仍爲中古最類程度副詞的主要組成部分。但與上古相比，這些沿用下來的程度副詞在使用數量及內部關係上發生了顯著變化。最主要的變化表現在"最""極""至"三個詞上，即"最""極"的用量增加，而"至"的使用頻率下降。

最　最爲

中古時期，"最"超越"至"成爲使用最頻繁的最類詞，共874例，所佔比例由上古的25%上升至中古的37.66%；同爲上古沿用的"最爲"，借助詞根"最"勢力的擴張，中古也獲得了較大發展，共109例。如：

(1) 必以食物乃爲災，人則物之最貴者也，蚊虻食人，尤當爲災。(《論衡·龍篇》)

(2) 天地之性，人最爲貴。(又,《無形》)

極

"極"在中古時期有很大發展，共613例，使用頻率雖稍遜於"最"，但發展速度卻是最快的，比例由上古的7.89%增至中古的

26.41%，如：

（3）南郡極熱之地，其人祝樹樹枯，唾鳥鳥墜。（又，《言毒》）

至

"至"是上古使用最多的最類詞①，但中古以後使用頻率急劇下降，共 577 例，比例由上古的 60.09% 降至中古的 24.86%，位於"最""極"之後。如：

（4）迦葉念曰："大道人，極神至妙，所作皆諧。"（《中本起經》，4/151b）

窮

中古共 31 例，比例由上古的 0.66% 增至 1.34%。如：

（5）冬不欲極溫，夏不欲窮涼，不露臥星下，不眠中見肩，大寒大熱，大風大霧，皆不欲冒之。(《抱朴子內篇·極言》

絕

中古所見不多，共 20 例，比例略有下降，上古爲 2.19%，中古爲 0.86%。如：

（6）謝太傅絕重褚公，常稱"褚季野雖不言，而四時之氣亦備。"（《世說新語·德行》）

---

① "至"在中古時期還可寫作"致"，如：《世說新語·簡傲》："初不答，直高視，以手版拄頰云：'西山朝來，致有爽氣。'"《六度集經》："念彌爲諸弟子說經曰：'人命致短，恍惚無常，當棄此身就於後世。'"（3/49c）但已不多見。此期"致"仍統計在"至"之內。

二 新興的最類程度副詞

此期新興的最類程度副詞有 12 個，它們均爲複音詞，分別爲
"最差、最大、最極、最是、最第一、第一最、至爲、極大、極甚、
極爲、極爲甚、第一"①。這些詞都是通過並列連文或派生形式而構
成，使用頻率一般不高，不少詞到近代漢語階段即遭淘汰，並未沿用
至現代漢語之中。

最差

"最差"連文，1 例：

(7) 惟進軍大佃，最差完牢。(《三國志·魏書·傅嘏傳》)

最大

"最大"連文，1 例：

(8) 復唱是言："希有希有，大人出世，最大希有。"(《佛
本行集經》，3/694c)

最極

"最極"連文，1 例：

(9) 猶如墮於最極深水，唯大船師，乃能拔出。(又，3/
749b)

最是

"最"與後綴"是"構成派生詞"最是"，1 例：

---

① 依據第一個程度副詞使用頻率的高低對新興程度副詞進行排序。同時構成的多個複
音程度副詞，它們內部則依據音序進行排列。下文若無特別說明，均同此。

（10）復次佛出於世<u>最</u>是希有。（《大莊嚴論經》，4/333a）

最第一

"最第一"連文，3例，如：

（11）賈客主問人言："此城中誰是<u>最第一</u>婬女？"（《阿育王傳》，50/118a）

第一最

"第一最"連文，2例，如：

（12）時彼國王適喪夫人出外遊行，見彼雲蓋往至樹下，見此童女心生染著，將還宮內，用爲<u>第一最</u>大夫人。（《大莊嚴論經》，4/279c）

至爲

"至"與後綴"爲"構成派生詞"至爲"，1例，如：

（13）山高谷深，<u>至爲</u>艱險，又糧運將匱，頻於危殆。（《三國志·魏書·鄧艾傳》）

極大

"極大"連文，使用較多，46例，如：

（14）爾時提婆達多，<u>極大</u>愚癡，憍慢嫉妒。（《撰集百緣經》，32/722c）

極甚

"極甚"連文，5例：

（15）而彼夫人，生一太子，極甚端正。（《佛本行集經》，3/770b）

極爲

"極"與後綴"爲"構成派生詞"極爲"，28例，如：

（16）家業富盛，性又華侈，衣被服飾，極爲奢麗。（《南齊書·褚炫傳》）

極爲甚

"極爲甚"連文，3例，如：

（17）我觀此善根，極爲甚微細，猶如山石沙，融消則出金。（《大莊嚴論經》，4/312a）

第一

現代漢語中"第一"應看作派生詞，"第"爲前綴。"第"最初是個名詞，次第義，如：

（18）楚國第，我死，令尹、司馬，非勝而誰？（《左傳·哀公十六年》）

（19）上可有次，下可有第，中央故無二，五十里有兩爵者，所以加勉進人也。（漢·班固《白虎通·爵》）

柳士鎮（1992：193）認爲："西漢時，'第'字開始用在數詞之前，對於序數詞獨立形態的形成產生了重大影響。""由於經常活用爲動詞置於數詞之上，表示排位次爲第幾，於是逐漸虛化爲序數詞前綴。起初僅爲序數詞單用，直到漢末才又可以同名詞等組合，形成'第＋數詞＋中心詞'的完整表達形式。這是一步關鍵性的演變，因爲有了中心詞在後面，序數詞的性質就確定無疑了。在這種情況下，‘第’字也完成了自身的虛化過程，成爲純粹的序數詞前綴。此期（指魏晉南北朝。引者按）‘第’字的這一用法已經相當穩定通行。"① 詞綴 "第" 在中古的用例如：

（20）按青州有樂氏棗，豐肌細核，多膏肥美，爲天下第一。（《齊民要術·種棗法》）

（21）尚書郎正用第二人。（《世說新語·方正》）

（22）北頭第一門曰建春門，漢曰上東門。（《洛陽伽藍記·序》）

程度副詞 "第一" 是從序數詞 "第一" 發展而來的，義同 "最"。在重點調查的中古語料中僅見《齊民要術》5 例，如：

（23）牛羊脂爲第一好，豬脂亦得。（《齊民要術·塗甕》）

（24）四月蓴生，莖而未葉，名作 "雉尾蓴"，第一肥美。（又，《羹臛法》）

第二節　太類程度副詞

中古漢語太類程度副詞共 5 個，它們是：太、太傷、過、已、傷，其中 "太" "已" 沿自上古漢語，而 "太傷" "過" 和 "傷" 爲中古新興的程度副詞。

表 2－2　　　　　　　中古漢語太類程度副詞使用情況

	太	太傷	過	已	傷	合計
數量	106	1	80	39	21	247
比例（%）	42.91	0.40	32.39	15.79	8.50	100

---

① 王力（1989：22）認爲："‘第’字真正用作序數的詞頭，大約在晉代以後（或更早）。" 嫌晚。

沿用上古的太類副詞"太"和"已"，它們在中古時期的使用比例均有所下降。"太"雖仍是中古最常用的太類詞，但所佔比例下降明顯，共 106 例，比例由上古的 59.41% 降至中古的 42.91%；"已"爲 39 例①，比例由上古的 40.59% 降至中古的 15.79%。如：

（1）愚以爲陛下法太明，賞太輕，罰太重。（《漢書·張釋之傳》）

（2）使性善，孔子惡之，惡之太甚，過也；人之不仁，疾之已甚，亂也。（《論衡·問孔》）

過

"過"的來源及其組合形式見"個案研究"部分，兹不贅。中古時期多見，共 80 例，僅次於"太"，佔此期太類詞總數的 32.39%。如：

（3）無經藝之本，有筆墨之末，大道未足而小伎過多，雖曰吾多學問，御史之知、有司之惠也。（《論衡·程材》）

（4）謝奕作剡令，有一老翁犯法，謝以醇酒罰之，乃至過醉，而尤未已。（《世說新語·德行》）

傷　太傷

"傷"，即創傷。《說文》："傷，創也。"如《尚書·說命上》："若跣弗視地，厥足用傷。"又作動詞，"傷害、使受傷"義，如《論語·鄉黨》："廐焚，子退朝曰：'傷人乎？'不問馬。"程度副詞"傷"可能是在此基礎上虛化而來，但具體過程尚不清楚。目前，已有不少學者對"傷"在語言中的使用情況進行過考察，如吳琦幸

---

① 中古漢語裏"已"還可寫作"以"，如：女之爲累，亦以深矣。（《顏氏家訓·治家》）

（1982），黃侃述、黃焯編（1983：11），劉凱鳴（1985），蔡鏡浩（1990：285），董志翹、蔡鏡浩（1994：459），闞緒良（1998、2003），王繼如（2001：26—27），汪維輝（2007：286）等。多數學者認爲"傷"是一個主要運用於中古漢語的程度副詞。在我們重點調查的中古文獻中，僅見《齊民要術》中的21例，其他語料均無。如：

（5）收待霜降。傷早黃爛，傷晚黑澀。（《種葵》）

（6）爲屋即傷熱，熱則生疥癬。（《養羊》）

"太傷"連文，1例：

（7）江湛同侍坐，出閤，謂僧綽曰："卿向言，將不太傷切直。"（《宋書·王僧綽傳》）

第三節　甚類程度副詞

中古漢語甚類程度副詞共41個，它們是：甚、甚大、甚爲、甚爲大、大、大甚、頗₁、尤、尤爲、尤絕、深、深爲、深自、良、殊、殊大、殊自、特、何、何其、一何、盛、盛自、雅、雅自、孔、篤、偏、正、差₁、獨、精、酷、不勝、奇、全、丕、痛、痛自、重、橫。其中"甚""大""頗₁""尤"幾個詞使用頻率較高，是其主要成員。

表 2-3　　　　　　中古漢語甚類程度副詞使用情況

副詞	數量	比例（%）	副詞	數量	比例（%）	副詞	數量	比例（%）
甚	2349	40.11	殊	119	2.03	正	20	0.34
甚大	56	0.96	殊大	2	0.03	差₁	19	0.32

副詞	數量	比例（％）	副詞	數量	比例（％）	副詞	數量	比例（％）
甚爲	30	0.51	殊自	1	0.02	精	11	0.19
甚爲大	1	0.02	特	69	1.18	酷	11	0.19
大	1647	28.13	何	57	0.97	不勝	8	0.14
大甚	1	0.02	何其	35	0.60	奇	7	0.12
頗$_1$	423	7.22	一何	13	0.22	獨	5	0.08
尤	376	6.42	盛	46	0.79	全	5	0.08
尤爲	3	0.05	盛自	1	0.02	丕	4	0.07
尤絕	1	0.02	雅	46	0.79	痛	2	0.03
深	196	3.35	雅自	1	0.02	痛自	1	0.02
深爲	2	0.03	孔	39	0.67	重	2	0.03
深自	19	0.32	篤	37	0.63	橫	1	0.02
良	165	2.82	偏	25	0.42	合計	5856	100

一 沿用上古的甚類程度副詞

沿用上古的甚類程度副詞有"甚、甚大、大、尤、深、良、殊、殊大、何其、一何、盛、孔、偏、丕、重"15 個，它們是中古漢語程度副詞的重要組成部分，它們的使用頻率高於此期新興成員，尤以"甚"和"大"爲顯。與上古的使用情況相比，沿用上古的甚類程度副詞的變化主要表現爲成員使用頻率的變化和內部關係的調整。

甚 大

中古時期"甚"和"大"在甚類程度副詞中繼續保持其優勢地位，但二者的對比關係卻發生了變化。"大"由盛而衰，被"甚"反超，"甚"一躍成爲中古時期使用頻率最高的甚類詞。"甚""大"在中古時期的使用數量分別爲 2349 例和 1647 例，所佔比例均有所下降，分別由上古的 41.29％、42.33％降至中古的 40.11％、28.13％。相比之下，"大"的下滑幅度更大。如：

（1）後大聞之，甚驚，曰："吾本謂卿多，故求耳。"（《世說新語·德行》）

（2）上大怒，封藥賜死，既而原之。太子即帝位，立爲皇后。（《宋書·后妃列傳》）

甚大　尤　深　良　殊　一何　盛　偏

以上九個沿用上古的程度副詞，此期用量不一。其中"尤""深""良"和"殊"四個使用較多，分別爲376例、196例、165例和119例；而"甚大""一何""盛"和"偏"五個使用較少[①]，分別爲56例、12例、46例和25例。不過，與上古漢語相比，以上諸詞所佔的比例均略有上升，此期比例分別爲0.96%、6.42%、3.35%、2.82%、2.03%、0.22%、0.79%和0.42%。如：

（3）時會六萬婆羅門眾，歡喜踴躍，同聲唱言："稱適我心，稱適我意，甚大歡喜。"（《佛本行集經》，3/666a）

（4）如徒役之中多無妻，公冶長尤賢，故獨妻之，則其稱之宜列其行，不宜言其在縲絏也。（《論衡·問孔》）

（5）故多聞博識，無頑鄙之訾；深知道術，無淺暗之毀也。（又，《效力》）

（6）上既聞廉頗、李牧爲人，良說。（《漢書·馮唐傳》）

（7）南陽有人，爲生奧博，性殊儉吝，冬至後女婿謁之，乃設一銅甌酒，數臠獐肉；婿恨其單率，一舉盡之。（《顏氏家訓·治家》）

（8）我以不堅財，當易堅牢法，佛法從今日，滅盡一何速！（《阿育王傳》，50/127c）

---

① 中古時期"一何"仍可寫作"壹何"，1見：

夫古之天下亦今之天下，今之天下亦古之天下，共是天下，古以大治，上下和睦，習俗美盛，不令而行，不禁而止，吏亡姦邪，民亡盜賊，囹圄空虛，德潤草木，澤被四海，鳳凰來集，麒麟來游，以古準今，壹何不相逮之遠也！（《漢書·董仲舒傳》）

（9）又有一郡守病，佗以爲其人盛怒則差，乃多受其貨而不加治，無何棄去，留書罵之。（《三國志·魏書·方技傳》）

（10）殷中軍雖思慮通長，然於才性偏精。（《世說新語·文學》）

殊大　何其　孔　丕　重

以上五個沿用上古的程度副詞，此期用量不高，分別爲2例、35例、39例和4例；與上古漢語相比，它們所佔的比例均略有下降，分別爲0.03%、0.60%、0.67%、0.07%和0.03%。如：

（11）父以足受之，笑而去。良殊大驚①。（《漢書·張良傳》）

（12）元方曰："足下言何其謬也！故不相答。"（《世說新語·言語》）

（13）觀其此意，當謂親兄弟爲孔懷。（《顏氏家訓·文章》）

（14）袁術僭逆，肆於淮南，懾憚君靈，用丕顯謀，蘄陽之役，橋蕤授首，稜威南邁，術以隕潰，此又君之功也。（《三國志·魏書·武帝紀》）

（15）喪亂以來，漢氏諸陵無不發掘，至乃燒取玉匣金縷，骸骨並盡，是焚如之刑，豈不重痛哉！（又，《文帝紀》）

二　中古新興的甚類程度副詞

中古新興甚類程度副詞26個：甚爲、甚爲大、大甚、頗₁、尤爲、尤絕、深爲、深自、殊自、特、何、盛自、雅、雅自、篤、正、差₁、獨、精、酷、不勝、奇、全、痛、痛自、橫。它們的使用頻率

---

① 中古"殊大"連用2例，《漢書·符瑞志上》："父以足受，笑而去，良殊大驚。"《宋書·符瑞志上》："父以足受，笑而去，良殊大驚。"均係沿襲《史記·留侯世家》"父以足受，笑而去。良殊大驚，隨目之"而來。

有高有低。

甚爲　甚爲大　大甚

"甚爲"是"甚"與後綴"爲"構成的派生詞,30例;"甚爲大"是"甚爲"與"大"並列連文而成,1例;"大甚"連文,1例。如:

（16）一切眾女,皆稱妙哉,<u>甚爲</u>奇特,世之希有。(《修行本起經》,3/466a)

（17）爾時國王,報彼臣言,卿此一言,<u>甚爲大</u>善。(《佛本行集經》,3/853a)

（18）若設美飯以毒著中,色<u>大甚</u>好而香,無不喜者,不知飯中有毒。(《道行般若經》,8/439a)

頗₁

"頗₁"表程度高,中古始見,共423例,所佔比例爲7.14%,僅次於最常用的"甚"和"大"。如:

（19）太祖之破袁術,仁所斬獲<u>頗</u>多。(《三國志·魏書·曹仁傳》)

（20）我有一兒,年已十七,<u>頗</u>曉書疏。(《顏氏家訓·序致》)

尤絕　尤爲　深爲　深自　殊自　盛自

"尤絕"連文,1例;"尤爲"(3例)、"深爲"(2例)分別是"尤""深"與後綴"爲"構成的派生詞;"深自"(19例)、"殊自"(1例)、"盛自"(1例)又分別是"深""殊""盛"與後綴"自"構成的派生詞。如:

（21）朱光祿爲建安郡,中庭有桔,冬月於樹上覆裹之,至

明年春夏，色變青黑，味尤絕美。(《齊民要術·桔》)

（22）京兆典京師，長安中浩穰，於三輔尤爲劇。(《漢書·張敞傳》)

（23）既反，王、謝相謂曰："淵源不起，當如蒼生何?"深爲憂歎。(《世説新語·識鑒》)

（24）經數頓，庥悔悟，深自咎責，遣舊父老及長史乙那樓追渾，令還。(《宋書·鮮卑列傳》)

（25）王本自有一往儁氣，殊自輕之。(《世説新語·文學》)

（26）是時大發徒衆，南巡校獵，盛自矜大，故致旱災。(《宋書·五行志二》)

特

《説文》："特，朴特，牛父也。"本義爲公牛，亦泛指牛，如《詩經·小雅·正月》："瞻彼阪田，有菀其特。"又指一頭牲畜，如《儀禮·士冠禮》："若殺，則特豚載合升。"由此引申出"單個、單獨、孤獨"義，如《禮記·內則》："君已食，徹矣，使之特餕。"又引申出"傑出者"義，如《詩經·秦風·黃鳥》："維此奄息，百夫之特。"在此基礎上發展出"不同一般、異常"義，如韓愈《答柳柳州食蝦蟆》詩："蝦蟆雖水居，水特變形貌。"最終引申爲特別義的程度副詞。

在我們重點調查的上古文獻裏未見"特"表程度的用法，不過同期的其他文獻中有個別用例，如：

（27）趨利之情，不肖特厚。(《尹文子·大道上》)

上古這種例句實在太少，上例似可看作程度副詞"特"的萌芽。中古以後，"特"得到較大的發展，共69例，如：

（28）而禁持軍嚴整，得賊財物，無所私入，由是賞賜特重。

（《三國志·魏書·樂進傳》）

（29）王丞相云："頃下論以我比安期、千里。亦推此二人；唯共推太尉，此君**特**秀。"（《世說新語·品藻》）

何

"何"，本爲動詞，"擔、挑"義，《說文》："何，儋也。"後借爲代詞，表示疑問，《玉篇·人部》："何，辭也。"《字彙·人部》："何，曷也，奚也，胡也，惡也，烏也，焉也，安也，那也，孰也，誰也。""何"用於疑問句中充任狀語時，就逐漸產生了程度副詞的用法，表達"多麼"義。中古漢語"何"共57例，如：

（30）立曰："熊之上殿**何**其勇，今**何**怯也！"（《漢書·外戚傳》）

（31）或緣寇難頻起，軍蔭易多，民庶從利，投坊者寡。然國經未變，朝紀恒存，相揆而言，隆替**何**速！（《南齊書·虞玩之傳》）

雅　雅自

"雅"，同"鴉"，鳥名，《說文》："雅，楚鳥。"程度副詞"雅"似與此義無關。"雅"，假借爲"向來、素常"義[1]，《玉篇·佳部》："雅，素也。"《史記·高祖本紀》："雍齒雅不欲屬沛公，及魏招之，即反爲魏守豐。"裴駰集解："服虔曰：'雅，故也。'""雅"程度副詞的用法大概是從其"向來、素常"義發展而來的，劉淇《助字辨略》卷二："雅，猶云極也。""雅"表程度，《漢語大詞典》未收，《漢語大字典》引《後漢書》例，較晚。我們發現程度副詞"雅"較早見於《漢書》。中古漢語"雅"共46例，如：

---

① 段玉裁注："雅之訓亦云素也，正也，皆屬假借。"

（32）婦，趙女也，雅善鼓瑟。（《漢書·楊敞傳》）

（33）孫子荊以有才，少所推服，唯雅敬王武子。（《世說新語·傷逝》）

"雅"與後綴"自"構成派生詞，1見：

（34）有一士族，讀書不過二三百卷，天才鈍拙，而家世殷厚，雅自矜持，多以酒犢珍玩，交諸名士，甘其餌者，遞共吹噓。（《顏氏家訓·名實》）

篤

"篤"，本指馬行遲鈍，《說文》："篤，馬行頓遲。"《說文》："竺，厚也。""竺"後專指"天竺"，而"厚"義便借"篤"來表示。段玉裁注："古假借篤爲竺字，以皆竹聲也。二部曰：'竺，厚也。'篤行而竺廢也。""厚"即"堅實、牢固"也，如《詩經·唐風·椒聊》："椒聊之實，蕃衍盈匊，彼其之子，碩大且篤。"又表示"豐厚、深厚"義，如《尚書·洛誥》："王曰：'公功棐迪篤，罔不若時。'"程度副詞"篤"即從此義發展而來，較早見於《論衡》等文獻。中古漢語"篤"共37例，如：

（35）景、武間，文翁爲蜀守，教民讀書法令，未能篤信道德，反以好文刺譏，貴慕權勢。（《漢書·地理志》）

（36）然以子篤好不倦，今真以相授矣。（《三國志·吳書·趙達傳》）

正

"正"，本爲"正中、平正"義，《說文》："正，是也。"又指顏色、味道等純正不雜，如《韓非子·難四》："屈到嗜芰，文王嗜菖蒲菹，非正味也，而二賢尚之，所味不必美。"因爲顏色、味道純正，精度高，遂引申爲表程度的副詞，其“甚”義較早見於《論衡》等文獻。中古程度副詞“正”共20例，如：

（37）比到，見光若火，正赤，在舊廬道南，光耀憧憧上屬天，有頃，不見。（《論衡·吉驗》）

（38）其目正圓者痙，不治。（《金匱要略方論》第一）

差₁

"差"是一個使用頻率一直不高的副詞，表程度高的“差₁”用法稍多，中古時期共18例，如：

（39）幕北地平，少草木，多大沙，匈奴來寇，少所蔽隱，從塞以南，徑深山谷，往來差難。（《漢書·匈奴傳》）

（40）王曰：“不知餘人云何，子貢去卿差近。”（《世說新語·汰侈》）

精

"精"，本爲名詞，指優質純淨的米。《說文》：“精，擇也。”如《論語·鄉黨》：“食不厭精。”由此引申出“純粹；精粹；精華”義，如《易經·乾》：“大哉乾乎！剛健中正，純粹精也。”又發展出程度副詞用法，中古共11例，如：

（41）孫安國往殷中軍許共論，往反精苦，客主無間。（《世說新語·文學》）

（42）鍾士季精有才理，先不識嵇康，鍾要於時賢俊者之士，俱往尋康。（又，《簡傲》）

不勝

"不勝"，由“不”“勝”連綴而成，中古用例不多，共8

例，如：

（43）臣愚昧，忖誠不足以知微，然伏揆聖心，規模弘遠，既圖載其事，必克就其功。臣不勝歡喜。（《南齊書·王融傳》）

（44）聞此事已，不勝仰羨。（《佛本行集經》，3/903c）

酷

"酷"，本指"酒味濃厚"。《說文》："酷，酒厚味也。"如《呂氏春秋·本味》："甘而不噥，酸而不酷。"由此逐漸引申出程度副詞的用法，段玉裁注："引申爲已甚之義。《白虎通》曰：'酷極也，教令窮極也。'""酷"表程度，中古漢語共11例，如：

（45）人鼻無不樂香，故流黃郁金、芝蘭蘇合、玄膽素膠、江離揭車、春蕙秋蘭，價同瓊瑤，而海上之女，逐酷臭之夫，隨之不止。（《抱朴子內篇·辨問》）

（46）陶公少有大志，家酷貧，與母湛氏同居。（《世說新語·賢媛》）

奇

"奇"，本爲"珍奇、稀奇、奇異"義。《說文》："奇，異也。"如《荀子·非相》："今世俗之亂君，鄉曲之儇子，莫不美麗、姚冶，奇衣、婦飾。""珍奇、稀奇、奇異"即不同一般，表程度高的"奇"就是由此引申而來的。中古漢語"奇"表程度有7例，如：

（47）而袁紹見洪，又奇重之，與結分合好。（《三國志·魏書·張邈傳》）

（48）許允婦是阮衛尉女，德如妹，奇醜。（《世說新語·賢媛》）

獨

"獨"，本爲"孤單"義。《說文》："獨，犬相得而鬭也。羊爲群，犬爲獨也。"段玉裁注："犬好鬭，好鬭則獨而不群。"《字彙·犬部》："獨，單也。"如《詩經·小雅·正月》"念我獨兮，憂心慇慇。"引申爲"獨自、單獨"，如《易經·小畜》："'有孚攣如'，不獨富也。"程度副詞"獨"就是在"獨自、單獨"義基礎上發展而來的，董志翹、蔡鏡浩（1994：152）持這種觀點。江藍生（1988：49—50）認爲："獨字的'最、甚、特'義，恐從'特'字吸收而來。'獨、特'二字音近義通，均有'單獨、只'等義，所以'特'字表示程度極深一義就很容易被'獨'字吸收過去。"可備一說。中古漢語程度副詞"獨"共5例，如：

（49）以血虛下厥，孤陽上出，故頭汗出，所以產婦喜汗出者，亡陰血虛，陽氣<u>獨</u>盛，故當汗出，陰陽乃復。（《金匱要略方論》第二十一）

（50）孫叔言創《爾雅音義》，是漢末人<u>獨</u>知反語①。（《顏氏家訓·音辭》）

全

"全"，本爲"完整"義。《說文》："全，完也。"如《周禮·考工記·弓人》："得此六材之全，然後可以爲良。"由此虛化爲"都、全都"義副詞，如《史記·扁鵲倉公列傳》："診病決生死，能全無失敗乎？""全"的程度副詞用法是在其"都、全都"義基礎上引申而來的。"全"表程度高，較早見於《宋書》②，中古漢語共5例，如：

———————————

① 江藍生（1988：49）亦舉此例。

② 董志翹、蔡鏡浩（1994：426）認爲程度副詞"全"始見於六朝，與我們的調查結論相吻合。

（51）昔兩都全盛，六合殷昌，霧集貴寵之間，雲動權豪之術，鉤貿貽談，豈唯陳、張而已。（《宋書·顧覬之傳》）

（52）梁朝全盛之時，貴遊子弟，多無學術，至於諺云："上車不落則著作，體中何如則秘書。"（《顏氏家訓·勉學》）

痛　痛自

"痛"，本爲形容詞，"疼痛、痛苦"義。《說文》："痛，病也。"如《漢書·灌夫傳》："（田）蚡疾，一身盡痛，若有擊者。"李露蕾（1986）認爲中古時期，不少能引起生理上或心理上不快、痛苦的詞轉而爲甚詞，"痛"是其中的一個。中古漢語"痛"表程度高用例較少，僅2例，如：

（53）而不軌逐利之民畜積餘贏以稽市物，痛騰躍，米至石萬錢，馬至匹百金。（《漢書·食貨志》）

"痛自"是"痛"與後綴"自"構成的派生詞，1例：

（54）或欺負之者，延壽痛自刻責："豈其負之，何以至此?"（《漢書·韓延壽傳》）

橫

《說文》："橫，闌木也。"段玉裁注："闌，門遮也。引申爲凡遮之偁。凡以木闌之皆謂之橫也。"形容詞"橫暴、放縱"是由其本義發展而來的，如《史記·吳王濞列傳》："鼂錯爲太子家令，得幸太子，數從容言吳過可削。數上書說孝文帝，文帝寬，不忍罰，以此吳日益橫。""橫"表程度是從其形容詞用法引申而來的，中古僅1例：

（55）向雄爲河內主簿，有公事不及雄，而太守劉淮橫怒，遂與杖遣之。（《世說新語·方正》）

第四節 更類程度副詞

中古漢語更類程度副詞共 35 個，它們是：益、益大、益更、益加、益自、益復、稍益、尤益、彌、彌復、更、更倍、更復、更加、更益、更愈、稍更、愈、愈加、愈甚、愈益、愈自、倍、倍加、倍復、倍更、倍益、甚倍、轉、轉倍、轉更、滋、茲益、加、尤加。其中，"益""彌""更"和"愈"等幾個詞的使用頻率比較高，是此期的主要成員。

表 2 – 4　　　　　中古漢語更類程度副詞使用情況

副詞	數量	比例（％）	副詞	數量	比例（％）	副詞	數量	比例（％）
益	293	22.59	更復	1	0.08	倍復	8	0.62
益大	1	0.08	更加	1	0.08	倍更	8	0.62
益更	4	0.31	更益	2	0.15	倍益	8	0.62
益加	4	0.31	更愈	1	0.08	甚倍	3	0.23
益自	1	0.08	稍更	2	0.15	轉	89	6.86
益復	1	0.08	愈	182	14.03	轉倍	12	0.93
稍益	4	0.31	愈加	1	0.08	轉更	4	0.31
尤益	1	0.08	愈甚	1	0.08	滋	64	4.95
彌	257	19.91	愈益	16	1.24	茲益	1	0.08
彌復	3	0.23	愈自	2	0.15	加	8	0.62
更	201	15.57	倍	105	8.10	尤加	1	0.08
更倍	5	0.39	倍加	2	0.15	合計	1297	100

一 沿用上古的更類程度副詞

沿用上古的更類程度副詞有 10 個，它們是：益、益大、尤益、彌、更、愈、愈益、滋、茲益、加。它們的使用頻率高，在中古漢語更類詞中佔有重要的地位，是此期程度副詞的重要組成部分。

益 彌 更

"益""彌"和"更"是中古時期使用最多的三個更類詞，使用數量分別爲293例、257例和201例。與上古相比，它們在此期所佔的比重均有上升，而"更"尤甚。上古時期三詞的比例分別爲15.10%、17.35%和1.02%，中古分別爲22.59%、19.91%和15.57%，如：

（1）若此諸賢猶不足任，校事小吏，益不可信。（《三國志·魏書·程昱傳》）

（2）喪家朔望，哀感彌深，甯當惜壽，又不哭也？（《顏氏家訓·風操》）

（3）善射者能射遠中微，不失毫釐，安能使弓弩更多力乎？（《論衡·儒增》）

愈　滋　加

"愈""滋"和"加"三詞在中古時期的使用頻率均有所下降，以"愈"爲甚。它們在此期的出現頻率分別爲182例、64例和8例，所佔比例分別爲14.03%、4.95%和0.62%，而上古時期它們的比例分別爲38.98%、13.27%和10.82%。如：

（4）兵調度亦不合，而匈奴愈怒，並入北邊，北邊由是壞敗。（《漢書·匈奴傳》）

（5）而夫人寵漸衰，皓滋不悅，皓母何恒左右之①。（《三國

---

① 李傑群（1992：339—341）調查了《論衡》《法顯傳》《世說新語》《百喻經》和"杜詩"等幾部語料，只在《論衡》中發現了程度副詞"滋"，故而認爲"滋"在漢代以後不再用作程度副詞。其實不然，在我們重點調查的中古文獻中，"滋"還有不少用例，它們分別見於《論衡》（1例）、《漢書》（6例）、《三國志》（22例）、《宋書》（24例）、《南齊書》（8例）、《洛陽伽藍記》（1例）和《撰集百緣經》（1例）。就使用情況來看，我們應當承認，"滋"在中古時期已是一個逐漸走向衰落的程度副詞，其使用範圍有限，多見於史書文獻，而口語性較強的中古小說和佛經文獻中已很少使用。而且，中古時期"滋"的使用比例較上古有大幅下降，上古爲13.24%，而此期只有4.95%。

志・吳書・妃嬪傳》）

（6）誠歲餘以來，所苦加侵，日日益甚，……不然，必置溝壑。（《漢書・元后傳》）

益大　尤益　茲益　愈益

"益大""尤益""茲益"和"愈益"四個沿用上古的程度副詞，中古時期的使用頻率均不高，使用數量分別爲1例、1例、1例和16例，所佔比例分別爲0.08％、0.08％、0.08％和1.24％。與上古漢語相比，"益大""尤益"、和"茲益"三詞中古時期的比例略有下降，而"愈益"的比例則略有上升。如：

（7）魔見三女還，皆成老母，益大忿怒。（《修行本起經》，3/471a）

（8）士在己左，愈貧賤，尤益禮敬，與鈞。（《漢書・灌夫傳》）

（9）今將軍爲秦將三歲矣，所亡失已十萬數，而諸侯並起茲益多。（《漢書・項籍傳》）

（10）太祖愈益重之，然以群能持正，亦悅焉。（《三國志・魏書・郭嘉傳》）

二　中古新興的更類程度副詞

此期新興的更類程度副詞有24個，它們是：益更、益加、益自、益復、稍益、彌復、更倍、更復、更加、更愈、稍更、愈加、愈甚、愈自、倍、倍加、倍復、倍更、倍益、甚倍、轉、轉倍、轉更、尤加。新興成員數量眾多，它們是中古程度副詞的重要組成部分。

益更　益加　稍益　更倍　更加　更益　更愈　稍更　愈加　愈甚　尤加

以上十個新興副詞均爲並列式合成詞。它們的使用頻率都不高，分別爲4例、4例、4例、5例、1例、2例、1例、2例、1例、1例和 1 例，如：

（11）伯父茂度每譬止之，<u>敷益更</u>感慟，絕而復續。（《宋書·張邵傳》）

（12）其接人，貧賤者<u>益加</u>敬，繇是名譽日廣。（《漢書·韋賢傳》）

（13）而國家數堤塞之，<u>稍益</u>高於平地，猶築垣而居水也。（又，《溝洫志》）

（14）產後七八日，無太陽證，少腹堅痞，此惡露不盡，不大便，煩躁發熱、切脈微實，<u>更倍</u>發熱，……熱在裏，結在膀胱也。（《金匱要略方論》第二十一）

（15）諸有百疾之在目者皆愈，而<u>更加</u>精明倍常也。（《抱朴子內篇·雜應》）

（16）此大沙門我之所問，不嗔不忿，增上清淨容貌凞怡，不作異色，<u>更益</u>光顯。（《佛本行集經》，3/834a）

（17）帝復問曰："吾夢摩錢文，欲令滅而<u>更愈</u>明，此何謂邪？"（《三國志·魏書·方技傳》）

（18）然烏丸、鮮卑<u>稍更</u>強盛，亦因漢末之亂，中國多事，……北邊仍受其困。（又，《烏丸傳》）

（19）家無儲積，無絹爲衾，上聞之，<u>愈加</u>惋惜。（《南齊書·蕭赤斧傳》）

（20）法出而姦生，令下而詐起，如以湯止沸，抱薪救火，<u>愈甚</u>亡益也。（《漢書·董仲舒傳》

（21）於是篤信之心，<u>尤加</u>恭肅，賂以殊玩，爲之執奴僕之役，不辭負重涉遠，不避經險履危，欲以積勞自効，服苦求哀，庶有異聞。（《抱朴子內篇·勤求》）

益自　愈自　益復　彌復　更復

以上五個新興副詞均爲派生詞，其中"益自""愈自"分別爲

"益""愈"與後綴"自"構成,而"益復""彌復""更復"分別爲
"益""彌""更"與後綴"復"構成。它們的使用頻率都不高,分
別爲1例、2例、1例、3例和1例,如:

(22)恩益自謙損,與人語常呼官位,而自稱爲鄙人。(《宋書·蒯恩傳》)

(23)賢者愈自隱蔽,有而如無,姦人愈自炫沽,虛而類實,非至明者,何以分之?(《抱朴子內篇·祛惑》)

(24)迮取汁爲飴餳,名之曰"糖",益復珍也。(《齊民要術·甘蔗》)

(25)太子曰:"敬名雖同,深淺既異,而文無差別,彌復增疑。"(《南齊書·文惠太子傳》)

(26)既識知已,更復歡喜。(《佛本行集經》,3/665c)

倍　倍復　倍加　倍更　倍益　甚倍

《說文》:"倍,反也。"如《左傳·昭公二十六年》:"倍姦齊盟。"孔穎達疏:"倍,即背也,違背姦犯齊同之盟也。""倍"的本義,後來寫作"背"。"倍"由此引申爲指增加與原數相等的數,《廣韻·海韻》:"倍,子本等也。"《正字通·人部》:"物財人事加等曰倍。"段玉裁注:"又引申之爲加倍之倍。以反者覆也,覆之則有兩面,故二之曰倍。"如《尚書·呂刑》:"墨辟疑赦,其罰百鍰……劓辟疑赦,其罰惟倍。"孔傳:"倍百爲二百鍰。"再引申出"增益"義。如《墨子·節用上》:"聖人爲政一國,一國可倍也。倍"由"增益"義引申出程度副詞用法,較早見於東漢時期[1]。"倍"是中古時期新興且發展比較迅速的程度副

---

[1]　《漢語大詞典》和《漢語大字典》所引例證分別爲《北齊書·神武紀上》"於是士眾感悅,倍願附從"和王維《九月九日憶山東兄弟》"獨在異鄉爲異客,每逢佳節倍思親"。嫌晚。

詞，共 105 例，如：

(27) 元帝嗟歎，以此<u>倍</u>敬重焉。(《漢書·外戚傳》)

(28) 懷文屢經犯忤，至此上<u>倍</u>不說。(《宋書·沈懷文傳》)

"倍"的構詞能力較強，由其構成的複音詞較多，分別有"倍復""倍加""倍更""倍益"和"甚倍"等 5 個。其中"倍復"是"倍"與後綴"復"構成的派生詞，8 例；"倍加""倍更""倍益"和"甚倍"均爲並列式複合詞，分別使用了 2 例、8 例、8 例和 3 例。如：

(29) 王時即語以水洗口，口<u>倍復</u>香。(《阿育王傳》，50/128c)

(30) 王聞語已生歡喜之心，<u>倍加</u>恭敬作禮而去。(同上)

(31) 僕言："行見沙門，<u>倍更</u>憂思。"(《修行本起經》，3/467b)

(32) 若令學若爲讀，其福<u>倍益</u>多，何以故？(《道行般若經》，8/437a)

(33) 若有人自學般若波羅蜜解中慧，其福<u>甚倍</u>多。(同上)

轉　轉倍　轉更

"轉"，本指轉運。《說文·車部》："轉，運也。"如《逸周書·大匡》："糧窮不轉，孤寡不廢。"轉運物體則物體的位置發生了改變，因此"轉"引申出"改變、變化"義，如《莊子·田子方》："獨有一丈夫，儒服而立乎公門，公即召而問以國事，千轉萬變而不窮。"與原來的情況相比，改變的結果既可能是朝著相反方向發展，也可能是沿著相同方向發展，由此"轉"分別引申出"反而"義和"更加"義。"更加"義的"轉"即爲程度副詞，較早見於中古時期，共 89 例，是此期使用較多的新興程度副詞。如：

（34）諸將以維眾西接強胡，化以據險，分軍兩持，兵勢**轉**弱，進不制維，退不拔化，非計也，不如合而俱西，及胡、蜀未接，絕其内外，此伐交之兵也。（《三國志·魏書·郭淮傳》）

（35）如是數數往來磨刀，後**轉**勞苦。（《百喻經》，4/545c）

"轉倍""轉更"均爲並列式複合詞，使用頻率不高，分别爲12例和4例，如：

（36）若有菩薩聞是三昧信樂者，其**轉倍**多。（《般舟三昧經》，13/907b）

（37）使我得安全，鉤䶩傷身體，欲盛不覺苦，象走**轉更**疾。（《大莊嚴論經》，4/306c）

第五節　略類程度副詞

中古略類程度副詞共 15 個，它們是：稍、稍稍、稍少、稍小、小、小小、微、少、少小、粗、差$_2$、頗$_2$、略、略小、多少$_2$，其中"稍""小""微"和"少"幾個詞使用較多，是此期的主要成員。

表 2 – 5　　　　　　　　中古漢語略類程度副詞使用情況

副詞	數量	比例（％）	副詞	數量	比例（％）	副詞	數量	比例（％）
稍	97	24.13	微	62	15.42	略	17	4.23
稍稍	14	3.48	少	59	14.68	略小	1	0.25
稍少	1	0.25	少小	2	0.50	多少$_2$	2	0.50
稍小	1	0.25	粗	33	8.21			
小	71	17.66	差$_2$	22	5.47			
小小	1	0.25	頗$_2$	19	4.73	合計	402	100

一 沿用上古漢語的略類程度副詞

沿用上古的略類程度副詞有"頗$_2$""少""小""略"和"差$_2$"5個。與上古漢語的使用情況相比,它們有兩種不同的發展趨勢,即"頗$_2$"和"少"的使用頻率有所下降,而"小""略"和"差$_2$"的使用頻率有所上升。

頗$_2$ 少

"頗$_2$"和"少"是上古使用最多的兩個略類詞,此期它們的使用頻率大幅下降。中古時期"頗$_2$"共19例,所佔比例由上古的53.06%降至此期的4.73%;中古時期"少"共59例,所佔比例由上古的41.50%降至此期的14.68%。如:

(1)涉淺水者見蝦,其頗深者察魚鱉,其尤甚者觀蛟龍,足行跡殊,故所見之物異也。(《論衡·效力》)

(2)上與韓嫣戲,嫣少不遜,當戶擊嫣,嫣走,於是上以爲能。(《漢書·李廣傳》)

小 略 差$_2$

"小""略"和"差$_2$"在上古時期的使用頻率都不高,此期有所上升。它們在中古時期使用次數分別爲71例、17例和22例,所佔比例分別由上古的3.40%、1.36%和0.68%增至此期的17.66%、4.23%和5.47%。如:

(3)自喪亂已來,民人失所,今雖小安,然服教日淺。(《三國志·魏書·何夔傳》)

(4)籍大喜,略知其意,又不肯竟。(《漢書·項籍傳》)

(5)太子不悅,然自後游出差簡。(《三國志·魏書·高堂隆傳》)

二　此期新興的略類程度副詞

此期新興的略類程度副詞有"稍、稍稍、稍少、稍小、小小、微、少小、粗、略小、多少₂"等 10 個。它們的使用頻率有高有低，差別很大。

稍　稍稍　稍少　稍小

"稍"，本指禾末。《說文·禾部》："稍，出物有漸也。"朱駿聲《說文通訓定聲》："稍，按此字當訓禾末，與秒爲穀芒者別。由此引申爲小，《廣韻·效韻》："稍，小也。"如《周禮·天官·膳夫》："凡王之稍事，設薦脯醢。"又引申爲"稍微、略微"義程度副詞，較早見於東漢。"稍"是中古漢語使用最多的略類詞，共 97 例，如：

（6）水性就下，行疾則自刮除成空而稍深。（《漢書·溝洫志》）

（7）臣去朝稍遠，太陽侵色益甚，唯陛下毋難還臣而易逆天意。（又，《京房傳》）

"稍"的組合形式也獲得了較大發展，其中"稍稍" 14 例、"稍少" 1 例、"稍小" 1 例，如：

（8）若欲見聞作是想，稍稍前行且欲近之。（《道行般若經》，8/445b）

（9）然其中稍少合者，其氣力不足以相化成，如釀數升米酒，必無成也。（《抱朴子內篇·金丹》）

（10）佗舍去，婦稍小差。（《三國志·魏書·方技傳》）

微

"微"，本指隱匿、隱藏。《說文》："微，隱行也。"如《尚書·洪範》："乂用昏不明，俊民用微，家用不寧。"孔傳："治闇賢隱，國家亂。"後假借爲"散","細小"義，段玉裁注："訓小，微從彳，訓隱行，假借通用微而不行。"如《易經·繫辭下》："幾者動之微。"孔穎達疏："初動之時，其理未著，唯纖微而已。"由此引申爲程度副詞，"略微、稍微"義。"微"表程度較早見於東漢，中古時期共62例，使用頻率僅次於"稍"和"小"。如：

（11）但以脈自微澀，在寸口，關上小緊，宜針引陽氣，令脈和緊去則愈。（《金匱要略方論》第六）

（12）其生水側下地者，葉細似薀而微黄，根長而味多苦，氣臭者下，亦可服食。（《抱朴子内篇·仙药》）

粗

"粗"，本指糙米、粗糧。《說文》："粗，疏也。"如《莊子·人間世》："吾食也執粗而不臧。"引申爲粗疏、粗略、不精細，如《荀子·正名》："故愚者之言，芴然而粗。"楊倞注："粗，疎略也。"後進一步引申爲"略微"義副詞，較早見於魏晉時期。中古"粗"表程度共33例，如：

（13）自斯以來，頗徙中國罪人雜居其間，稍使學書，粗知言語，使驛往來，觀見禮化。（《三國志·吳書·薛綜傳》）

（14）晉咸甯四年，景獻皇后崩，晉武帝伯母，宗廟廢一時之祀，雖名號尊崇，粗可依准。（《宋書·禮志四》）

多少₂①

"多少"最初指數量的大小，如《管子·七法》："剛柔也，輕重也，大小也，實虚也，遠近也，多少也，謂之計數。"後來由數量的

----

① "多少₂"也可作"少多"，表程度低。我們重點調查文獻未見，同期其他材料偶見，如《三國志·魏書·武帝紀》注引《博物志》："習啖野葛至一尺，亦得少多飲鴆酒。"

多少引申出表程度高低的用法。"多少",既可表示程度高,記爲"多少$_1$";又可表示程度低,記爲"多少$_2$"。"多少$_2$"產生的時間早於"多少$_1$",始見於中古漢語,但用例不多,僅2例:

(15) 高靈時爲中丞,亦往相祖,先時多少飲酒,因倚如醉。(《世說新語·排調》)

(16) 蕺菹法:蕺去土、毛、黑惡者,不洗,暫經沸湯即出。多少與鹽。(《齊民要術·蕺菹法》)

"多少$_1$"始見於唐代,如:

(17) 上國無交親,請謁多少難。(唐·費冠卿《久居京師感懷詩》)

小小　略小　少小

此三詞爲並列式合成詞,使用頻率都不高,分別爲1例、1例和2例。如:

(18) 從九月一日後,止可小小供食,不得多作:天寒草枯,牛羊漸瘦故也。(《齊民要術·養羊》)

(19) 願以義割恩,略小不忍。(《宋書·徐湛之傳》)

(20) 治大人風引,少小驚癇瘛瘲,日數十發,醫所不療,除熱方。(《金匱要略方論》第五)

小　結

通過對中古漢語程度副詞的考察,可以發現以下兩個方面的特點。

第一,程度副詞大大豐富,系統更加完善

　　與上古漢語相比，中古程度副詞大大豐富。具體來說，此期程度副詞不僅在總數上大大超過了前期，而且各個次類也有很大發展。甚類程度副詞在中古時期的數量依然最多，由上古的 16 個猛增至 41 個；更類程度副詞也有大幅度增加，由上古的 11 個增至中古的 35 個；其他類別程度副詞的數量雖不及此二類，但增幅也很高，如最類由上古的 8 個增至中古的 18 個，太類由上古的 2 個增至中古的 5 個，略類由上古的 5 個增至中古的 15 個。

　　此期程度副詞共 114 個，各類數量多少不一。其中甚類、更類較多，分別爲 41 個和 35 個，分別佔此期程度副詞總數的 35.96% 和 30.70%，最類、太類和略類較少，分別爲 18 個、5 個和 15 個，所佔比例分別爲 15.79%、4.39% 和 13.16%。此外，一些詞語在此期更多地用作程度副詞，其他用法已很少見，逐漸轉變爲專門的程度副詞，如 "甚" 等，這也可看作是程度副詞系統完善的一個表現。

　　第二，複音詞獲得較大發展，但仍以單音程度副詞爲主

　　中古（特別是魏晉南北朝時期）在我國歷史上是一個極度混亂的時期。此期社會動盪不安，人民生活和社會生產遭到了極大的影響，但這種社會環境卻爲民族的融合和文化的交流和傳播創造了條件，也爲語言的發展提供了契機。佛教傳入中國以來，以其獨特的語言特徵，給漢語詞彙、語法帶來深刻的變化。中古漢語時期是漢語詞彙迅速走向複音化的時代，程度副詞也不例外。此期複音程度副詞大量出現，呈現出快速發展態勢，它們共 64 個，佔程度副詞總數（114 個）的 56.14%。這與漢語複音化的趨勢相關。

　　不過，複音程度副詞的使用頻率仍不及單音詞，此期單音詞共使用 9621 次，佔總數（10123 次）的 95.04%；複音詞共使用 502 次，佔總數（10123 次）的 4.96%。我們認爲造成這種現象的原因主要是：雖然中古漢語複音詞的數量已超越單音詞，但漢語的基本詞彙仍是以單音詞爲主，它們具有使用頻率高、使用範圍廣的特點，而複音詞多是此期新興的成員，多數成員的使用範圍還比較小，特別是佛經文獻中通過並列連文、派生等方式構成複音程度副詞，大多數的使用

頻率都不高。因此中古漢語程度副詞的使用仍以單音詞爲主。

表 2－6　　　　　　　　中古漢語單、複音詞使用情況對比

使用情況 程度副詞	單音詞		複音詞		合計
	數量	比例（％）	數量	比例（％）	數量
最類程度副詞	2115	91.12	206	8.88	2321
太類程度副詞	246	100	1	0	247
甚類程度副詞	5681	97.01	175	2.99	5856
更類程度副詞	1199	92.44	98	7.56	1297
略類程度副詞	380	94.53	22	5.47	402
	9621	95.04	502	4.96	10123

第三章

近代漢語程度副詞面貌

從整個漢語歷史發展情況來看，近代漢語是一個極其重要的時期。一方面是此期漢語的語言面貌發生了一系列重要的變化，使之與上古、中古漢語之間存在明顯的差异；另一方面近代漢語又是現代漢語的直接來源，很多現代漢語之中使用的詞語、句法結構都可在此期找到源頭。漢語的程度副詞在近代時期既有繼承，又有發展。在我們重點調查的文獻中，共發現程度副詞 5 類 158 個。

第一節　最類程度副詞

近代最類程度副詞共 18 個，它們是：極、極其、極甚、極是、極爲、甚極、最、最甚、最是、最爲、非常最、至、至爲、頂、絕、絕絕、窮、第一。其中"極""最"和"至"的使用頻率較高，是此期最類的主要成員。

表 3－1　　　　　　　　近代漢語最類程度副詞使用情況

副詞	數量	比例（％）	副詞	數量	比例（％）	副詞	數量	比例（％）
極	1518	39.53	最甚	2	0.05	絕	187	4.87
極其	76	1.98	最是	45	1.17	絕絕	2	0.05
極甚	8	0.21	最爲	38	0.99	窮	16	0.42
極是	48	1.25	非常最	1	0.03	第一	1	0.03
極爲	5	0.13	至	745	19.40			
甚極	1	0.03	至爲	3	0.08			
最	1140	29.69	頂	4	0.10	合計	3840	100

一　沿用前期的最類程度副詞

近代最類程度副詞既有對前期的繼承，又有所發展。沿用上古、中古的程度副詞有"極、極爲、極甚、最、最是、最爲、至、至爲、絕、窮、第一"11 個，它們在近代時期的變化主要表現在使用頻率的變化和內部關係的調整上。該期使用最多的仍是"極""最"和"至"3 個，但與中古相比，它們的關係又有很大變化。

極　極甚　極爲

"極"延續了中古的發展趨勢，使用頻率繼續增高，成爲近代漢語中最常用的最類詞，共 1518 例，比例由中古的 26.41% 上升至近代的 39.53%；但該期"極甚"和"極爲"都不多見，分別爲 8 例和 5 例，使用比例比中古均略有下降，分別爲 0.21% 和 0.13%。如：

（1）我們主人雖是朝廷大臣，卻也極好奉承。（《金瓶梅詞話》第五十五回）

（2）太子作偈已了，即便歸宮，迷悶憂煩，極甚不悅。（《八相變（一）》）

（3）道夫云："只如論俗一文，極爲平正簡易。"（《朱子語類》卷一百二十九）

最　最是　最爲

"最"是中古最常用的最類程度副詞，但到了近代漢語階段，使用頻率有所下降，少於"極"，共 1140 例，比例由中古的 37.66% 降至近代的 29.69%；"最是"在近代之中共 45 例，佔此期最類詞的 1.18%，比中古略有上升；"最爲"近代共 38 例，佔此期最類詞的 0.99%，較中古略有下降。如：

（4）這打秋千最不該笑，笑多了有甚麼好？（《金瓶梅詞話》第二十五回）

（5）蓋人君以一身爲至極之標準，<u>最是</u>不易。（《朱子語類》卷七十九）

（6）且以此見得康節先天後天之說，<u>最爲</u>有功。（又，卷六十七）。

至　至爲

近代漢語"至"延續中古的發展趨勢，使用頻率繼續下降，並與"極""最"的差距進一步拉大。"至"共 745 例，比例由中古的 24.86% 降爲近代的 19.40%；"至爲"在近代的使用仍不多，共 3 例，比例爲 0.08%，略高於中古。如：

（7）這是咱的<u>至</u>厚弟兄，濟他的急，也是好事。（《醒世姻緣傳》第六十五回）

（8）格物工夫，<u>至爲</u>浩大。（《朱子語類》卷一百一十六）

絕　第一

與中古相比，"絕"和"第一"在近代的使用比例有所提高，"絕"爲 4.87%，共 187 例；"第一"爲 0.03%，1 例。如：

（9）管敢啟陛下："李陵兵馬，箭盡弓折，糧用俱無，去此<u>絕</u>近，大王何不收取？"（《李陵變文》）

（10）今欲理會這個道理，是天下<u>第一</u>至大至難之事，乃不曾用得旬月功夫熟讀得一卷書，只是泛然發問，臨時湊合，元不曾記得本文，及至問著，元不曾記得一段首尾，其能言者，不過敷演己說，與聖人言語初不相干，是濟甚事！①（《朱子語類》卷一百二十一）

---

① 此例中程度副詞"第一"與"至"並用。

窮

共 16 例，所佔比例由中古的 1.34% 降至近代的 0.42%。如：

（11）今又推始祖所自出之帝而祀焉，則其理可謂窮深極遠
矣。（又，卷二十五）

二　近代新興的最類程度副詞

近代新興的最類程度副詞有"極其、極是、甚極、最其、非常
最、頂、絕絕" 7 個。與中古情況相仿，近代新興的最類詞多爲複音
詞，它們多是通過並列連文或附加派生而成，單音詞僅有"頂" 1
個。這些詞的使用頻率一般不高，不少詞未能沿用到現代漢語中。

極其

現代漢語中"極其"是由"極"與後綴"其"構成。最初，代
詞"其"與所修飾的名詞性成分一起作"窮盡"義動詞"極"的賓
語，這種用法在上古漢語中已見，如：

（12）夫千里之遠，不足以舉其大；千仞之高，不足以極其
深。（《莊子·秋水》）

中古時期"極+（其+NP）"仍爲動詞短語，如：

（13）至周之時，人民文薄，八卦難復因襲，故文王衍爲六
十四首，極其變，使民不倦。（《論衡·自然》）

近代以後"極其"才虛化爲程度副詞。太田辰夫（2003：250）
在分析"極其"時，舉《霍小玉傳》："低幃昵枕，極其歡愛。"認爲
"這個'極'原不是副詞而是動詞"。而在《晏子賦》"使者晏子，
極其醜陋"例中，"'極'已經不是動詞而是副詞了，'其'是詞綴化

了"。我們認爲，太田辰夫對"其"的詞綴化過程的分析是有道理的，但需要注意的是此例中的"其"應是"甚"的誤字。正如黄征、張湧泉（1997：372）所指出的，《晏子賦》之"極其"，"原卷實作'極甚'，丙卷亦同，丁卷此處殘。因據正"。應從。楊榮祥（2005b：134）亦表達了相同的看法。

　　我們認爲程度副詞"極其"形成的關鍵一步是"極"動詞性的消失，與"其"凝固爲一個詞，由原來的動賓結構的"極＋（其＋NP）"轉變爲偏正結構的"極其＋AP/VP"。近代漢語"極其"用作程度副詞已比較多見，我們共得76例。《朱子語類》中已有不少用例①，如：

　　（14）也是被他煉得氣清，皮膚之内，肉骨皆已融化爲氣，其氣又極其輕清，所以有"飛昇脱化"之説。（《朱子語類》卷六十三）

　　（15）那翟管家苦死留住，只得又喫了一夕酒，重敍姻親，極其眷戀。（《金瓶梅詞話》第五十五回）

極是

"極是"，"極"與後綴"是"構成的派生詞，近代共48例，如：

　　（16）其匙竹之燈樹構作之貌如塔也，結絡之樣極是精妙，其高七八尺許。（《入唐求法巡禮行記》卷一）

---

　　① 唐賢清（2004b：26）將《八相變》："忽見一人，四體極其羸劣，形容瘦損，喘息不安。"例中"極其"看作程度副詞。但黄征、張湧泉（1997：511）將此例中的"極其"校爲"極甚"。另，張誼生（2007）認爲判定"極其"真正可看作程度副詞要有三條標準：句法上只能分析爲偏正而非偏正動賓兩可，語義上只表示性狀的程度而非兼表盡力的行爲，語音上節奏的停頓已經轉移到"其"的後面。甚是。不過，根據這條標準，他認爲"極其"在南宋就開始副詞化，但較爲典型的用法要到元末明初才廣泛出現。嫌晚。我們認爲宋代《朱子語類》中已有不少用例，如例（13）、例（14）中"極其"已可看作程度副詞。

（17）魏三的這件事，徐宗師已問得極是明白，又經這任直證倒，再遁不去的田地。（《醒世姻緣傳》第四十七回）

甚極

"甚極" 連文，1 例：

（18）妃聞是語，□□□□，□曰："父王只唯有是一子，甚極憐愛，今作何過，□□□□（見逐深山）乎?"① （《須大挈太子好施因緣》）

最甚

"最甚" 連文，2 例，如：

（19）師有偈曰："最甚深，最甚深，法界人身便是心。"（《祖堂集·岑和尚》）

非常最

"非常最" 連文，1 例：

（20）阿孃見後園果子，非常最好，紅桃先（鮮）味。（《舜子變》）

頂

《說文》："頂，顛也。" 如《易經·大過》："過涉滅頂。凶，無咎。" 趙軍（2005）對此有較細緻的研究，認爲 "頂" 經歷了漫長的歷史時期才由 "人頭的最上端" 發展出程度副詞的用法。可參看。

---

① 黃征、張湧泉（1997：505）：" '見逐深山' 四字斟酌《經律異相》：'何罪見逐，損國尊榮，方處深山乎' 之意而補。"

近代漢語程度副詞"頂"共4例,如:

（21）星圖甚多,只是難得似,圓圖說得<u>頂</u>好。（《朱子語類》卷二）

（22）樓上客喫了足色好酒,又要喫足<u>頂</u>好萊哩。（《聊齋俚曲集·增補幸雲曲》第七回）

絕絕

"絕絕"連文,2例,如:

（23）便是念生<u>絕絕</u>不想再見的乳母丫鬟,也一時同相聚首。（《兒女英雄傳》第二十九回）

第二節 太類程度副詞

太類程度副詞在近代漢語裏有很大發展,共10個,它們是:太、太過於、太於、太煞、何太、忒、忒煞、忒太、過、過於。其中"太"的使用頻率最高,"忒"僅次於"太",二詞是此期的主要成員。

表3-2　　　　　　　近代漢語太類程度副詞使用情況

副詞	數量	比例（％）	副詞	數量	比例（％）	副詞	數量	比例（％）
太	610	58.10	何太	2	0.19	過	73	6.95
太過於	1	0.09	忒	268	25.52	過於	69	6.57
太於	1	0.09	忒煞	12	1.14			
太煞	13	1.23	忒太	1	0.09	合計	1050	100

一　沿用前期的太類程度副詞

沿用前期的程度副詞有"太"和"過"2個,它們在近代的使用情況與前期有所不同。

太

"太"依然是近代時期使用最多的太類詞,共610例,比例由中古的42.91%增至58.10%。如:

(1)真真這話論理不該我們說,這個大老爺太好色了,略平頭正臉的,他就不放手了。(《紅樓夢》第四十六回)

過

受"太"和其他新興太類程度副詞的強勢競爭,"過"在近代漢語裏的使用頻率大幅下降,共73例,比例由中古的32.39%降至近代的6.95%。如:

(2)不然,則不取卻是過厚,而不與、不死,卻是過薄也。(《朱子語類》卷五十七)

二 近代新興的太類程度副詞

近代新興太類程度副詞有"太過於""太於""太煞""何太""忒""忒煞""忒太"和"過於"8個。它們的使用頻率有高有低,存在較大的差異。

太過於

"太過於"爲"太"與"過於"連文,1例:

(3)不過費了這一個月的工夫,屢蒙厚賜,太過於厚。(《醒世姻緣傳》第六十七回)

太於

"太於",或可看作"太過於"的縮略形式,1例:

（4）雖是也要好待，也不可**太於**柔軟。（又，第九十六回）

太煞

蔣禮鴻（1981：440—442）、唐賢清（2003b、2003d、2004b：189—195）對"太煞"有論述。可參看。"太煞"連文，近代共13例，如：

（5）到得可與權時節，也是地位**太煞**高了也。（《朱子語類》卷三十七）

"太煞"又作"大煞""大殺""太殺"或"大曬"①，如：

（6）恁地說，則**大煞**分明了。（《朱子語類》卷九十五）

（7）有人問洞山："時時勤拂拭，**大殺**好，因什摩不得衣鉢？"（《祖堂集·洞山和尚》）

（8）師云："與摩作摩生捉得虛空？"西堂卻問師："作摩生捉？"師便把西堂鼻孔拽著。西堂作忍痛聲云："**太殺**拽人鼻孔，直得脫去！"師曰："直須與摩捉他虛空始得。"（又，《石鞏和尚》）

（9）今生少善不曾作，來世覓人身**大曬**難。②（《三身押座文》）

---

① 表3-2將"太煞""大煞""大殺""太殺"和"大曬"等一並統計爲"太煞"。

② 《三身押座文》另有一句"只是眾生惡業重，敬信之心大曬希"。註〔二〕："原校：'啟云："曬"疑即'煞'之同音字。'按：文中'曬'用同'煞'，爲甚辭。"又《金剛醜女因緣》："大王夫人喜歡曬"，註〔三〇二〕："徐校：'"曬"當作'曬'。'按：'曬'即'曬'的後起俗字。《正字通·日部》：'曬，俗曬字。'徐校云，未爲的當。實則'曬'、'曬'用作甚辭，其字之早見者爲'煞'，但古人亦多有寫作'曬'、'曬'或'晒'的，《詩詞曲語辭匯釋》及《通釋》均繁有舉證，故'曬'字不煩改。"

何太

"何太"連文，2 例，如：

（10）僧家何太粗率，臨行之際，喧憒如斯。（《祖堂集·洞山和尚》）

忒

"忒"，本爲"變更"義。《說文》："忒，更也。"《爾雅·釋言》："爽，忒也。"如《詩經·大雅·瞻印》："鞫人忮忒，譖始竟背。"毛傳："忒，變也。""差錯"義是從"變更"義發展而來，《廣雅·釋詁》："忒，差也。"如《孫子·形》："不忒者，其所措必勝，勝已敗者也。"杜牧注："忒，差忒也。"程度副詞"忒"就是從"差錯"義發展引申而來，段玉裁注："忒之引申爲已甚，俗語用之。"唐賢清（2004b：171—174）認爲，《說文》："忒，更也。"《廣雅·釋話》："忒，差也。"段注："左部曰'差者，特也。參差不相值也。'不相值即更改之意。忒之引申爲已甚，俗語用之。""忒"用作副詞，是本義的引申，表示程度之甚。"忒""太"乃一聲之轉，表示"太"義。"忒"是近代漢語中發展最爲迅速的太類詞。近代時期"忒"表程度共 268 例，佔此期太類程度副詞總用例的 25.52%。如：

（11）范諫議說得不巧，然亦好。和靖又忒不巧，然意思好。（《朱子語類》卷一百一）

（12）但只說你忒狠，周奶奶費了這們一片好心，你昧下一半，給俺一半兒怎麼？（《醒世姻緣傳》第四十九回）

忒煞

唐賢清（2004b：195—203）對"忒煞"有所考察，認爲副詞"忒煞"由"忒"與"煞"聯合而成，本來"忒""太"乃一聲之轉，“忒煞”就是“太煞”。可參看。近代共 12 例。如：

（13）周禮忒煞繁細，亦自難行。（《朱子語類》卷二十三）

（14）誰知這件“財”字的東西，忒煞作怪，冥漠之中差了一個財神掌管，你那命限八字之中該有幾千幾萬，你就要推卻一分也推卻不去。（《醒世姻緣傳》第三十四回）

忒太

“忒太”連文，1 例：

（15）人都別忒太勢利了，況且都作的是什麼有臉的好事！（《紅樓夢》第十回）

過於

程度副詞“過於”表示程度或數量超過一般，使用頻率略少於“過”。具體見“個案研究”部分。近代漢語共 69 例，如：

（16）然當不義則爭之，若過於畏敬而從其令，則陷於偏矣。（《朱子語類》卷十六）

（17）若不去，又恐他過於傷感，無人勸止。（《紅樓夢》第六十四回）

第三節　甚類程度副詞

近代漢語甚類程度副詞有 69 個，它們是：甚、甚是、甚生、甚爲、大、大段、大故、大爲、大小大、好、好不、好生、十分、良、深、深是、深爲、深自、煞、煞是、可煞、可煞是、尤、尤其、尤爲、儘、儘自、殊、很、頗₁、頗頗、頗甚、頗爲、怪、生、不勝、不方、老、老大、偏、何、何等、何其、一何、多少₁、多、多麼、特、特地、精、萬分、萬般、非不、異樣、非常、非分、非甚、差₁、分外、異常、挺、酷、滿、全、盛、奇、無妨、蠻、響。其中"甚""大""好""十分"等幾個詞使用頻率最高，是此期的主要成員。

表 3－3　　　　　　　　近代漢語甚類程度副詞使用情況

副詞	數量	比例（%）	副詞	數量	比例（%）	副詞	數量	比例（%）
甚	2135	26.22	尤爲	1	0.01	特地	3	0.04
甚是	405	4.97	儘	170	2.09	精	20	0.25
甚生	2	0.02	儘自	3	0.04	萬分	20	0.25
甚爲	20	0.25	殊	155	1.90	萬般	3	0.04
大	1480	18.18	很	139	1.71	非不	19	0.23
大段	198	2.43	頗₁	114	1.40	異樣	18	0.22
大故	72	0.88	頗頗	10	0.12	非常	16	0.20
大爲	2	0.02	頗甚	1	0.01	非分	2	0.02
大小大	5	0.06	頗爲	3	0.04	非甚	4	0.05
好	654	8.03	怪	79	0.97	差₁	4	0.05
好不	242	2.97	生	69	0.85	分外	16	0.20
好生	72	0.88	不勝	64	0.79	異常	14	0.17
十分	584	7.17	不方	4	0.05	挺	15	0.18
良	272	3.34	老	61	0.75	酷	10	0.12
深	254	3.12	老大	19	0.23	滿	9	0.11
深是	1	0.01	偏	46	0.56	全	5	0.06
深爲	27	0.33	何	10	0.12	盛	5	0.06
深自	6	0.07	何等	25	0.31	奇	4	0.05
煞	219	2.69	何其	9	0.11	無妨	1	0.01
煞是	6	0.07	一何	1	0.01	蠻	2	0.02
可煞	12	0.15	多少₁	26	0.32	響	2	0.02
可煞是	1	0.01	多	10	0.12			
尤	213	2.61	多麼	5	0.06			
尤其	24	0.29	特	21	0.26	合計	8143	100%

一　沿用前期的甚類程度副詞

沿用前期的甚類程度副詞有 "甚、甚爲、大、良、深、深爲、深自、尤、尤爲、殊、頗₁、不勝、偏、何、何其、一何、特、精、差₁、酷、全、盛、奇" 等23個。與前期相比，它們在此期中所佔的比例有升有降：部分成員如 "甚" 和 "大" 等繼續廣泛使用，所佔比例依然很高；部分成員使用比例下降，使用範圍縮小，並在現代漢語時期趨於消亡。

甚　大

中古時期 "甚" 超越 "大" 成爲最常用的甚類詞，此期繼續保持這種格局，它們在近代漢語的使用數量分別爲2135例和1480例。但與中古相比，"甚" 和 "大" 所佔的比例則均有所下降，分別由中古的40.11%和28.13%降至近代的26.22%和18.18%。如：

（1）秋長夜<u>甚</u>明，長夜照眾生。（《王梵志詩·秋長夜甚明》）

（2）但是某嘗說，春秋之末，與初年<u>大</u>不同。（《朱子語類》卷八十三）

甚爲　深　深自　尤　尤爲　殊　頗₁　何　何其　一何　特精　差₁　酷　全　盛　奇

與中古相比，以上十八個程度副詞的使用比例均有所下降。它們的使用頻次分別爲20例、254例、6例、213例、1例、155例、114例、10例、9例、1例、21例、20例、4例、10例、5例、5例和4例，在此期所佔的比例分別爲0.25%、3.12%、0.07%、2.61%、0.01%、1.90%、1.40%、0.12%、0.11%、0.01%、0.26%、0.25%、0.05%、0.12%、0.06%、0.06%和0.05%。如：

（3）汝能行孝，願救慈親，欲酬乳哺之恩，其事<u>甚爲</u>希有。

（《目連緣起》）

（4）<u>深</u>奇其言，不得更問。（《祖堂集‧祖惠能和尚》）

（5）子宣後見蔡京事，<u>深</u>自恨，而敬服了翁。（《朱子語類》卷一百三十）

（6）莫費心思做狀呈，寧將冷落惱親朋；不惟用意傷天理，<u>尤</u>恐將來禍患生。（《聊齋俚曲集‧富貴神仙》第二回）

（7）及爲兩院提調，常謂比他職掌，<u>尤</u>爲謹重，無日不仕，教誨不倦，挾册授業者，迭足門庭。（《訓世評話‧跋》）

（8）緣潮逆遄，不得定住，東西往復，搖振<u>殊</u>甚。（《入唐求法巡禮行記》卷二）

（9）末後一個戴黃巾的後生，挑著一頭食箱，一頭火爐茶壺之類，其擔<u>頗</u>重，力有未勝，夾在香頭隊內，往前奔趕。（《醒世姻緣傳》第九十三回）

（10）<u>何</u>似湘江江上竹，至今猶被淚痕沾。（《金瓶梅詞話》第五十八回）

（11）母親道一句<u>何其</u>准，不曾錯到半個時辰。（《新校元刊雜劇三十種‧死生交范張雞黍》第一折）

（12）世尊滅度<u>一何</u>速，大悲不能留待我。（《祖堂集‧釋迦牟尼佛》）

（13）再者，市井俗人喜看理治之書者甚少而愛適趣閑文者<u>特</u>多。（《紅樓夢》第一回）

（14）我買將你來伏侍我，你不憤氣，教你做口子湯，不是<u>精</u>淡，就是苦丁子咸。（《金瓶梅詞話》第九十四回）

（15）今日恁時看，時有甚星在表邊；明日恁時看，這星又<u>差</u>遠，或別是一星了。（《朱子語類》卷二）

（16）久聞名<u>酷</u>貪，這怒氣衝天，今朝一般也得相見。（《聊齋俚曲集‧富貴神仙》第十七回）

（17）記得京師<u>全</u>盛時，百官皆只乘馬，雖侍從亦乘馬。（《朱子語類》卷一百二十七）

（18）賈環見他父親<u>盛</u>怒，便乘機說道："方才原不曾跑，只因從那井邊一過，那井裏淹死了一個丫頭，我看見人頭這樣大，身子這樣粗，泡的實在可怕，所以才趕著跑了過來。"（《紅樓夢》第三十三回）

（19）那戰國的齊宣王也曾娶過無鹽，蜀漢的諸葛武侯也曾娶過黃承彥之女，都是<u>奇</u>醜無對的。（《兒女英雄傳》第九回）

良　深爲　偏　不勝

以上三個中古沿用下來的程度副詞，近代的使用頻率分別爲272、27、46、64例。與中古相比，它們所佔的比例均略有提高，分別爲3.34%、0.33%、0.56%和0.79%。如：

（20）往往公私宰殺，以充庖廚貨之物，<u>良</u>可惜也。（《元典章·刑部》卷十九）

（21）不唯處斷偏重，實啟姦門，迤漸生弊，虧公害私，<u>深爲</u>不便。（又，卷八）

（22）此乃孤高迥聳，香麗<u>偏</u>奇。（《雙恩記》）

（23）尚書仁造，賜給布三端、茶陸斤。下情<u>不勝</u>感戴。謹奉狀陳謝。（《入唐求法巡禮行記》卷二）

二　近代新興的甚類程度副詞

近代新興的甚類程度副詞數量眾多，共46個，它們是：甚是、甚生、大段、大故、大爲、大小大、好、好不、好生、十分、深是、煞、煞是、可煞、可煞是、尤其、儘、儘自、很、頗頗、頗甚、頗爲、怪、生、不方、老、老大、何等、多少$_1$、多、多麼、特地、萬分、萬般、非不、異樣、非常、非分、非甚、分外、異常、挺、滿、無妨、蠻、響。這些詞大大豐富了漢語的程度副詞系統。就使用情況來看，它們有兩種截然不同的表現：部分成員使用頻率高，使用範圍

廣，並在現代漢語時期還有廣泛使用；另有部分新興成員則使用範圍
有限，使用頻率較低，並逐漸走向消亡。

大小大　頗頗　頗甚

以上三個近代漢語新興副詞，均爲並列式合成詞，使用頻率均不
高。"大小大"連文，2例①；"頗頗"連文，10例；"頗甚"連文，
1例。如：

（24）程子謂："將這身來放在萬物中一例看，<u>大小大</u>快
活！"又謂："人於天地間並無窒礙，<u>大小大</u>快活！"此便是顏子
樂處。（《朱子語類》卷三十一）

（25）再說這個鄧蒲風生得人物<u>頗頗</u>清秀，白臉黃須，一雙
好手，又穿著了狄家的一弄新制的衣巾，打扮的更加清楚。（《醒
世姻緣傳》第六十一回）

（26）白舍人爲江州刺史，<u>頗甚</u>殷敬。（《祖堂集·歸宗和
尚》）

大爲　甚是　甚生　深是　尤其　頗爲　特地②

以上七個近代新興副詞，均爲詞根與後綴構成，使用頻率分別爲
2例、405例、2例、1例、24例、3例、3例。"大爲"爲"大"與
後綴"爲"構成；"甚是"爲"甚"與後綴"是"構成，近代時期
使用很廣；"甚生"爲"甚"與後綴"生"構成；"深是"爲"深"

---

① 龍潛庵《宋元語言詞典》認爲："大小大，估量之詞，何等，多麼。"袁賓等《宋
語言詞典》認爲"大小大"做副詞時義爲"多麼、何等、實在、太"。董志翹、蔡鏡浩
（1994：90）認爲"'大小大'原是一個短語'大小'猶'多麼'，修飾'大'，'大小大'
即'多麼大'"。我們認爲"大小大"乃並列連文，理由有二，一是"大小"和"大"此
期均可作爲程度副詞使用；二是由短語虛化而來的程度副詞一般有較高的使用頻率，但
"大小大"在文獻中並不多見，尚不具備虛化的條件。

② 曹廣順（1984）認爲"敦煌變文"中"特地"可表程度，而楊榮祥（2005：
152—154）認爲"特地"在《敦煌變文集》中沒有程度副詞用法，而唐詩中有不少用例。
我們贊成曹先生的觀點，認爲"敦煌變文"中"特地"可表程度。

與後綴 "是" 構成； "尤其" 爲 "尤" 與後綴 "其" 構成； "頗爲"
爲 "頗" 與後綴 "爲" 構成； "特地" 爲 "特" 與後綴 "地" 構
成。如：

（27）若是陰人，<u>大爲</u>不利。（《金瓶梅詞話》第六十一回）

（28）只是一日兩回做飯，心中<u>甚是</u>過意不去。（《聊齋俚曲
集·蓬萊宴》第四回）

（29）我適離處，別卻道場，<u>甚生</u>富貴端嚴，可畏光花熾盛。
（《維摩詰經講經文（四）》）

（30）以此知今日取民太重，<u>深是</u>不便。（《朱子語類》卷一
百三十三）

（31）此一段，<u>尤其</u>切要，學者所當深究。（又，卷十八）

（32）自並省三院，而州郡六曹之職<u>頗爲</u>淆亂，司法、司理、
司戶三者尚仍舊。（又，卷一百二十八）

（33）准前得生下，<u>特地</u>端嚴，相見具足，不過兩歲，又以
身亡。（《金瓶梅詞話》第五十九回）

大段　大故

唐賢清（2002、2003a、2004b：263—284）對 "大段" "大故"
的產生和發展過程有較深入的研究。他認爲 "大段" 和 "大故" 本
爲偏正結構的名詞詞組，宋代以後它們才大量用作程度副詞。"大
段" 主要用於宋代和明代，而 "大故" 則主要用於宋代，特別是大
量使用於《朱子語類》之中。唐文指出，這些現象的產生除跟朱熹
個人的語言風格有關外，還與語言自身發展的原因有關。語言自身的
原因有兩個，一是 "大段" 和 "大故" 的本義與其程度義之間符合
詞義引申發展的規律；二是與語言發展的平衡性有關，即現代漢語裏
常見的程度副詞在《朱子語類》時代還沒有出現，因此 "大段" "大
故" 應運而生。

在我們重點調查的近代語料中， "大段" 僅見於《朱子語類》，

共198例；"大故"在《朱子語類》中有71例，另《新校元刊雜劇三十種》中有1例。一並舉例如下：

（34）顏子常要得無伐善施勞，顏子工夫是<u>大段</u>縝密。（《朱子語類》卷二十九）

（35）如古人皆用竹簡，除非<u>大段</u>有力底人方做得。（又，卷十）

（36）想見伏羲做得這個成時，也<u>大故</u>地喜歡。（又，卷六十六）

（37）這個穿紅袍的<u>大故</u>心毒！① （《新校元刊雜劇三十種・趙氏孤兒》第四折）

好　好不　好生

武振玉（2004c）認為程度副詞"好"始見於晚唐五代，但不多見。宋以後用例漸多，元明清是其出現的高峰時期。武文對程度副詞"好"的形成和發展描繪較為詳盡，但缺乏形成機制的探討。李晉霞（2005）對程度副詞"好"的來源機制有研究，她認為在近代時期，"好＋形容詞＋名詞"結構中的"好"與"形容詞"的關係由並列結構變為偏正結構之後，"好"變為程度副詞。程度副詞"好"在唐代還不多見，"好"的虛化過程伴隨著說話者主觀因素的滲透或者加強，"好"的虛化過程同時也是其詞義主觀性程度增高的過程。

據調查，"好"在近代時期新興並獲得了很大的發展，使用頻率僅次於"甚"和"大"，成為此期最常用的甚類程度副詞之一，共654例，佔此期甚類程度副詞總用例的8.03%。如：

（38）者漢大癡，<u>好</u>不自知。（《燕子賦（一）》）

（39）再說毛詩："大人行的<u>好</u>體面的勾當著，百姓每看著。"（《近代漢語語法資料彙編・元代卷・孝經直解》）

---

① 張相《詩詞曲語辭匯釋》卷四"大古（二）"條引此例，謂："言特別心毒也。"

呂叔湘（1999：258）指出“好容易”和“很不容易”，都表示
“很不容易”。“好容易”的用法在近代漢語時期已經產生，較早見於
《金瓶梅詞話》，其後的文獻也有運用。如：

（40）好容易來見你一面，又被門神把住嗔喝，不敢進來。
（《金瓶梅詞話》第八十八回）

（41）別的不打緊，這銀子可是你拿性命換來的，好容易到
了地土了，咱們保重些好。（《兒女英雄傳》第十二回）

袁賓（1984）認爲肯定式“好不”作爲程度副詞來源於否定式
“好不”。最初在口語中也許是否定式“好不”的反語說法，這種反
語說法用多了，其中“不”的意義就逐漸虛化，失去否定作用，依
附於“好”字，“好不”遂凝固成一個相當於副詞的語言單位。我們
完全贊同袁先生的觀點。

根據調查，近代漢語程度副詞“好不”使用很頻繁，共 241
例，如：

（42）好不大膽的蠻奴才，把娘每還不放到心上。（《金瓶梅
詞話》第三十四回）

（43）十來歲的小廝，通也不許跟到裏面，好不嚴緊。（《醒
世姻緣傳》第七十八回）

“好生”是“好”與後綴“生”構成的派生詞。武振玉
（2004c）對“好生”的歷時發展過程有詳細描繪，認爲程度副詞
“好生”最早見於元代，明清兩代均有使用。甚是。據我們調查，
“甚生”是近代使用較多的程度副詞，共 72 例。如：

（44）張千，這廝好生無禮！（《新校元刊雜劇三十種·岳孔
目借鐵拐李還魂》第一折）

（45）他家裏長伏事福德神道，<u>好生</u>恭敬。（《訓世評話》上卷）

十分

武振玉（2004a、2004d）認爲程度副詞"十分"經歷了由詞組到詞，由實到虛的演變過程。大致過程爲："十分"原是指將事物十等分的劃分，引申爲"對事物做十分制的概括"，繼續引申出"全部、完全"義，在此基礎上進一步虛化出程度高的用法。程度副詞"十分"較早見於宋代，元代進一步發展，明代發展更快速，清代繼續保持較高的使用頻率。

武文的論述符合程度副詞"十分"發展的實際情況，據我們調查，"十分"使用頻率稍低於"好"，近代漢語時期共584例，佔甚類程度副詞總用例的7.16%。如：

（46）這道理在天地間，須是直窮到底，至纖至悉，<u>十分</u>透徹，無有不盡，則於萬物爲一無所窒礙，胸中泰然，豈有不樂！（《朱子語類》卷三十一）

（47）兩日天氣<u>十分</u>炎熱，如何不走動些！[1]（《金瓶梅詞話》第六回）

萬分[2]　萬般

---

① 香阪順一（1992：92）將《金瓶梅詞話》第二回"王婆道：'若得大官人抬舉他時，十分之好'"例中的"十分之"看作程度副詞。似不妥。近代時期，程度副詞與所修飾VP之間使用助詞是比較常見的現象，如《醒世姻緣傳》第八回："我每日照鏡，自己的模樣也不十分的標緻，做不得公子王孫的嬌妻豔妾。"

② 《漢語大詞典》還收錄了程度副詞"萬千"，但在我們重點調查文獻中未見。"萬千"，本爲數詞，如《漢書·董仲舒傳》："今世廢而不修，亡以化民，民以故棄行誼而死財利，是以犯法而罪多，一歲之獄以萬千數。"後來又用來形容數量很多，如《武王伐紂平話》卷中："西伯侯囚牢中，常時占卜……有萬千般祥瑞，可以待出免囚牢之難。"在此基礎上引申出程度副詞用法，猶"萬分，非常"。《二刻拍案驚奇》卷十一："此是死中得生，萬千僥倖，他日切不可忘！"

“萬分”的虛化途徑與“十分”很相似，本爲偏正詞組，義爲將事物分萬份，如《莊子·知北遊》：“今於道，秋豪之端萬分未得處一焉，而猶知藏其狂言而死，又況夫體道者乎？”① 後引申爲“絕對，無論如何”義，如《水滸傳》第九十七回：“宋江到帥府升坐，魯智深等八人前來參拜道：‘哥哥，萬分不得相見了！今賴兄長威力，復得聚首；恍如夢中。’” 在此基礎上引申出程度副詞用法，表程度高，猶“非常，極其”，較早見於明代，如：

(48) 自揣分義；萬分不能自安。（明·張居正《四辭恩命疏》）

我們重點調查的文獻中，僅見於《醒世姻緣傳》和《兒女英雄傳》，共20例。如：

(49) 只得稟知了按院，勒了嚴限拿人，番役都上了比較，搜捕的萬分嚴緊。（《醒世姻緣傳》第五十一回）
(50) 這樁事，兒子出於萬分不得已，此時實在作難，實在害怕。（《兒女英雄傳》第十二回）

“萬般”，本爲總括之詞，謂各種各樣，如唐元稹《嶽陽樓》詩：“悵望殘春萬般意，滿櫺湖水入西江。”與之類似的還有“百般”，如唐韓愈《晚春》詩：“草樹知春不久歸，百般紅紫鬥芳菲。”“萬般”很容易由總括之詞引申爲表程度高的副詞。近代漢語“萬般”表程度共3例，如：

(51) 狄希陳雖與寄姐如魚得水，似漆投膠，萬般恩愛，難

---

① 《漢語大詞典》列“萬分”第一個義項爲“萬分之一，謂極少”。我們認爲“萬分”最初是偏正短語，後來“萬分之一”常省略爲“萬分”，表“萬分之一”義。

以形容，到只爲這珍珠一事，放心不下。(《醒世姻緣傳》第七十六回)

(52) 可憐那公子嬌生慣養，家裏父母萬般珍愛。(《兒女英雄傳》第三回)

煞　煞是　可煞

《正字通》："煞，俗殺字。""殺，今謂太甚曰煞，程朱語錄、容齋隨筆皆用之。"章太炎《新方言・釋詞》："今遼東謂富有曰有得肆，蘇州謂甚好曰好得肆，甚熱曰熱得肆。肆、殺去入相轉。《夏小正》：'貍子肇肆。'傳：'肆，殺也。'古以肆爲殺，今以殺爲肆。宋人言甚好曰殺好，猶肆好也。今亦謂極陳力爲殺力，即肆力也。"唐賢清 (2003b、2003d、2004a、2004b：170—213) 對"煞"的形成和發展過程有較深入的研究，可參看。

"煞"用作程度副詞較早見於唐五代，但用例不多。宋以後"煞"得到迅速發展，成爲近代漢語重要的程度副詞。近代漢語程度副詞"煞"共219例，如：

(53) 世人不孝堪傷歎，於父娘邊起輕慢；不念懷耽煞苦辛，豈知乳哺多疲倦。(《父母恩重經講經文 (一)》)

(54) 若天之高，則里數又煞遠。(《朱子語類》卷二)

"煞是"爲"煞"與後綴"是"構成的派生詞，6例，如：

(55) 安老爺一聽，他這番話倒煞是有理，便問："依九哥你怎麼樣呢?"(《兒女英雄傳》第三十一回)

蔣冀騁、吳福祥 (1997：425) "'可煞'用法與'大煞'相同，始見於晚唐五代，宋金時期例句漸多。"唐賢清 (2003c) 也討論了"可煞"在近代時期的使用情況。至於"可煞"的結構，唐認爲

"'可煞'是由'可'與'煞'組成的。'可'用來表示強調，相當於'確實'、'實在'，屢見於文獻。""'可'也可以表示程度，山西交城話中用作程度副詞，使用頻率非常高，普通話的'很、非常、最'交城話大名用'可'代替。""不論'可煞'是並列結構還是附加結構，用作程度副詞和語氣副詞都是有構詞理據的，從語義上說，表示程度的副詞與表示肯定的語氣副詞是相通的。"

程度副詞"可煞"在近代漢語中共12例，"可煞"還可與"是"構成程度副詞"可煞是"①，1例。如：

(56) 可煞作怪，那晁夫人雖是個富翁之女，卻是鄉間住的世代村老。(《醒世姻緣傳》第十六回)

(57) 孟子說："學問之道無他，求其放心而已矣。"可煞是說得切。(《朱子語類》卷五十九)

儘　儘自

"儘"，段玉裁注："盡，……俗作儘。"引申爲"完全、都"義，如宋洪邁《容齋隨筆·北狄俘虜之苦》："元魏破江陵，儘以所俘士民爲奴，無問貴賤，蓋北方夷俗皆然也。"宋楊萬里《中和節日步東園》詩之三："莫恨峭寒花較晚，留連春色儘從他。"由此引申爲程度副詞。祝敏徹（1991：172—173）對程度副詞"儘"的用法有論述，可參看。據我們調查，近代漢語"儘"程度副詞共170例，如：

(58) 如退之說三品等，皆是論氣質之性，說得儘好。(《朱子語類》卷四)

(59) 佛家說心處，儘有好處。(又，卷五)

---

① 由於缺乏足夠的材料，我們目前還無法判定"可煞"和"可煞是"的内部結構問題，暫付闕如。

“儘自”爲“儘”與後綴“自”構成的派生詞，3例，如：

（60）如呂安老才氣儘自過人，觀其議論，亦甚精確。（又，卷一百三十一）

非常　異常　異樣

“非常”“異常”和“異樣”均是由動賓詞組虛化而來，故一並討論。“非常”本表示“超過一般、不同尋常”，此義很容易引申出程度副詞用法。根據調查，近代漢語程度副詞“非常”使用頻率不高，共16例①。其中敦煌變文較多，宋元明時期均不見用例，《紅樓夢》中復見。如：

（61）大王聞之，非常驚愕。（《太子成道經》）
（62）他家本姓夏，非常的富貴。（《紅樓夢》第七十九回）

“異常”本表示“異於正常、與尋常不一般”，如《後漢書·皇后紀上·光烈陰皇后》：“異常之事，非國休福。”在此義基礎上引申出程度副詞用法，表程度高。我們重點調查的文獻中，“異常”較早見於晚唐五代的敦煌變文，宋元明未見用例，清代復見，共14例②，如：

（63）川中又遇一家，牆壁異常嚴麗，孤莊獨立，四迴無人，

---

①　徐俊霞（2003）、武振玉（2004）認爲中古時期“非常”就已經產生程度副詞用法了，這與我們的看法差別很大。造成這種差異的原因是判定程度副詞標準不同，他們將作補語的“非常”看作程度副詞，我們認爲程度副詞是只能作狀語，而補語位置上的“非常”還不是程度副詞。

②　武振玉（2004）認爲程度副詞“異常”始見於中古時期，唐代始見位於所修飾語之前的程度副詞“異常”，宋代少見，明清時期使用頻率明顯增多。與程度副詞“非常”一致，武文將作補語的“異常”看作程度副詞。我們卻不把這些用法的“異常”看作程度副詞。如果撇去程度副詞作補語部分，武先生的觀點正與我們的結論相合。

不恥八尺之軀，遂即叩門乞食。（《伍子胥變文》）

（64）因系獨子，異常珍愛。（《醒世姻緣傳》第一回）

"異樣"的虛化途徑與非常、異常基本相同，本指"與尋常不同"，如《二刻拍案惊奇》卷九："他的姓，姓得有些異樣的，不好記，我忘記了。"在此基礎上虛化出程度副詞用法，表程度高。近代程度副詞"異樣"，18 例，如：

（65）老身異樣蹺蹊古怪的事，不知猜勾多少。（《金瓶梅詞話》第二回）

（66）那百花羞見爺問他，便去房裏拿出一隻玉笛，一攢牙笙，雕刻的異樣精美。（《聊齋俚曲集·增補幸雲曲》第二十五回）

分外 何等

"分外"和"何等"兩詞均由偏正詞組虛化而來，一並討論。"分外"本爲"本分之外"義，如《三國志·魏書·程昱傳》："上不責非職之功，下不務分外之賞，吏無兼統之勢，民無二事之役，斯誠爲國要道，治亂所由也。"在此基礎上虛化爲程度副詞，表程度高。王秀玲（2007）對"分外"有研究，可參看。程度副詞"分外"較早見於唐代，如：

（67）虞泉冬恨由來短，楊葉春期分外長①。（唐·高蟾《晚思》）

我們重點調查的文獻中共見 16 例，如：

---

① 此例轉引自《漢語大詞典》。

（68）但覺得仁愛之意分外重，所以"孝弟爲仁之本"，"立愛自親始"。（《朱子語類》卷二十七）

（69）守了幾日，果然又好了。臧姑分外歡喜。（《聊齋俚曲集·姑婦曲》第三回）

"何等"，本爲疑問代詞，表示詢問。如漢荀悅《漢紀·成帝紀三》："或問溫室中樹皆何等木？光默然不應。"用於反問句中，表示不滿或鄙視，如《後漢書·宦者傳·孫程》："鎮即下車，持節詔之。景曰：'何等詔！'因斫鎮，不中。"隨著使用頻率的增加，"何等"逐漸獲得了程度義，較早見於明代。近代漢語裏"何等"表程度高共25例，如：

（70）有我那冤家何等的歡喜，冤家去撇的我和琵琶一樣。（《金瓶梅詞話》第五十回）

（71）我們這樣人家人多，外頭看著我們不知千金萬金小姐，何等快樂，殊不知我們這裏說不出來的煩難，更利害。（《紅樓夢》第七十一回）

多少₁　多　多麼

"多少₁"始見於唐代（例見第二章），此期共發現26例[1]，如：

（72）顏子不是一箇衰善底人，看他是多少聰明！（《朱子語類》卷一三五）

（73）本不是應付人情，又不是交結權勢，又不是被他獻諛，這是多少明白！（又，卷一百七）

---

① 楊榮祥（2005：181）認爲"多少"表程度高，始見於唐代，宋代比較多見，此後逐漸消失。甚是。

"多"表程度是"多少"的省縮形式。呂叔湘（1985：351）認為："在感歎句裏，最初也是用'多少'，後來用省略式'多'，更後又有'多麼'，這是由'這麼'、'那麼'、'怎麼'類推的結果。"甚是。"多"表程度始見於清代，近代漢語共 10 例，如：

（74）葦美提了燈籠在前，素姐居中，丫頭隨後，轉灣抹角，行不多遠，來到一個去處。（《醒世姻緣傳》第八十六回）

（75）老客一路多辛苦，鋪下牀兒放放身，休歇休歇眼不困。（《聊齋俚曲集·增補幸雲曲》第七回）

"多麼"是"多"與後綴"麼"構成的合成詞，近代漢語裏共 5 例，如：

（76）這家人家多麼大，衣架抬在街上曬，兩個巴狗上頭扒，軍家見了心害怕，叫二姐流水快走，你看他下來咬咱！（又，第十四回）

（77）你大槼也不知道你小大師傅的少林拳有多麼霸道！（《兒女英雄傳》第六回）

不方　無妨　非不　非分　非甚

"不方""無妨""非不""非分"和"非甚"五詞均僅見於敦煌變文，蔣禮鴻（1981：442）認為它們都是"甚辭"，《漢語大詞典》從蔣說。"不方"亦作"不妨"，二者差異不詳①。它們的使用頻率都

---

① 蔣禮鴻在《敦煌變文字義通釋》（第四版）中將"不方"和"不妨"分別列爲詞目，認爲它們都是"甚辭"。我們發現敦煌變文中"不方"1 例，"不妨"3 例，表 3－3 將它們一並統計爲"不方"。

不高，其中“不方”4 例、“無妨”1 例、“非不”19 例①、“非分”2
例、“非甚”4 例。如：

  （78）我有一女在家，性行不方柔順，見汝少俊聰明，且要
從其□□。（《佛說阿彌陀經講經文（一）》）

  （79）輸者自合甘心，贏（贏）者無妨感激，遂依臣命，奪
邑賞之。（同上）

  （80）臣緣□□，昔言已主（注）得五年歸生路，臣與李乾
風爲知與（己），□□將書來苦囑，非不勤殷。　（《唐太宗入
冥記》）

  （81）須達忸怩反側，非分仿徨，煩怨回車，又出城南按行。
（《降魔變文》）

  （82）太子聞語，非甚驚惶。（同上）

老　老大　很　響

  李計偉（2005）、付玉萍（2006）、盧惠惠（2007：376—382）
對程度副詞“老”和“老大”的形成發展過程進行過探討。他們認
爲，“老”本爲“年歲大”義的形容詞，元代以後引申出程度副詞用
法，可參看。不過，調查發現，宋代的《朱子語類》中已有 3
例②，即：

---

  ① 陳秀蘭（2002：189—190）認爲，“非不”在六朝文獻中是兩個詞，“不是不”之
義。如姚秦僧伽跋等譯《僧伽羅刹集經》卷下：“是時世尊告曰：‘若作是等說者，亦不缺
漏。非不有力，亦無眾行。極清淨無瑕穢修梵行。若有人語我等說作是說，此義云何？’”
（4/137b）“非不有力”即不是沒有力氣。當“非不”置於形容詞前時，它的語法功能就發
生變化，由一個類似詞的成分凝固爲表示程度的副詞。如敦煌文書河西巡撫《判諸國首領
停糧》：“沙州率糧，非不辛苦。首領進奉，憑此興生。雖自遠來，誠合優當；淹留且久，
雖貴適時，事宜停給。”“非不辛苦”即極辛苦。

  ② 《漢語大詞典》舉“元吳昌齡《張天師》第一折：‘怎麼也要一年一會，做這般老
遠的期約也’”爲最早書證。略晚。

（83）長馬，則是口頭道個老大底馬。（卷五十九）

（84）某嘗經歷諸州，教官都是許多小兒子，未生髭須；入學底多是老大底人，如何服得他；某思量，須是立個定制，非四十以上不得任教官。（卷一百九）

（85）黃子厚詩卻老硬，只是太枯淡。（卷一百四十）

例（83）、（84）中程度副詞"老"修飾"大"，例（85）"老"修飾"硬"，並與"太"對舉。明清以後"老"使用更加頻繁，如：

（86）尋著這蘆葦密處，岩頭石崖，慢慢的將鉤兒垂下水裏去時，銀絲鉤破波紋，□眼釣出個老大的金色鯉魚。（《朴通事諺解》下）

（87）今日他老遠的又教人捎書來，問尋的親事怎樣的了。（《金瓶梅詞話》第三十六回）

（88）後晌我老早的關了門，不叫進房裏來！（《醒世姻緣傳》第四十四回）

（89）張老說這牆老高的，怎麼上的去？（《聊齋俚曲集·墻頭記》第二回）

"老大"連用，最初是並列式合成詞，"老"和"大"均指年歲大，這種用法較早見於唐代，如：

（90）少小離家老大回，鄉音無改鬢毛衰。（清·賀知章《回鄉偶書》）

（91）少年真可喜，老大百無益。（唐·韓愈《感春三首》）

我們認爲"老大"的上述用法並不是其程度副詞的直接來源。據調查，"老"在宋代已虛化出程度副詞的用法，但還不多見，元代亦然，明代逐漸多起來，"老大"亦在明代開始出現。程度副詞"老大"出現的主要原因有二：一是"大"是一個使用頻率極高的甚類程度副詞，因此它比較容易與"老"組成並列式合成詞；二是"老"與"大"在"年歲大"的意義上具有相通之處，故"老大"能連用，"老大"連用在近代漢語中較常見①，"老大"在明代的用例如：

（92）工老雖然叫安童仍舊拿了進去，心裏見老金如此，<u>老大</u>不忍，另取二兩零銀封了，送與老金作別。(《初刻拍案驚奇》卷一)

（93）到一木香棚下，蔭涼的緊，兩邊又有<u>老大</u>長的石凳琴台，恰好散坐的，眾人都坐了。(《金瓶梅詞話》第五十六回)

清代用例如：

（94）朝廷之上也<u>老大</u>喫驚。(《醒世姻緣傳》第九十九回)

（95）安老爺因自己還沒得帶兒子過去叩謝先生，先生倒過來了，一時心裏<u>老大</u>的不安，說道："這個怎麼敢當!"(《兒女英雄傳》第三十七回)

"很"是現代漢語裏最常用的甚類程度副詞，近代漢語時期已有不少用例。在我們重點調查的文獻裏共 139 例，如：

（96）唐太宗是唐家<u>很</u>好底皇帝，爲教太子底上頭，自己撰造這一件文書，說著做皇帝底體面。(《吳文正集·經筵講義·帝範君德》)

（97）當時做官、做百姓的，心裏<u>很</u>快活有。(又，《通鑒》)

---

① 李計偉（2005）認爲程度副詞"老大"是從複合形容詞"老大"虛化而來；盧惠惠（2007：380—382）也持類似的觀點；付玉萍（2006）認爲程度副詞"老大"是程度副詞"老"誘發了"大"的副詞性，從而構成並列式合成詞。

（98）那計老頭子爺兒兩個不是善的兒，外頭發的話<u>很</u>大著哩！（《醒世姻緣傳》第八回）

（99）武宗爺微微冷笑，這琵琶傳授不<u>很</u>高。（《聊齋俚曲集·增補幸雲曲》第十六回）

（100）我見姑娘<u>很</u>喜歡，我才敢這麼說，可就把規矩錯了，我可是老糊塗了。（《紅樓夢》第六十七回）

（101）若<u>很</u>愛素淨，少幾樣倒使得。（又，第四十回）

（102）我的心裏<u>很</u>看不上那狂樣子，因同老太太走，我不曾說得。（又，第七十四回）

（103）倒是我娘兒三個前日說閒話兒，倆媳婦說了個主意，我聽著竟<u>很</u>有點理兒。（《兒女英雄傳》第三十三回）

上面例（96）—（99）裏"很"修飾形容詞，例（100）—（103）裏"很"修飾動詞及其短語。

"很"的來源問題已有不少學者進行過討論，如太田辰夫（1958、2003：251）、孫錫信（1992：177）、王靜（2003a）、陳寶勤（2004：179—184）、楊榮祥（2005b：292）、盧惠惠（2007：365—374）等。"很"本義爲"不聽從，違逆"。《說文》："很，不聽從也。一曰行難也，一曰戾也。"一般認爲程度副詞"很"不是從其本義而來，而是先借用爲"兇狠"義的"狠"，之後引申虛化出程度副詞用法，始見於元代。不過元代多寫作"哏"，如"事物哏多。"（元典章，朝綱）"煎鹽的灶戶哏生受有"（元典章·戶部）[1]。明代程度副詞"很"仍不多，且多寫作"狠"，如"一根棍打，狠似個活金剛。"（《西遊記》第八十一回）"看先生狠主張用錢，一定也有蹊蹺。（《型世言》第二十七回）清代以後，"狠"逐漸寫作"很"，茲不舉例。

---

① 此二例轉引自太田辰夫（2003：251）。

"響"，用作程度副詞，來源不詳①。調查文獻中，僅見《醒世姻緣傳》2 例，如：

（104）到在北極廟臺上頑了半日，從新又下了船，在學道前五葷鋪內拾的燒餅、大米水飯、粉皮合菜、黄瓜調麵筋，喫得<u>響</u>飽，要撑到西湖裏去。（第三十七回）

（105）路上飯食，白日的飯，是照數打發，不過一分銀喫的<u>響</u>飽，晚間至貴不過二分。（第五十六回）

怪　生　挺　滿　蠻

以上五詞將在"個案研究"部分詳述，此處從略。近代漢語時期，"怪""生""挺""蠻"和"滿"的使用數量分别爲 79 例、69 例、9 例、15 例和 2 例。如：

（106）因前夜喫了火酒，喫得多了，嗓子兒<u>怪</u>疼的要不得，只喫些茶飯粉湯兒罷。（《金瓶梅詞話》第五十四回）

（107）如日間所行之事，想見只是不得已去做；才做，便要忘了，<u>生</u>怕有意見。（《朱子語類》卷一百二十四）

（108）他道："<u>挺</u>長<u>挺</u>深的一個大口子，長血直流的呢！"（《兒女英雄傳》第三十一回）

（109）張二說誰想咱爹<u>滿</u>有錢②。（《聊齋俚曲集·墙頭記》

---

① 我們推測"響"的產生過程大致是："響"本義爲"回聲"。《說文》："響，聲也。"如《尚書·大禹謨》："惠迪吉，從逆凶，惟影響。"孔傳："吉凶之報，若影之隨形，響之應聲。"后泛指声音。《文选·扬雄〈剧秦美新〉》："震聲日景，炎光飛響。"李善注："飛響，震聲也。"發展出"聲音洪大"義，如唐劉長卿《湘中紀行·浮石瀨》詩："眾嶺猿嘯重，空江人語響。"《醒世恒言·錢秀才錯佔鳳凰傳》："高贊叫樂人住了吹打，聽時，一片風聲，吹得怪響。"可能在此基礎上引申出程度副詞用法。

② "滿"又可寫作"漫"，如《聊齋俚曲集·墙頭記》第三回：俺嫂子漫會嘮，我老實不會叨，誰能弄那花花哨。

第二回）

（110）把門的也不通報，把門閃開，二人穿著大紅縐紗麒麟補服，雪白蠻闊的雕花玉帶，拖著牌穗印綬，搖擺進去了。（《醒世姻緣傳》第五回）

第四節　更類程度副詞

近代更類程度副詞共43個，它們是：更、更加、更是、更爲、更轉、特地更、尤更、越、越發、越加、越是、越益、越越、愈、愈發、愈更、愈極、愈加、愈益、愈自、益、益大、益發、益更、益加、轉、轉大、轉更、轉加、轉加大、轉爲、彌、加、加倍、加倍更、甚加、尤加、倍、倍常、倍加、倍自、滋、茲益。其中，"更""越""越發"和"愈"等幾個詞使用頻率高，組合能力強，是此期更類程度副詞的最主要成員。

表 3-4　　　　　　　　近代漢語更類程度副詞使用情況

副詞	數量	比例（%）	副詞	數量	比例（%）	副詞	數量	比例（%）
更	1310	44.20	愈更	3	0.10	轉爲	1	0.03
更加	36	1.21	愈極	1	0.03	彌	28	0.94
更是	88	2.97	愈加	10	0.34	加	20	0.67
更爲	2	0.07	愈益	2	0.07	加倍	6	0.20
更轉	2	0.07	愈自	1	0.03	加倍更	2	0.07
特地更	1	0.03	益	100	3.37	甚加	1	0.03
尤更	2	0.07	益大	1	0.03	尤加	1	0.03
越	337	11.36	益發	98	3.30	倍	16	0.54
越發	466	15.71	益更	1	0.03	倍常	2	0.07
越加	2	0.07	益加	14	0.47	倍加	10	0.34
越是	2	0.07	轉	52	1.75	倍自	1	0.03
越益	1	0.37	轉大	1	0.03	滋	2	0.07
越越	1	0.03	轉更	9	0.30	茲益	1	0.03
愈	322	10.85	轉加	5	0.17			
愈發	1	0.03	轉加大	2	0.07	合計	2964	100

一 沿用前期的更類程度副詞

近代漢語沿用前期的程度副詞 19 個，它們是：更、更加、愈、愈加、愈益、愈自、益、益大、益更、益加、轉、轉更、彌、加、尤加、倍、倍加、滋、茲益。與前期相比，這些副詞在使用頻率和所佔比例上都發生了不小的變化。

更 愈 益 彌 更加 愈加 愈益 愈自 益大 益更 益加

"更""愈""益"和"彌"四詞是中古使用頻率最高的更類程度副詞，近代以後它們的使用情況卻明顯不同於前。即"更"繼續保持強勁的發展勢頭，逐漸成爲近代漢語時期最常用的更類程度副詞。此期"更"共使用 1310 次，所佔比例爲 44.20%，幾乎佔據近代更類副詞全部用量的半壁江山；而"愈""益"和"彌"三詞的使用頻率則急劇地下降，"愈""益"和"彌"的使用量分別爲 322 例、100 例和 28 例，所佔比例由中古的 14.09%、22.68% 和 19.89% 降至近代的 10.85%、3.37% 和 0.94%。

由"更""愈""益"和"彌"構成的合成詞在此期的使用頻率也都不高。"更加""愈加"和"益加"使用數量分別爲 36 例、10 例和 14 例，所佔比例分別爲 1.21%、0.34% 和 0.47%，與中古相比，它們的比例均略有上升。"愈益""愈自""益大"和"益更"的使用數量分別爲 2 例、1 例、1 例和 1 例，所佔比例分別爲 0.07%、0.03%、0.03% 和 0.03%，較中古略有下降。以上諸詞分別舉例如下：

（1）叫老爺是尊稱，添上個大字更中聽，何年曾奉朝廷命。（《聊齋俚曲集·牆頭記》第四回）

（2）想到第九重，只成硬殼相似，那裏轉得又愈緊矣。（《朱子語類》卷二）

（3）我皇帝貴安宗社，更固鴻基。維城之義方堅，磐石之心益壯。（《長興四年中興殿應聖節講經文》）

（4）東風吹，日暮，霧彌暗。（《入唐求法巡禮行記》卷一）

（5）他聽安太太這樣說，更加歡喜。（《兒女英雄傳》第三十二回）

（6）更兼劉超蔡的那二十個家丁，愈加兇暴。（《醒世姻緣傳》第七十三回）

（7）涵養、持守之久，則臨事愈益精明。（《朱子語類》卷十二）

（8）今人多於操時不見其存，過而操之，愈自執捉，故有紛擾之患。（又，卷一百一十九）

（9）王聞是語，益大不樂。（《須大拏太子好施因緣》）

（10）且放在一邊，益更讀書，以來新見。（《朱子語類》卷十一）

（11）始知前日空言無實，不濟事，自此讀書益加詳細云。（又，卷十一）

加　倍加

“加”和“倍加”，在近代漢語的使用頻率不太高，分別爲20例和10例，所佔比例爲0.67%和0.34%，比上古漢語略有上升。如：

（12）初間聖人亦只是略爲禮以達吾之誠意，後來遂加詳密。（《朱子語類》卷三）

（13）西門觀看，不見別事，見一病兒，倍加劣瘦。（《悉達太子修道因緣》）

轉　倍　滋　轉更　尤加　茲益

以上六詞在近代漢語的使用數量都不太高，“轉”“倍”和“滋”爲單純詞，使用數量分別爲52例、16例和2例，“轉更”“尤加”和“茲益”均爲並列式複合詞，使用數量分別爲9例、1例和1例。與上古漢語相比，六詞此期的比例均有所下降，所佔比例分別爲

1.75％、0.54％、0.07％、0.30％、0.30％和0.03％。如：

（14）此時更得朱（珠）歸去，看我如寃轉被嫌。（《雙恩記》）

（15）居士之病容轉盛，喘息微微，吾曹之愁色倍深，呼嗟急急。（《維摩詰經講經文（一）》）

（16）以致巡尉尸位素餐，賊多不獲，將來滋盛，爲害非輕。（《元典章·刑部》卷十二）

（17）太子聞樂，轉更愁憂。（《太子成道經》）

（18）廣疑張子之言尤加精密。（《朱子語類》卷三十）

（19）寶謁才文增福惠，今言茲益善其生，十念彌陀雖即少，功德沾施福不輕。（《難陀出家緣起》）

二　近代漢語新興的更類程度副詞

近代時期新興的更類程度副詞24個，它們是：更是、更爲、更轉、特地更、尤更、越、越發、越加、越是、越益、越越、愈發、愈更、愈極、益發、轉大、轉加、轉加大、轉爲、加倍、加倍更、甚加、倍常、倍自。這些新興成員的使用情況存在較大差異，一些程度副詞的使用頻率很高，成爲此期更類的主要成員，而另外一些程度副詞使用頻率較低，不少成員未能沿用至現代漢語之中。

更是　更爲　轉爲　倍自

以上四詞均是"詞根＋詞綴"構成的派生詞，使用數量分別爲88例、2例、1例和1例。如：

（20）若更剝去得，豈不更是明亮！（《朱子語類》卷七十三）

（21）自此寶玉視襲人更比別個不同，襲人待寶玉更爲盡心。（《紅樓夢》第六回）

（22）再說，看那姑娘的見識心胸，大槩也未必肯喫這注，倘然因小失大，<u>轉爲</u>不妙。（《兒女英雄傳》第二十三回）

（23）今人多於操時不見其存，過而操之，<u>愈自</u>執捉，故有紛擾之患。（《朱子語類》卷一百一十九）

更轉　特地更　尤更　愈更　愈極　轉大　轉加　轉加大　加倍　加倍更　甚加

以上諸詞均爲並列式合成詞。它們的使用數量都不多，分別爲2例、1例、2例、3例、1例、1例、5例、2例、6例、2例和1例。如：

（24）如斯數滿長無倦，能把因緣<u>更轉</u>精，佛告會中無盡意，這個修行何似生。（《妙法蓮華經講經文（三）》）

（25）雀兒被嚇，更害氣咽，把得問頭，<u>特地更</u>悶。（《燕子賦》）

（26）王輔嗣又言"納甲飛伏"，<u>尤更</u>難理會。（《朱子語類》卷六十七）

（27）若沮人之輕富貴者，下梢便<u>愈更</u>卑下，一齊衰了。（又，卷十三）

（28）曾子到此<u>愈極</u>分明，易簀事可見。（又，卷三十五）

（29）大王又<u>轉大</u>怒。（《悉達太子修道因緣》）

（30）六師頻頻輸失，心裏<u>轉加</u>懊惱。（《降魔變文》）

（31）霸王聞語，<u>轉加大</u>怒："過在甚人？"（《漢將王陵變》）

（32）當下大家上廳來，連那在場的諸位，也都<u>加倍</u>的高興。（《兒女英雄傳》第十六回）

（33）老馬得勝越發詐，比前<u>加倍更</u>酷貪，秀才分外沒體面。（《聊齋俚曲集·富貴神仙》第二回）

（34）老夫人脈息，比前番<u>甚加</u>沉重些。（《金瓶梅詞話》第

六十一回)

越　越發　越加　越是　越益　越越

我們將在"個案研究"中詳談"越""越發""越加""越是""越益"和"越越"，此處從略。這六個詞在近代漢語裏新興並獲得巨大發展，成爲此期最常用的副詞，使用數量分別爲 337 例、466 例、2 例、2 例、1 例和 1 例。如：

（35）不可又就上面撰，便越不好了。（《朱子語類》卷三十五）

（36）這西門慶仔細端詳那婦人，比初見時越發標緻。（《金瓶梅詞話》第四回）

（37）他見了這穿月白的女子這等的貞烈，心裏越加敬愛，說："這才不枉長的合我一個模樣兒呢!"（《兒女英雄傳》第七回）

（38）冬裏來越是把家鄉盼，門外的北風刮的我心酸。（《聊齋俚曲集·富貴神仙》第七回）

（39）庭前偶植梧桐二本，才似人長，日攜清泉洗之，欣欣向榮，越益繁茂。（《兒女英雄傳》第二十九回）

（40）飲多時也，天子帶酒觀師師之貌，越越地風韻。（《近代漢語語法資料彙編·元代卷·宣和遺事》）

益發　愈發

"益發"是副詞"益"與後綴"發"構成的派生詞，較早見於明代，用例罕見，清代用例轉多。近代時期"益發"共98例[1]，如：

---

[1] 近代漢語"一發"也表程度，"更加"義。在我們重點調查的文獻中，"一發"表程度見於《金瓶梅詞話》《醒世姻緣傳》和《聊齋俚曲集》三書，如：

老爹，你一發呆了，說那裏話去，細細算將起來？（《金瓶梅詞話》第五十七回）

（41）李瓶兒因過門日子近了，比常時<u>益發</u>喜歡得了不的，臉上堆下笑來，對西門慶道："方才你在應家喫酒，奴已候得久了。又恐怕你醉了，叫玳安來請你早些歸來，不知那邊可有人覺道麼。"（《金瓶梅詞話》第十六回）

（42）他老人家精神是<u>益發</u>好了。（《兒女英雄傳》第三十八回）

香阪順一（1992：98）認爲"愈"是一個脱離口語的副詞，不能構成"愈發"，但我們還是在《紅樓夢》中發現了一例，即：

（43）他叔嫂二人<u>愈發</u>糊塗，不省人事，睡在床上，渾身火炭一般，口內無般不說。（第二十五回）

倍常

"倍常"表程度是從其"不同於一般"義而來，如唐馮贊《雲仙雜記》卷五："李初直遇與人相知，則曰：'棠棣之好，何以過此。'喜慶倍常。"據調查，程度副詞"倍常"使用頻率不高，近代漢語裏僅2見：

連住了三四日，和尚徑不見有個州裏的人出來，<u>一發</u>疑心起來，要送他兩個起身。（《醒世姻緣傳》第十五回）

我聽說任大王山上<u>一發</u>興旺，招集了兩三萬人馬。（《聊齋俚曲集第·增補幸雲曲》第二十九回）

"一發"表程度，實是借作"益發"。"一、益"中古均均爲入聲字，"一"爲質韻，收-t尾，"益"爲錫韻，收-k尾。元明以後入聲韻尾消失後，二者讀音完全相同，因此，"益發"寫作"一發"是很自然的事情。

"益發"還可寫作"亦發"，見於《金瓶梅詞話》和《紅樓夢》，如：

衙內聽了，<u>亦發</u>惱怒起來，又狠了幾下。（《金瓶梅詞話》第九十一回）寶玉<u>亦發</u>得了意，鎮日家作這些外務。《紅樓夢》第二十三回）

近代時期"益發""一發""亦發"一並統計爲"益發"。

（44）兩個老兒倍常歡喜，這日打扮得衣飾鮮明，一同過來。（《兒女英雄傳》第二十九回）

（45）出入往來的那班家丁倍常有興。（又，第三十六回）

第五節　略類程度副詞

近代漢語略類程度副詞共 18 個，它們是：略、略略、略爲、略小、較、有些、稍、稍稍、稍自、少、少少、少微、微、微微、些微、有點、粗、多少$_2$，其中"略""較""有些"和"稍"等幾個是此期的主要成員。

表 3－5　　　　　　　近代漢語略類程度副詞使用情況

副詞	數量	比例（%）	副詞	數量	比例（%）	副詞	數量	比例（%）
略	435	23.73	稍稍	17	0.93	些微	7	0.38
略略	81	4.42	稍自	2	0.11	有點	20	1.09
略爲	1	0.05	少	138	7.53	粗	10	0.55
略小	1	0.05	少少	1	0.05	多少$_2$	2	0.11
較	387	21.11	少微	1	0.05			
有些	328	17.89	微	94	5.13			
稍	292	15.93	微微	16	0.87	合計	1833	100

一　沿用前期的略類程度副詞

沿用前期的略類程度副詞有 8 個，它們是：略、略小、稍、稍稍、少、微、粗、多少$_2$，這些詞的使用情況與前期不盡相同，使用頻率或有升降。

略

"略"繼續了中古的上升勢頭，成爲近代漢語使用最頻繁的略類詞，共 435 例，所佔比例由中古的 4.23% 增至近代的 23.73%。如：

（1）君臣之際，權不可略重，才重則無君。（《朱子語類》

卷十三)

（2）惠祥答道："因做飯，炒大娘子素菜，使著手，茶<u>略</u>冷了<u>些</u>。"（《金瓶梅詞話》第二十四回）

略小　稍　稍稍　少　微　粗　多少₂

與中古相比，此七詞的使用頻率均有所下降。它們的使用頻次分別爲1例、292例、17例、138例、94例、10例和2例，所佔比例分別由中古的0.25%、24.13%、3.48%、17.66%、15.42%、8.21%和0.50%降至近代的0.05%、15.93%、0.93%、7.53%、5.13%、0.55%和0.11%。如：

（3）這大街上不便，奶奶請到門房，屈待<u>略</u>小坐一會兒，我替奶奶稟去。（《醒世姻緣傳》第七十回）

（4）及如今<u>稍</u>明時事，又看了那些邪書僻傳，……變盡法子暗中試探。（《紅樓夢》第二十九回）

（5）不能常作鴛鴦伴，你也<u>稍稍</u>留連，教我也心頭<u>略</u>放寬。（《聊齋俚曲集·富貴神仙》第十四）

（6）李瓶兒見他妝飾<u>少</u>次於眾人，便立起身來問道："此位是何人，奴不知，不曾請見的。"（《金瓶梅詞話》第十四回）

（7）武大入屋裏，看見老婆面色<u>微</u>紅，問道："你那裏來?"（又，第三回）

（8）諸家書體，<u>粗</u>會數般。（《廬山遠公話》）

（9）張炳之笑了笑說："<u>多少</u>打他幾下子罷，你就打他真麼一些?"（《聊齋俚曲集·慈悲曲》第一回）

二　近代漢語新興的略類程度副詞

近代新興的略類程度副詞有10個，它們是：略略、略爲、較、有些、稍自、少少、少微、微微、些微、有點。這些新興副詞的使用頻率不一，如"較"和"有些"使用較多，而"略略""略爲""稍加""稍自""少少""少微""微微""些微""有點"和"有點怪"的使用較少。

較

《說文》未收"較"字，但有"較"，釋爲："車騎上曲銅也。"《集韻》收"較"和"較"，認爲它們是異體字，《覺韻》："丿較，《說文》，車騎上曲銅也。或作較。"《効韻》："較丿，直也，一曰不等。或從爻。""較"的程度副詞用法當從其"不等""比較"意義引申而來。蔣紹愚（1990：349、1995）；吳福祥（1996：131）；楊榮祥（2005b：107）等對"較"的產生和發展有大致的描述，可參。"較"表程度較早見於唐代，如：

（10）冰雪鶯難至，春寒花較遲。（杜甫《人日》）

（11）能就江樓銷暑否？比君茅舍較清涼①。（白居易《江樓夕望招客》）

近代漢語程度副詞"較"共387例②，如：

（12）好仁底較強些子，然好仁而未至，卻不及那惡不仁之切底。（《朱子語類》卷二十六）

（13）若朋友中德行底，也自是較尊敬他。（又，卷八十七）

---

① 此二例轉引自楊榮祥（2005：107）。

② "較"字亦作"教、校、交"，如《季布詩詠》："張良見韓信煞人教多。"黃征、張湧泉（1997：1198）："'教'、'交'皆爲甚辭，字亦作'較'或'校'。"《維摩詰經講經文（三）》："淨方道理只居心，心拙唯言義校深。"黃征、張湧泉（1997：839）："校，頗、極，表程度之深。"《漢將王陵變》："兵馬校多，趁到界首，歸去不得，便往卻迴，而爲轉說。"此例"校"在《敦煌變文集》中作"挍"，黃征、張湧泉（1997：81）改"挍"爲"校"，注曰："'挍'，'校'字俗書。"

略略　少少　微微

"略略""少少"和"微微"三詞爲重疊式合成詞，使用頻率都不高，分別爲81次、1次和16次。如：

（14）這安老爺一邊忙了數日，不曾得閒，直等謝恩領宴諸事完畢，才得略略安靜。（《兒女英雄傳》第一回）

（15）中年以後之人，讀書不要多，只少少玩索，自見道理。（《朱子語類》卷十）

（16）小弟雖不敢自命英雄，這樁事卻合老兄台的見識微微有些不同之處。（《兒女英雄傳》第十六回）

略爲　稍自

"略爲"是"略"與後綴"爲"構成的派生詞，僅1例；"稍自"是"稍"與後綴"自"構成的派生詞，2例。如：

（17）這裏安老爺見他一家這等個至誠向熱，心下十分不安，覺得有褚、陸這等兩個人跟去，也像略爲放心。（《兒女英雄傳》第四十回）

（18）若稍自著意，便自見得，卻不是自家無此理，他鑿空撰來。（《朱子語類》卷一百一十四）

少微　些微

"少微"連文，1例；"些微"本爲"少許、一點兒"義，如《儒林外史》第四十一回："此刻少卿兄莫若先賞差人些微銀子，叫他仍舊到王府塘去。"由此發展爲略類程度副詞，7例。如：

（19）應酬已畢，少微歇息，喫些東西，早發下一角文書，提河台的文武巡捕、管門管帳家丁。（《兒女英雄傳》第十三回）

（20）原來姑娘紉的忙了，手指頭肚兒上些微使了點兒勁，

就把個大針搦兩截兒了，自己看了，也不覺大笑。（又，第二十四回）

有些　有點

"有些"和"有點"是近代時期產生的略類程度副詞，它們都是由"有"和"些"或"點"通過跨層結構重新分析而來。"有些"產生于宋元時期，此後使用頻繁，其使用頻率僅次於"略"和"較"，凡328例，是近代略類副詞的主要成員之一；"有點"產生較晚，始見於明末，發展於清代。"有點"在近代漢語共發現20例，現代漢語時期獲得了較大發展。如：

（21）自洛中脊來，只是太邊南去，故有些熱。（《朱子語類》卷一百三十八）

（22）雖然麼，可是含著一丸藥兒，當初在他身上有點不周處，只怕喫他敲。（《聊齋俚曲集·磨難曲》第二十八回）

小　結

通過以上分析，我們發現近代漢語程度副詞的特點如下。

第一，程度副詞系統更加完善，現代漢語裏使用的多數程度副詞直接來源於近代漢語。

此期程度副詞系統更加完善，五個次類中甚類、更類的數量仍保持最多，分別爲69個和43個，而其他幾類的數量也較爲可觀，如最類18個、太類10個和略類18個。特別是太類程度副詞，一改上古和中古數量少、使用頻率低的局面。

近代漢語是現代漢語的直接來源，多數現代漢語裏使用的程度副詞都已在近代漢語出現並使用。張誼生（2000：22）列舉了現代漢語程度副詞89個，除去我們認爲不是程度副詞的13個，即"不大、不很、不甚、不太、夠、還、慌、幾、幾乎、絕對、絕倫、透、透頂"等, 現代漢語使用的 76 個程度副詞裏, 只有"備加、比較、大大、大爲、頂頂、更其、過分、極度、較比、較爲、絕頂、稍微、稍爲、稍許、深爲、無比、相當、愈爲"18 個在現代時期新興, 更多的成員則是直接繼承近代漢語的程度副詞而來, 共 58 個, 它們是: 不勝、大、頂、多、多麼、非常、分外、格外、更、更加、更爲、過於、好、好不、何等、何其、很、極、極端、極其、較、老、略、略略、略微、略爲、滿、頗₁、頗爲、稍、稍稍、甚、甚爲、十分、殊、太、特、特別、挺、萬分、微微、些微、益發、異常、尤其、尤爲、有點兒、有些、愈、愈加、愈益、越、越發、越加、至、至爲、最、最爲。沿用成員佔了現代漢語程度副詞總數的 76.32%。

第二, 複音詞進一步發展, 使用頻率有所提高

此期複音程度副詞共 106 個, 佔此期程度副詞總數(158 個)的 67.09%, 比中古有進一步的提高(中古爲 56.14%)。就使用情況來看, 近代漢語複音程度副詞的使用也更加頻繁, 它們共使用 3550 次, 佔總用例(17830 次)的 19.91%, 雖然仍明顯低於單音詞的比例, 但與上古、中古相比, 這一比例已有大幅度的提升。而且部分複音程度副詞的發展尤爲迅速, 在所在類別中所佔的比例已相當高了, 如"越發"共 466 次, 佔近代更類程度副詞總用例的 15.71%;"有些"共 328 例, 佔近代略類程度副詞總用例的 17.89%。具體見表 3-6:

表 3-6　　　　　　　　近代漢語單、複音詞使用情況對比

使用情況 程度副詞	單音詞		複音詞		合計
	數量	比例 (%)	數量	比例 (%)	數量
最類程度副詞	3609	93.98	231	6.02	3840
太類程度副詞	951	90.57	99	9.43	1050
甚類程度副詞	6177	75.86	1966	24.14	8143
更類程度副詞	2187	73.79	777	26.10	2964
略類程度副詞	1356	73.98	477	26.02	1833
	14280	80.09	3550	19.91	17830

第四章

程度副詞的組合功能及其發展

程度副詞在歷史文獻中有廣泛的使用，是漢語程度表達的最重要手段之一。目前，語法學界對程度副詞句法功能的研究主要集中在現代漢語方面，而對古代漢語程度副詞句法功能的關注還略嫌不夠。程度副詞的語義特徵是表示性質狀態的程度或某些動作行爲的程度，因此語法成分受到程度副詞的修飾以後往往會獲得程度義。但由於被飾成分的多樣性和程度副詞自身意義的複雜性，"程度副詞＋被飾成分"表達的語法意義也會存在一些差異。歸納起來，程度副詞強調的意義大致可分爲"性狀義""變化義"和"數量義"三種。

程度副詞在句法上很有特點：一方面，程度副詞可與形容詞性成分、動詞性成分和一些體詞性成分進行組合，但不同時期的組合能力又有所不同。另一方面，程度副詞對所飾成分又具有很強的選擇性，不同類別程度副詞的組合功能不同，程度副詞個體之間的組合功能也存在一些差異。

第一節　程度副詞修飾形容詞性成分

形容詞表示抽象的性質屬性，"量性特徵"是其典型特徵，而程度副詞的基本語義特徵就是表示性質狀態的程度或某些動作行爲的程度。形容詞與程度副詞在表達程度意義上契合，因此它們能夠相互選擇和組配。朱德熙（1956）把形容詞分爲"簡單形式"和"複雜形式"兩類，"簡單形式"大致相當於我們所說的性質形容詞，而"複雜形式"相當於狀態形容詞。李宇明（2000：264）指出："性質形容詞的程度是潛在的可塑的，因此可以通過 F（'F'，指程度副詞。引者按）而顯示不同的程度意義。狀態形容詞語的程度性是已經固定的，因此不能再通過添加程度副詞等手段進行改變。帶有時態成分的性質形容詞表示的是變化的動狀態，與程度無關，因此也不能受程度副詞的修飾，不能重復。"李先生的觀點對古代漢語同樣適用。若無特別說明時，本節程度副詞修飾的形容詞均指性質形容詞。

一　上古漢語

修飾形容詞的程度副詞有 36 個，其中單音詞佔絕大多數，共 31 個，佔 86.11%。這些單音詞是：差₂、大、更、極、加、絕、孔、良、彌、丕、頗₂、祁、綦、窮、少、深、甚、盛、殊、肆、太、小、兄、已、益、尤、愈、重、滋、至、最。由於上古漢語以單音詞爲主，因此"程度副詞 + 形容詞"在音節形式上基本是"單音詞 + 單音詞"的形式，如：

（1）故農之用力最苦，而贏利少，不如商賈、技巧之人。（《商君書·外內》）

（2）先王之索賢人無不以也，極卑極賤，極遠極勞。（《呂氏春秋·慎行論》）

（3）昊天泰憮，予慎無辜①。（《詩經·小雅·巧言》）

（4）君子以齊人之殺哀薑也爲已甚矣，女子，從人者也。（《左傳·僖公元年》）

（5）謀夫孔多，是用不集。（《詩經·小雅·小旻》）

（6）臣謹案詔書律令下者，明天人分際，通古今之義，文章爾雅，訓辭深厚，恩施甚美。（《史記·儒林列傳》）

（7）諸侯聞之，喪君有君，群臣輯睦，甲兵益多。（《左傳·僖公十五年》）

---

① "泰"即"太"。

（8）亡十九年，守志彌篤。（《史記·楚世家》）

（9）若前華後河，右洛左濟，主芣、騩而食溱、洧，修典刑以守之，是可以少固。（《國語·鄭語》）

（10）往冬時，爲王使於楚，至莒縣陽周水，而莒橋梁頗壞，……至今不可以見寒。（《史記·扁鵲倉公列傳》）

上古時期最類、太類、甚類、更類和略類程度副詞均可修飾形容詞。其中例（1）、（2）爲最類副詞修飾形容詞，例（3）、（4）爲太類副詞修飾形容詞，例（5）、（6）爲甚類副詞修飾形容詞，例（7）、（8）爲更類副詞修飾形容詞，例（9）、（10）爲略類副詞修飾形容詞。

不過，此期也有少量單音程度副詞修飾複音形容詞的用例，如：

（11）然至冒頓而匈奴最強大，盡服從北夷，而南與中國爲敵國，其世傳國官號乃可得而記云。（《史記·匈奴列傳》）

（12）單閼之歲兮，四月孟夏，庚子日施兮，服集予舍，止于坐隅，貌甚閒暇。（又，《屈原賈生列傳》）

（13）諸士在己之左，愈貧賤，尤益敬，與鈞。（又，《魏其武安侯列傳》）

此期修飾形容詞的複音程度副詞較少，共5個，佔13.89%，它們是：最爲、何其、一何、愈益、滋益。這些程度副詞以修飾單音形容詞爲常，如：

（14）而蚩尤最爲暴，莫能伐。（《史記·五帝本紀》）

（15）始陛下與臣等起豐沛，定天下，何其壯也！（又，《樊噲列傳》）

（16）買則失實，賣則失理，其疑或滋益甚。（《鹽鐵論·錯幣》）

還有少數複音程度副詞可修飾複音形容詞，如：

（17）客出入愈益發舒，言陳王故情。（《史記·陳涉世家》）

除修飾單、複音節形容詞外，上古時期程度副詞還可修飾形容詞短語，但數量不多。在重點調查的語料中僅見程度副詞用於並列式短語之前的用法，如：

（18）四牡奕奕，孔修且張，韓侯入覲，以其介圭，入覲於王。（《詩經·大雅·韓奕》）

（19）維曰於仕，孔棘且殆。（又，《小雅·雨無正》）

（20）又甚聰明和協，蓋其先王。（《國語·鄭語》）

（21）嗚呼，又何其閎覽博物君子也！（《史記·吳太伯世家》）

上四例裏“修且張、棘且殆、聰明和協、閎覽博物”均爲並列式形容詞短語，其中“修且張”和“棘且殆”是用“且”連接兩個並列成分，而“聰明和協”和“閎覽博物”是依靠意義聯合兩個並列成分。

二　中古漢語

此期修飾形容詞的程度副詞大量增加，共88個。其中單音詞46個，佔52.27%，它們是：倍、差$_1$、差$_2$、大、獨、篤、更、過、何、極、精、絕、孔、酷、良、略、彌、丕、偏、頗$_1$、奇、窮、全、傷、稍、少、深、甚、盛、殊、太、特、痛、微、小、雅、已、益、尤、愈、正、至、重、轉、滋、最。這些單音節程度副詞最常見的用法仍是修飾單音形容詞，如：

（22）無恤最賢，又有貴相，簡子後廢太子，而立無恤，卒

爲諸侯，襄子是矣。(《論衡·偶會》)

（23）濟從騎有一馬絕難乘，少能騎者。濟聊問叔："好騎乘不?"(《世說新語·賞譽》)

（24）謝公諫曰："聖體宜令有常。陛下晝過冷，夜過熱，恐非攝養之術。"（又，《夙惠》)

（25）太公曰："養女太多，一費也。"　（《顏氏家訓·治家》)

（26）華歆遇子弟甚整，雖閑室之內，嚴若朝典。(《世說新語·德行》)

（27）王子敬云："從山陰道上行，山川自相映發，使人應接不暇。若秋冬之際，尤難爲懷。"（又，《言語》)

（28）臣父紀以爲漢除肉刑而增加笞，本興仁惻而死者更眾，所謂名輕而實重者也。(《三國志·魏書·陳群傳》)

（29）江郎莫來，女哭晋彌甚，積日漸歇。　（《世說新語·假譎》)

（30）今吾子不後寡君，寡君未知所過，吾子其少安!（《漢書·五行志》)

（31）產後風、續之數十日不解、頭微痛，惡寒，時時有熱、心下悶、乾嘔、汗出、雖久、陽旦證續在耳，可與陽旦湯。(《金匱要略方論》第二十一)

中古時期最類、太類、甚類、更類和略類程度副詞都能修飾形容詞。上例（22）、（23）爲最類副詞修飾形容詞，例（24）、（25）爲太類副詞修飾形容詞，例（26）、（27）爲甚類副詞修飾形容詞，例（28）、（29）爲更類副詞修飾形容詞，例（30）、（31）爲略類副詞修飾形容詞。

單音程度副詞修飾複音形容詞的用法在上古已見，但數量不多，此期有所增加。如：

（32）帝以故宅起湘宮寺，費極奢侈。（《南齊書·虞願傳》）

（33）其餘誠太迫急，奈何？（《漢書·外戚傳》）

（34）陸兄弟殊失望，乃悔往。（《世說新語·簡傲》）

（35）今半兩錢法重四銖，而姦或盜摩錢質而取鋊，錢益輕薄而物貴，則遠方用幣煩費不省。（《漢書·食貨志下》）

（36）王敦、桓溫，磊砢之流，既不可復得；且小如意，亦好豫人家事，酷非所須。（《世說新語·排調》）

複音化是中古詞彙發展的顯著特徵，修飾形容詞的程度副詞也是如此。此期修飾形容詞的複音程度副詞已達42個，佔47.73％，它們是：倍復、倍益、不勝、大甚、第一、第一最、更復、更加、更益、更愈、何其、極爲甚、彌復、稍更、稍益、甚倍、甚大、甚爲、甚爲大、盛自、太傷、雅自、一何、益復、益更、益自、尤加、尤絕、尤爲、愈加、愈益、愈自、至爲、轉倍、轉更、茲益、最差、最大、最第一、最極、最是、最爲。上古時期複音程度副詞以修飾單音詞爲主，這種局面在中古時期發生了一些改變，即呈現出“複音詞＋複音詞”式的使用頻率逐漸增加，有超越“複音詞＋單音詞”式之勢。“複音詞＋複音詞”式例如：

（37）其後五伯更帥諸侯以尊周室，故周於三代最爲長久。（《漢書·地理志下》）

（38）江湛同侍坐，出閣，謂僧綽曰：“卿向言，將不太傷切直。”（《宋書·王僧綽傳》）

（39）歌聲一何紆餘，雜笙簧。（又，《樂志四》）

（40）相如初尚見之，後稱病，使從者謝吉，吉愈益謹肅。（《漢書·司馬相如傳》）

（41）吾與休仁，少小異常，唯虛心信之，初不措疑。（《宋書·建安王休仁傳》）

而此期“複音詞＋單音詞”形式使用不多，如：

（42）天地之性，人最爲貴。（《論衡·命義》）

（43）元方曰：“足下言何其謬也！故不相答。”（《世說新語·言語》）

（44）帝復問曰：“吾夢摩錢文，欲令滅而更愈明，此何謂邪？”（《三國志·魏書·方技傳》）

中古時期程度副詞修飾的形容詞短語漸多，除並列式外，另有中補式等，如：

（45）終爲他所奪，現在惡名聞，來生多貧乏，是爲最愚疑。（《大莊嚴論經》，4/282b）

（46）同列後進或至九卿，寬饒自以行清能高，有益於國，而爲凡庸所越，愈失意不快，數上疏諫爭。（《漢書·蓋寬饒傳》）

（47）時舍衛國中有婆羅門長者名藍達，大富無極，其家資財不可計數。（《法句譬喻經》，4/589b）

（48）諸有百疾之在目者皆愈，而更加精明倍常也。（《抱朴子內篇·雜應》）

例（45）、（46）爲並列式，例（47）、（48）爲中補式。此期並列式形容詞短語已很常見，而中補式還不多。

三　近代漢語

此期修飾形容詞的程度副詞又有所增加，共 132 個。其中，單音詞 52 個，佔 39.39％，它們是：倍、差₁、大、頂、多、非分、更、怪、過、好、何、很、極、加、較、儘、精、絕、酷、老、良、略、蠻、滿、彌、偏、頗₁、奇、窮、全、煞、稍、少、深、甚、生、盛、殊、太、忒、特、挺、微、響、益、尤、愈、越、至、轉、滋、最。
以上程度副詞仍以修飾單音形容詞爲主，如：

（49）師曰："佛病最難治。"（《祖堂集・齊雲和尚》）

（50）教保兒挑著盒擔，絕早坐轎子先來，要拜月娘做乾娘，
他做乾女兒。（《金瓶梅詞話》第三十二回）

（51）上蔡過高，多說人行不得底說話。（《朱子語類》卷
十九）

（52）如三年之喪，諸家說亦有少不同，然亦不必如呂氏說
得太密。（又，卷六十三）

（53）原來漢軍人家的服制甚重，多與漢禮相同。（《兒女英
雄傳》第二十三回）

（54）寶玉道："也不很疼，養一兩日就好了。"（《紅樓夢》
第二十五回）

（55）維城之義方堅，磐石之心益壯。（《長興四年中興殿應
聖節講經文》）

（56）想到第九重，只成硬殼相似，那裏轉得又愈緊矣。
（《朱子語類》卷二）

（57）綺羅香裏燈微暗，絲竹聲中枕半敧。（《維摩詰經講經
文（二）》）

（58）須著說是形氣不同，故性亦少異，始得。（《朱子語
類》卷四）

近代漢語最類、太類、甚類、更類和略類副詞均可修飾形容詞。
例（49）、（50）爲最類副詞修飾形容詞，例（51）、（52）爲太類副
詞修飾形容詞，例（53）、（54）爲甚類副詞修飾形容詞，例（55）、
（56）爲更類副詞修飾形容詞，例（57）、（58）爲略類副詞修飾形
容詞。

除修飾單音詞外，它們還經常修飾複音詞，且使用頻率較前期有

很大增加，如：

（59）魚透碧波堪賞玩，無優（憂）花色<u>最</u>光鮮。（《悉達太子修道因緣》）

（60）春間說得亦<u>太</u>迫切。（《朱子語類》卷十八）

（61）北周宇文泰及蘇綽有意復古，官制<u>頗</u>詳盡。（又，卷一百三十六）

（62）因論爲學，曰："<u>愈</u>細密，<u>愈</u>廣大；<u>愈</u>謹確，<u>愈</u>高明。"（又，卷八）

（63）如一個好物，只是安頓得<u>略</u>傾側，少正之則好矣，不大故費力也。（又，卷四十五）

此期修飾形容詞的複音程度副詞共81個，佔60.41%，它們是：倍加、倍自、不方、不勝、大段、大故、大爲、大小大、第一至、多麼、多少₁、非不、非常、非常最、非分、非甚、分外、更加、更是、更爲、更轉、過於、好不、好生、何等、何其、何太、極其、極甚、極是、極爲、加倍、加倍更、儘自、可煞、老大、略略、頗頗、頗甚、頗爲、煞是、稍稍、深是、深爲、甚加、甚生、甚是、甚爲、十分、太過於、太煞、太於、忒煞、忒太、特地、特地更、萬分、一何、益發、異常、異樣、尤更、尤加、尤其、尤爲、有點、有些、愈加、愈益、愈自、越發、越加、越益、越越、至爲、轉更、轉加、轉爲、最甚、最是、最爲。單、複音節形容詞均可受這些程度副詞的修飾。與前期不同的是，近代以後"複音詞＋複音詞"式的用量佔絕對優勢，"複音詞＋單音詞"式則進一步萎縮。"複音詞＋複音詞"式例如：

（64）剎利王種<u>最爲</u>高貴，劫初以來，相承不絕。（《祖堂集·釋迦牟尼佛》）

（65）這天齊廟本系前朝所修，<u>極其</u>宏壯。（《紅樓夢》第八

十回）

（66）陳少南要廢魯頌，忒煞輕率。（《朱子語類》卷二十三）

（67）曾子是以言下有得，發出“忠恕”二字，太煞分明。（又，卷二十七）

（68）寶玉道：“好祖宗，我就在碧紗櫥外的牀上很妥當，何必又出來鬧的老祖宗不得安靜。”（《紅樓夢》第三回）

（69）劉項佳人絕可憐，英雄無策庇嬋娟。（《金瓶梅詞話》第一回）

（70）此說本卑，非有甚高之行，然工夫卻愈精密，道理卻愈無窮。（《朱子語類》卷三十六）

（71）然自去年來，拜跪已難，至冬間益艱辛。（又，卷九十）

（72）“妙”字便稍精彩，但只是不甚穩當，“具”字便平穩。（又，卷十七）

（73）稟得金氣多，則少慈祥。（又，卷五十九）

此期“複音詞＋單音詞”式雖仍可見，但使用頻率進一步下降，使用數量遠低於“複音詞＋複音詞”。如：

（74）柔軟直，最為妙，不得凶粗多強拗，無益上直心不要為，君能行得偏為好。（《維摩詰經講經文（四）》）

（75）嚴子陵，莫不忒煞逞。（《新校元刊雜劇三十種·嚴子陵垂釣七里灘》第三折）

（76）又疑孟子親作，不然，何其妙也！（《朱子語類》卷十九）

（77）“伐冰之家”是卿大夫以上喪祭得用冰的，他俸祿愈加厚了，不當去養牛羊。（《近代漢語語法資料彙編·元代卷·魯齋遺書》）

（78）到了六月盡，那人客<u>略略</u>少了，忽然探花來了家。
（《聊齋俚曲集‧翻魘殃》第十二回）

近代時期程度副詞可修飾形容詞短語，並列式和中補式都很常
見，如：

（79）我承望他到二十已外也罷，不想十八日就迎接，<u>忙促</u>
急促忙。（《金瓶梅詞話》第六十五回）

（80）擺列祭器祭奠呵，<u>好生</u>痛煩惱著。（《近代漢語語法資
料彙編‧元代卷‧孝經直解》）

（81）正在頑的高興，忽然一陣風兒送過一片琵琶聲音來，
那琵琶彈得來<u>十分</u>圓熟清脆。（《兒女英雄傳》第十八回）

（82）鬧了半日，又用烤熱了的乾布手巾互一回，擦一回，
然後用個大木梳梳了半日，收拾得<u>十分</u>潔淨光彩，根根順理飄
揚。（又，第十六回）

（83）玉樓見兩個拌的<u>越發</u>不好起來，一面拉起金蓮，"往
前邊去罷。"（《金瓶梅詞話》第七十五回）

（84）那老頭兒聽了，<u>益發</u>不耐煩起來，說："姑奶奶，你
這又來了！你二叔不知道他，難道你也不知道他嗎？你看他那性
子脾氣，你二叔人生面不熟的，就攔得住他了？"（《兒女英雄
傳》第十六回）

（85）老太太生了半日氣，這會子虧二奶奶湊了半日趣兒，
才<u>略</u>好了<u>些</u>。（《紅樓夢》第四十七）

（86）常時節<u>略</u>高些，白來創極會反悔。（《金瓶梅詞話》第
五十四回）

例（79）—（82）爲程度副詞修飾並列式短語，例（83）—
（86）爲程度副詞修飾中補式短語。

第二節　程度副詞修飾動詞性成分

程度副詞修飾的動詞性成分包括心理動詞、非心理動詞和動詞短語三類。它們與程度副詞的組合能力不同，表達的語法意義也存在一些差異。

一　心理動詞

心理動詞表示人對某事、某物的主觀認識或看法，它表達人的心理感受，與性質形容詞具有某種相通的屬性，帶有一定的程度義。這是心理動詞與程度副詞組合的語義基礎。程度副詞修飾心理動詞，已爲學界所普遍認同。

（一）上古漢語

修飾心理動詞是程度副詞的一項重要功能。上古時期除太類外，最類、甚類、更類和略類副詞均可用於心理動詞之前，修飾心理動詞的程度副詞共 24 個，佔此期程度副詞總數（42 個）的 57.14%。其中單音節程度副詞數量眾多，共 19 個，佔修飾心理動詞程度副詞數的 79.17%，它們是：大、極、加、絕、孔、略、頗$_2$、少、深、甚、盛、殊、兄、益、尤、愈、至、滋、最。如：

（1）公曰："清商固最悲乎？"師曠曰："不如清徵。"（《韓非子·十過》）

（2）齊因孤之國亂而襲破燕，孤極知燕小力少，不足以報。（《史記·燕召公世家》）

（3）知罃之父，成公之嬖也，而中行伯之季弟也，新佐中軍，而善鄭皇戌，甚愛此子。（《左傳·成公二年》）

（4）殊不知齊寇之所在，國人甚安。（《呂氏春秋·壅塞》）

（5）齊、燕平之月，壬寅，公孫段卒，國人愈懼。（《左傳·昭公七年》）

（6）弗得，<u>滋</u>怒，自投於床，廢於爐炭，爛，遂卒。（又，《定公二年》）

（7）居頃之，復以鳴鏑自射其愛妻，左右或<u>頗</u>恐，不敢射，冒頓又復斬之。（《史記・匈奴列傳》）

（8）於是項梁乃教籍兵法，籍大喜，<u>略</u>知其意，又不肯竟學。（又，《項羽本紀》）

例（1）、（2）爲最類副詞修飾心理動詞，例（3）、（4）爲甚類副詞修飾心理動詞，例（5）、（6）爲更類副詞修飾心理動詞，例（7）、（8）爲略類副詞修飾心理動詞。

複音程度副詞 5 個，佔修飾心理動詞程度副詞總數的 20.83%，它們是：殊大、何其、愈益、益大、尤益。上古時期，複音程度副詞修飾心理動詞的用例並不多，如：

（9）良<u>殊大</u>驚，隨目之。（《史記・留侯世家》）

（10）然卒死亡，<u>何其</u>悲也！（又，《衛康叔世家》）

（11）張耳之國，陳餘<u>愈益</u>怒，曰：“張耳與餘功等也，今張耳王，餘獨侯，此項羽不平。”（又，《張耳陳餘列傳》）

（12）諸士在己之左，愈貧賤，<u>尤益</u>敬，與鈞。（又，《魏其武安侯列傳》）

（13）於是燕王因<u>益大</u>信子之。（《韓非子・外儲說右下》）

（二）中古漢語

修飾心理動詞的程度副詞 59 個，佔中古時期程度副詞總數（114個）的 51.75%。其中單音詞較多，共 39 個，佔修飾心理動詞程度副詞數的 63.93%，它們是：倍、差$_1$、差$_2$、粗、大、獨、篤、更、橫、極、加、絕、酷、良、略、彌、偏、頗$_1$、頗$_2$、奇、全、稍、少、深、甚、盛、殊、太、特、微、小、雅、益、尤、愈、正、轉、滋、最。如：

（14）旱傷百穀，則有寇難，上下俱憂，故其極憂也。（《漢書·五行志上》）

（15）上不樂，從容問曰："天下誰最愛我者乎?"（又，《佞幸傳》）

（16）賈公閭後妻郭氏酷妒。（《世說新語·惑溺》）

（17）故多聞博識，無頑鄙之訾；深知道術，無淺暗之毀也。（《論衡·效力》）

（18）及壬子之日，駟帶卒，國人益懼。（又，《死偽》）

（19）兵調度亦不合，而匈奴愈怒，並入北邊，北邊由是壞敗。（《漢書·匈奴傳》）

（20）以陛下之明達，因使少知治體者得佐下風，致此非難也。（又，《賈誼傳》）

（21）籍大喜，略知其意，又不肯竟。（又，《項籍傳》）

例（14）、（15）爲最類副詞修飾心理動詞，例（16）、（17）爲甚類副詞修飾心理動詞，例（18）、（19）爲更類副詞修飾心理動詞，例（20）、（21）爲略類副詞修飾心理動詞。

上古時期未發現太類副詞修飾心理動詞的用法，中古漢語開始出現這種組合，但用例甚少。在我們重點調查的文獻中僅見 1 例：

（22）婆羅門言善說此偈，今實太懷後來更論之。（《法句譬喻經》，4/586b）

複音程度副詞 20 個，佔修飾心理動詞程度副詞數的 36.07%，它們是：倍復、倍更、倍加、不勝、更復、略小、彌復、少小、深爲、深自、甚大、甚爲、殊大、殊自、痛自、益大、益更、益加、尤益、愈益。中古時期，複音程度副詞修飾心理動詞的使用頻率比上古略有增加，如：

（23）受彼王位，<u>甚大</u>快樂。（《佛本行集經》，19/734a）

（24）魔見三女還，皆成老母，<u>益大</u>忿怒。（《修行本起經》，3/471a）

（25）願以義割恩，<u>略小</u>不忍。（《宋書·王僧綽傳》）

（三）近代漢語

修飾心理動詞的程度副詞有 82 個，佔近代漢語程度副詞總數（158 個）的 51.90%。其中單音詞少於複音詞，共 35 個，佔修飾心理動詞程度副詞數的 42.68%，它們是：倍、粗、大、更、怪、過、好、很、極、加、儘、絕、略、蠻、滿、偏、頗₁、奇、稍、少、深、甚、生、盛、殊、太、忒、特、微、益、尤、愈、越、轉、最。舉例如下：

（26）有人說話如此者，某<u>最</u>怕之。（《朱子語類》卷一百四）

（27）劉參政，大中之子，知某州，劉季章曾爲其館客，嘗與先生說，見其翁日錄，覺得高宗之意，<u>極</u>不樂魏公。（又，卷一百三十一）

（28）<u>殊</u>不知當時本朝全盛，抵得住。（又，卷一百三十三）

（29）照得安常處順，君子之所<u>深</u>憂；痛癢驚疑，聖賢所以立命。（《醒世姻緣傳》第七回）

（30）西門慶聽了，心中<u>越</u>怒，險些不曾把李老媽媽打起來。（《金瓶梅詞話》第二十回）

（31）這一出去，再好好兒的服侍大爺，老爺、太太就<u>更</u>喜歡了。（《兒女英雄傳》第四十回）

（32）汝等在此，<u>粗</u>知遠近。（《祖堂集·雲居和尚》）

（33）富則自有衣著，自有飯喫，但<u>略</u>知義理，稍能守本分，便是無驕，所以易。（《朱子語類》卷四十四）

例（26）、（27）爲最類副詞修飾心理動詞，例（28）、（29）爲甚類副詞修飾心理動詞，例（30）、（31）爲更類副詞修飾心理動詞，例（32）、（33）爲略類副詞修飾心理動詞。

近代以後，太類副詞修飾心理動詞用例逐漸多起來。使用的程度副詞主要是"太"和"過"，它們在用法上又有所不同。大致說來，"太"多修飾心理動詞的否定形式，"過"則多修飾心理動詞的肯定形式，如：

（34）麝月道："這好的也很好，那不知禮的也<u>太</u>不知禮。"（《紅樓夢》第五十四回）

（35）早聽得東邊座上那位大人說道："你當差只顧當差。何用這等大呼小叫的？<u>太</u>不懂官事了!"（《兒女英雄傳》第三十四回）

（36）"行<u>過</u>恭，用<u>過</u>儉"，皆是宜下之意。（《朱子語類》第七十三回）

（37）如若見林妹妹傷感，再設法開解，既不至使其<u>過</u>悲，哀痛稍申，亦不至抑鬱致病。（《紅樓夢》第六十四回）

修飾心理動詞的複音程度副詞48個，佔此期修飾心理動詞程度副詞數的57.32%，它們是：倍常、倍加、不方、不勝、大段、大故、多少₁、非不、非常、非分、非甚、分外、更加、過於、好不、好生、何等、極其、極甚、極是、絕絕、老大、略略、略爲、稍自、深爲、深自、甚極、甚是、甚爲、十分、忒煞、萬般、萬分、無妨、益大、益發、異常、異樣、有點、有些、越發、越是、轉大、轉更、轉加、轉加大、最爲。近代時期，複音程度副詞修飾心理動詞的用例大幅增加，如：

（38）聖人於此，<u>極是</u>留意。（《朱子語類》卷三十六）

（39）那翟管家苦死留住，只得又喫了一夕酒，重敘姻親，

極其眷戀。(《金瓶梅詞話》第五十五回)

（40）因見尤氏犯病，賈珍又過於悲哀，不大進飲食，自己
每日從那府中煎了各樣細粥，精緻小菜，命人送來勸食。(《紅樓
夢》第十四回)

（41）龍媒，你不必過於惦記，把身子養得好好兒的，好去
見老人家。(《兒女英雄傳》第三回)

（42）大王聞之，非常驚愕。(《太子成道經》)

（43）聽母親如此說，更是歡喜。(《兒女英雄傳》第十二
回)

（44）賈珍有了幾分酒，益發高興，便命取了一竿紫竹簫來，
命佩鳳吹簫，文花唱曲，喉清嗓嫩，真令人魄醉魂飛。(《紅樓
夢》第七十五回)

（45）單于聞道漢使來弔，倍加喜悅，光依禮而受漢使弔。
(《王昭君變文》)

（46）聖賢言語本自分曉，只略略加意，自見得。(《朱子語
類》卷十一)

（47）也搭著他實在有點兒怕人家。(《兒女英雄傳》第二十
三回)

二　非心理動詞

除心理動詞外，程度副詞還可修飾一些"非心理動詞"，它們有
助動詞、狀態動詞、像義動詞和行爲動詞四類。這些詞語與程度副詞
組合表達的所表達意義有所不同，而且在不同的歷史時期，它們組合
的能力也存在不少差異。

（一）上古漢語

此期程度副詞可修飾的"非心理動詞"基本上是指助動詞、狀態
動詞和行爲動詞等三類。

1. 助動詞

助動詞又稱能願動詞，是表示可能、意願、必要的動詞，它們一般放在動詞、形容詞的前面作狀語①。儲澤祥等（1999）在討論"很"時認爲助動詞"能/會"對 VP 有轉化作用，即"把 VP 的動作意義轉化爲能力意義"，而"能力有大小，有强弱，有程度差別"，因此程度副詞就有出現的可能。當 VP 與這些帶有程度性的助動詞搭配時，就整合爲一個具有程度性的結構，從而可以受程度副詞的修飾。上古時期已有不少助動詞可受程度副詞的修飾，使用的助動詞主要有"可""能""足""願""欲"和"敢"6 個，程度副詞主要有"極""甚""愈""更"和"頗₂"5 個。舉例如下：

（48）其用知甚簡，其爲事不勞，而功名致大，甚易處而<u>極</u>可樂也。（《荀子·王霸》）

（49）唯儀之所<u>甚</u>願爲臣者，亦無大大王。（《戰國策·秦策二》）

（50）秦<u>愈</u>不敢出，則是我離秦而攻楚也，兵必有功。（又，《秦四》）

（51）自此之後，魯周霸、孔安國，雒陽賈嘉，<u>頗</u>能言尚書事。（《史記·儒林列傳》）

除太類外，上古時期最類、甚類、更類和略類程度副詞均可修飾助動詞。例（48）爲最類副詞"極"修飾助動詞"可"，例（49）爲甚類副詞"甚"修飾助動詞"願"，例（50）爲更類副詞"愈"修飾助動詞"敢"的否定形式，例（51）爲略類副詞"頗₂"修飾助動詞"能"。

---

① 張文國（2003：78）認爲助動詞用在動詞、形容詞之前，做狀語；馬忠（1983：292）認爲助動詞和謂詞性成分組成"合成謂語"；李佐豐（2003：24）認爲助動詞在句中作謂語，後面的謂詞性成分作其賓語。

2. 狀態動詞

狀態動詞是和行爲動詞相對而言的，一般表示事物狀態的變化。狀態有程度高低的差異，因此不少狀態動詞可受程度副詞的修飾。上古程度副詞修飾的狀態動詞主要有"敗₁"和"醉"①，程度副詞有"大""小"和"甚"等，其中以"大"的使用爲常。如：

　　（52）如食頃，小敗；熟五斗米頃，大敗。（《史記·天官書》）

　　（53）聽言之道，溶若甚醉。（《韓非子·二柄》）

　　（54）則刺其足心各三所，案之無出血，病旋已。病得之飲酒大醉。（《史記·扁鵲倉公列傳》）

3. 行爲動詞

行爲動詞是具有實際意義的動詞，表示具體的動作行爲。行爲動詞不具備性狀義，但它們中的不少成員卻能與程度副詞結合。上古時期程度副詞修飾行爲動詞之後，整個結構表達的意義主要有三種，一是強調數量義，如：

　　（55）少進，馬還，又甚之拔旆投衡，乃出。（《左傳·宣公十二年》）

　　（56）三年，救魏於廩丘，大敗齊人。（《史記·趙世家》）

　　（57）淮南、衡山謀反時，建頗聞其謀。（又，《五宗世家》）

　　（58）金生於巳，刑罰小加，故薺麥夏死。（《鹽鐵論·論菑》）

---

　　① 我們將"勝""敗"等動詞的用法分爲兩種：一是用作狀態動詞，記作"勝₁""敗₁"，義是"勝利""失敗"；二是用作行爲動詞，記作"勝₂""敗₂"，義爲"戰勝""戰敗"。

在這種結構中，程度副詞與所飾動詞一起強調動作的數量義。上古使用的程度副詞除"大"之外，"頗₂""稍"和"小"等均爲略類副詞，被飾的動詞如"退""敗₂""勝₂""進""聞""加"等。

二是強調變化義，如：

（59）君其涉江而浮海，望之而不見其崖，<u>愈</u>往而不知其所窮。（《莊子·山木》）

（60）人多伎巧，奇物<u>滋</u>起。（《老子》第五十七章）

（61）吳王不聽，伐齊，大敗齊師於艾陵，遂威鄒魯之君以歸。<u>益</u>疏子胥之謀。（《史記·伍子胥列傳》）

（62）天下士郡諸侯<u>愈益</u>附武安。（又，《魏其武安侯列傳》）

上列程度副詞並不表性狀的程度，而是說明事理的變化，即在說話者看來，越是後出的事情，越比前面具有"更大的可能性"，強調變化後的情況，帶有強烈的個體主觀色彩。使用的程度副詞均爲更類副詞，如"益""愈""愈益""滋"等，被飾動詞如"進""往""起""疏""出""加""附"等。

三是特殊用法，如：

（63）今聽言觀行，不以功用爲之的彀，言雖<u>至</u>察，行雖<u>至</u>察，則妄發之說也。（《韓非子·問辯》）

（64）成山鬥入海，<u>最</u>居齊東北隅，以迎日出雲①。（《史記·封禪書》）

（65）擇錢則物稽滯，而用人<u>尤</u>被其苦。（《鹽鐵論·錯幣》）

程度副詞的這種用法僅見於古代文獻之中，現代漢語裏已消亡，因此我們稱之爲特殊用法。上古時期這種用法用例已出現，但使用頻

---

①　宋洪民（2002）認爲此例中"最"處於虛化的中間環節。

率很低，使用的程度副詞主要有“至”“最”和“尤”等，所飾動詞如“察”“居”和“被”等。目前我們對這種組合出現和消失的原因還不清楚，仍需進一步探索。

（二）中古漢語

此期程度副詞可修飾的“非心理動詞”有助動詞、狀態動詞、像義動詞和行爲動詞四類。

1. 助動詞

與上古相比，此期程度副詞修飾助動詞既有相同之處，又存在差異。相同之處表現在中古時期修飾助動詞的程度副詞仍只有最類、甚類、更類和略類四類，尚未見到太類副詞；不同之處在於中古時期程度副詞及被飾助動詞的數量較上古均有較大幅度的增加。中古時期見於這種用法的程度副詞主要有“倍”“差$_1$”“差$_2$”“粗”“大”“更”“極”“極爲”“略”“彌”“偏”“頗$_1$”“稍”“深”“甚”“特”“雅”“益”“尤”“愈”和“愈益”21個，被飾助動詞主要有“可”“可以”“肯”“能”“宜”“應”“欲”“願”“足”和“足以”10個，舉例如下：

　　（66）其身如是皮裹筋骨，內有髓腦膿血屎尿，皆悉充滿，最可厭惡。（《佛本行集經》，3/914a）

　　（67）我今自觀察，窮賤極可潛，結使所欺誑，放逸之所壞。（《大莊嚴論經》，4/289b）

　　（68）天下未定，深可憂惜之。（《三國志·吳書·華核傳》）

　　（69）臣愚以爲聖主富於春秋，即位以來，未有懲姦之威，加以繼嗣未立，大異並見，尤宜誅討不忠，以遏未然。（《漢書·王商傳》）

　　（70）西益不祥，東益能吉乎？（《論衡·四諱》）

　　（71）漢十二年，上從破布歸，疾益甚，愈欲易太子。（《漢書·張良傳》）

　　（72）自軒黃以降，墳素所紀，略可言者，莫崇乎堯舜。

（《南齊書・高帝本紀上》）

（73）晉咸寧四年，景獻皇后崩，晉武帝伯母，宗廟廢一時之祀，雖名號尊崇，<u>粗</u>可依准。（《宋書・禮志四》）

例（66）、（67）爲最類副詞“最”“極”分別修飾“可”，例（68）、（69）爲甚類副詞“深”修飾“可”“尤”修飾“宜”，例（70）、（71）爲更類副詞“益”修飾“能”“愈”修飾“欲”，例（72）、（73）爲略類副詞“略”“粗”分別修飾“可”。

2. 狀態動詞

修飾狀態動詞是程度副詞在上古漢語已有的用法，此期繼續沿用，不過程度副詞及被飾狀態動詞的數量並沒有顯著增加。程度副詞主要有“大”“過”等，修飾的狀態動詞主要有“勝$_1$”“敗$_1$”“醉”等，如：

（74）問咎犯，咎犯曰：“君得天而成王伏其罪，戰必<u>大</u>勝。”（《論衡・異虛》）

（75）爽親自前，將戰，而飲酒<u>過</u>醉，安都刺爽倒馬，左右範雙斬首，傳送京都。（《宋書・魯爽傳》）

（76）八月辛亥，蜀大將軍姜維寇狄道，雍州刺史王經與戰洮西，經<u>大</u>敗，還保狄道城。（《三國志・魏書・三少帝紀》）

3. 像義動詞

像義動詞是表示相似意義的動詞。事物之間進行對比才能產生相似關係，對比的結果必然與程度有關，因此像義動詞可以接受程度副詞的修飾。修飾像義動詞是程度副詞在中古時期新興的語法現象，使用的程度副詞有“酷”“良”“頗$_1$”“甚”“特”和“最”6個，像義動詞主要有“似”和“類”等。如：

（77）有若在魯，<u>最</u>似孔子。（《論衡・亂龍》）

（78）綜形貌舉止，甚似昏主，其母告之，令自方便。（《洛陽伽藍記·城東·明懸尼寺》）

（79）群下竊相謂曰："頗類莵車。"（《宋書·五行志一》）

（80）猶如伯叔兄弟，酷類先人，可得終身腸斷，與之絕耶？（《顏氏家訓·風操》）

4．行爲動詞

與上古漢語一樣，此期不少行爲動詞可用於程度副詞之前，其三種用法基本同於上古時期。

一是強調數量義，如：

（81）乃住後力戰，大敗追者而歸。（《南齊書·垣崇祖傳》）

（82）又通沒之後，河間獻王采禮樂古事，稍稍增輯，至五百餘篇。（《漢書·禮樂志》）

（83）微出寸口，積在喉中。（《金匱要略方論》第十一）

（84）謝粗道其意。高便爲謝道形勢，作數百語。（《世說新語·言語》）

與上古相同，除甚類副詞"大"之外，只有略類副詞具備這種用法，如"粗""略""稍""稍稍""微"和"小"6個，所飾動詞如"敗$_2$""增""同""出""道""加""失""受"和"動"等。

二是強調變化義，如：

（85）會天下誅秦，南海尉它居南方長治之，甚有文理，中縣人以故不耗減，粵人相攻擊之俗益止，俱賴其力。（《漢書·高帝紀上》）

（86）帝愈增崇宮殿，雕飾觀閣，……飾金墉、陵雲台、陵霄闕。（《三國志·高堂隆傳》）

（87）而更親狎小人，不免近習，懼非社稷至計，經世之道。

（《宋書・範泰傳》）

（88）宋德將季，風軌陵遲，列宰庶邦，<u>彌</u>失其序，遷謝遄速，公私凋弊。（《南齊書・武帝本紀》）

具備這種用法的程度副詞仍然只有更類副詞，如"倍""倍復""倍更""更""更倍""彌""彌復""益""益更""愈""愈益"和"轉更"12個，被飾動詞如"止""增""親""失""損耗""生""犯"等。

三是特殊用法，如：

（89）盛山鬥入海，<u>最</u>居齊東北陽，以迎日出雲。（《漢書・郊祀志上》）

（90）我於汝等，<u>極</u>生憐湣。（《佛本行集經》，3/81c）

（91）神<u>太</u>用則竭，形太勞則弊。（《三國志・魏書・蔣濟傳》）

（92）主衣中似有玉介導，此制始自大明末，後泰始<u>尤</u>增其麗。（《南齊書・高帝本紀下》）

中古時期程度副詞的特殊用法依然很少，使用的程度副詞主要有"最""極""太"和"尤"等幾個，所飾動詞也不多，如"居""生""用"和"增"等。

（三）近代漢語

此期程度副詞修飾的"非心理動詞"也有助動詞、狀態動詞、像義動詞和行爲動詞四類。

1. 助動詞

與中古漢語相同，最類、甚類、更類和略類程度副詞在近代漢語裏仍可修飾助動詞。此期程度副詞及被飾助動詞的數量較中古均略有增加，程度副詞有"倍""大""大段""多少$_1$""非不""更""更是""好""好不""很""極""絕""絕絕""略""頗$_1$""煞"

"稍" "深" "甚" "十分" "殊" "萬分" "愈" "越發" "最" 和
"最是" 26 個, 被飾助動詞有 "該" "敢" "會" "可" "肯" "能"
"勝" "須" "要" "宜" "欲" 和 "足" 12 個。舉例如下:

（93）魚透碧波堪上岸, 無憂花樹<u>最</u>宜觀。(《太子成道經》)

（94）這人<u>極</u>會議論, 事理委曲說盡, 更無滲漏。(《朱子語
類》卷一百三十六)

（95）先代寺舍破滅, 佛像露坐, 還爲耕疇, <u>甚</u>可憂歎。
(《入唐求法巡禮行記》卷二)

（96）王夫人也道:"寶玉<u>很</u>會欺負你妹妹。"(《紅樓夢》第
二十八回)

（97）他家那些村婆兒從不曾見過安太太這等旗裝打扮, <u>更</u>
該有一番指點窺探。(《兒女英雄傳》第十七回)

（98）我們這老婆子, <u>越發</u>該住馬圈去了。(《紅樓夢》第四
十回)

（99）富則自有衣著, 自有飯喫, 但略知義理, <u>稍</u>能守本分,
便是無驕, 所以易。(《朱子語類》卷四十四)

（100）其所以<u>略</u>能保全, 而不復開其隙者, 特幸耳。(又,
卷八十三)

例（93）、（94）爲最類副詞 "最" 修飾 "宜" "極" 修飾
"會", 例（95）、（96）爲甚類副詞 "甚" 修飾 "可" "很" 修飾
"會", 例（97）、（98）爲更類副詞 "更" "越發" 分別修飾 "該",
例（99）、（100）爲略類副詞 "稍" "略" 分別修飾 "能"。

2. 狀態動詞

程度副詞修飾狀態動詞用法在近代漢語時期仍沒有大的發展, 使
用的狀態動詞仍只有 "勝₁" "敗₁" "醉" 等幾個, 程度副詞主要爲
"大"。如:

（101）明州人今尚怨張俊不乘時殺去，可<u>大</u>勝，遂休了。（《朱子語類》卷一百三十三）

（102）僕射與犬羊決戰一陣，回鶻<u>大</u>敗，各自蒼黃拋棄鞍馬，走投入納職城，把勞（牢）而守。（《張義潮變文》）

（103）打窗眼裏，潤破窗紙望裏張看，見房中掌著明晃晃燈燭，三個喫的<u>大</u>醉，都光赤著身子，正做得好。（《金瓶梅詞話》第八十三回）

3. 像義動詞

此期程度副詞修飾像義動詞的數量略有增加，主要有"相似""像""似"等，程度副詞主要有"何""絕""酷""略""頗₁""忒""微"和"有<u>些</u>"8個，如：

（104）劉原父才思極多，湧將出來，每作文，多法古，<u>絕</u>相似。（《朱子語類》卷一百三十九）

（105）又有一個笑道："論理，我們裏面也須得他來整理整理，都<u>忒</u>不像了。"（《紅樓夢》第十四回）

（106）說著下來，轉正了細細的一看，畫的那三副臉兒，那少年竟是安公子，那穿藕色的卻<u>酷</u>似張姑娘。（《兒女英雄傳》第二十九回）

（107）深玩二說，<u>微</u>似不同。（《朱子語類》卷四十七）

4. 行爲動詞

此期仍有不少行爲動詞用於程度副詞之前，大致有以下三種用法：

一是強調數量義，如：

（108）遂據城與虜人戰，<u>大</u>敗虜人，兀術由是畏怯。（《朱子語類》卷一百三十一）

（109）臣今略述其能，累劫歎終不盡。（《降魔變文》）

（110）若稍用機關，也要連你掛了到官，弄到一個田地！（《金瓶梅詞話》第十九回）

（111）但這班異類，後來都報應得分毫不爽，不得不微微點綴。（《醒世姻緣傳》第二十八回）

此期強調數量義的程度副詞主要是甚類副詞"大"和略類副詞"粗""多少₂""較""略""略略""略小""稍""稍稍""少""少少""少微""微""微微""些微"和"有些"15個，修飾的動詞如"敗""述""用""點綴""謹守""玩索""歇息""吹"等。

程度副詞修飾的動詞帶數量補語，是近代時期新興的用法。程度副詞主要有"大""略"和"稍"等，如：

（112）及駕至明州，張俊大殺一番。（《朱子語類》卷一百三十三）

（113）女菩薩，你還有一件站不得的病，略站一會，這腿就要腫了哩。（《醒世姻緣傳》第四十回）

（114）孫氏道："你稍待一會。"（又，第七十二回）

例（112）使用的補語爲"一番"，例（113）、（114）使用的補語均爲"一會"。

二是強調變化義，如：

（115）太子作偈已了，更積愁憂，歎息長噓，淚珠流滴。（《八相變（一）》）

（116）某向來看大學，猶病於未子細，如今愈看，方見得精切。（《朱子語類》卷一百四）

（117）是乃於穿鑿上益加穿鑿，疑誤後學。（又，卷一百二十三）

（118）今兒越發拉上我了！（《紅樓夢》第三十四回）

強調變化義的程度副詞是更類副詞，它們主要有“倍”“倍加”“更”“益更”“益加”“尤更”“愈”“越”“越發”“越是”“轉更”和“茲益”12個，修飾的動詞如“積”“看”“穿鑿”“拉”“讀書”等。

“更”“加倍”等程度副詞修飾的行爲動詞也可帶數量補語，如：

（119）若它便做個二十分賊，如朱全忠之類，<u>更</u>進一步，安亦無如之何。(《朱子語類》卷一百三十六)

（120）錢痰火見主人出來，念得<u>加倍</u>響些。(《金瓶梅詞話》第五十三回)

例（119）、（120）中使用的數量補語分別爲“一步”和“<u>些</u>”。

三是特殊用法

（121）從此後阿爺兩目不見，母即頑遇（愚），負薪詣市，更一小弟，亦復癡癲，<u>極</u>受貧乏，乞食無門。(《舜子變》)

（122）這裏見都自據有其土地，自是<u>大段</u>施張了。(《朱子語類》卷五十一)

（123）“渾然至善，不與惡對”，猶未<u>甚</u>失性善之意。(又，卷一百一)

（124）春秋時，魯<u>最</u>號禮義之國。(又，卷一百四十)

程度副詞的特殊用法在近代時期並未獲得大的發展。此期使用的程度副詞主要有最類副詞“極”“最”和甚類副詞“甚”“煞”“大段”“大故”“深自”“多少₁”等，修飾的動詞如“受”“失”“傷”“費”“體察”“傷害”等。

三　動詞短語

程度副詞修飾的動詞短語有兩類：一類如“很喜歡他”“很熟悉

他""很像他""酷似他"等，這類短語中的動詞本身就可受程度副詞修飾；另一類如"很感興趣""很沒面子""很被人喜歡""很叫他生氣""很看不慣""很喫得來""很讓他難受""很使人著迷"等，這類短語是作爲一個整體被程度副詞修飾，而動詞本身卻不能接受程度副詞的修飾，構成動詞短語之後才能接受程度副詞的修飾。本章討論的動詞短語僅指第二類動詞短語。程度副詞修飾的動詞短語主要有動賓、偏正、動補、兼語四類①。不過，不同時期的程度副詞與它們的組合能力並不相同。

（一）上古漢語

上古時期能受程度副詞修飾的短語只有"有""無"等存現動詞構成的動賓短語②，使用的程度副詞主要有"大""何其""頗₂""偏""深""甚""殊""太""小""益""愈""滋"和"最"13個。如：

　　（125）堯二女不敢以貴驕事舜親戚，<u>甚</u>有婦道。（《史記·

---

① 本章講受程度副詞修飾的"動賓短語"僅指具有凝固化傾向的短語。它們基本是由存現動詞"有""無"及其賓語構成，它們都是作為一個整體接受程度副詞的修飾。而那些本身可受程度副詞修飾的心理動詞、像義動詞和行爲動詞構成的動賓短語則不計在內。

② 張誼生（2004：16）認爲現代漢語裏程度副詞修飾的動賓短語包括兩種：第一種是一般動賓短語，如"講道理、開眼界、折騰人、欺負人、說明問題、結合實際、聽話、花錢"等。這些短語中的動詞可能是具體義動詞，也可能是抽象義動詞，但它們只有在組成動賓短語後才能受程度副詞修飾，這時整個 VP 表示抽象的融合意義，程度副詞修飾的是整個動賓短語，而不是其中的動詞。它們和那些表不具體動賓關係的動賓短語是有區別的，如"擺架子"可以說"很擺架子"，"擺凳子"就不可以說"很擺凳子"，區別在於前者的意義融合，結構穩固，具有性狀義，動詞的時間性和賓語的空間性很弱，無法分離出具體的動作與賓；後者則表示一個具體動作，無性狀義，動詞的時間性和賓語的空間性較強，動詞後可以跟時態助詞，可從中分解出動作與賓語。不過，這種用法的動賓短語在歷史文獻中還很難找到。第二種是特殊動賓短語，指由表示存現、判斷的特殊動詞"有""沒（有）""是""成"等組成的動賓短語，如"有能力、有分寸、是地方、是時候、不是地方、不是時候、成問題、成氣候、不成問題、不成氣候"等。漢語史上受程度副詞修飾的動賓短語主要是存現動詞及其賓語構成的短語。

五帝本紀》）

　　（126）其爲人也，<u>小</u>有才，未聞君子之大道也，則足以殺其軀而已矣。（《孟子·盡心下》）

　　（127）故墨術誠行，則天下尚儉而彌貧，非鬥而日爭，勞苦頓萃，而<u>愈</u>無功，愀然憂戚非樂，而日不和。（《荀子·富國》）

　　（128）乃如之人也，懷婚姻也。<u>大</u>無信也，不知命也。（《詩經·鄘風·蝃蝀》）

　　例（125）、（126）程度副詞修飾"有"字短語，例（127）、（128）程度副詞修飾"無"字短語。

　　需要指出的是，"有""無"構成的動賓短語具有很強的凝固性，不能隨意擴展，以其整體表達一個抽象的意義，有較強的習語化傾向。即張誼生（2004：17）指出的，這一結構"意義融合，結構穩固，具有性狀義，動詞的時間性和賓語的空間性都比較弱，動作與賓語不能隨意分離"。

　　此外，並不是所有的名詞都能夠進入"程度副詞＋有/無＋名詞"這一結構，即這一結構對 NP 具有較強的的選擇性。張斌（1998）、呂叔湘（1999）、李宇明（2000）、唐善生（2000）、姚佔龍（2004）等都注意到了現代漢語裏的"有＋名"結構能夠受程度副詞修飾的問題，並認爲進入"有＋名"的名詞均爲抽象名詞。我們認爲這一規則對"程度副詞＋有/無＋名詞"結構中的名詞仍適用，如上列的"有婦道""有才""無功""無信"均符合這条規律，且中古、近代受到程度副詞修飾的"有/無＋名詞"中的"名詞"亦遵守此規則。

　　（二）中古漢語

　　此期程度副詞修飾的動詞短語主要有動賓短語、偏正短語和兼語短語三類。

　　1. 動賓短語

　　此期程度副詞修飾的動賓短語仍爲"有""無"及其賓語構成的短語，程度副詞有"差₁""差₂""粗""大""更""極""精"

"酷""略""偏""頗₁""頗₂""少""深""甚""甚爲""殊"
"特""微""小""雅""益""尤""愈""愈甚""至"和"最"
27 個。如：

（129）孔琳之書天然放縱，極有筆力，規矩恐在羊欣後。
（《南齊書·王僧虔傳》）

（130）琰聲姿高暢，眉目疏朗，須長四尺，甚有威重，朝士
瞻望，而太祖亦敬憚焉。（《三國志·魏書·崔琰傳》）

（131）東夷飲食類皆用俎豆，唯挹婁不，法俗最無綱紀也。
（又，《魏書·東夷傳》）

（132）吾見世人，至無才思，自謂清華，流布醜拙，亦以眾
矣，江南號爲詅癡符。（《顏氏家訓·文章》）

例（129）、（130）程度副詞修飾"有"字短語，例（131）、
（132）程度副詞修飾"無"字短語。

2. 兼語短語

目前學界主要依據 V₁ 的意義對兼語句進行分類，如王珏
（1992）、董治國（1995）、張振德和宋子然（1995：361）、何樂士
（2001：589—610）、何亞南（2004：163）等。從我們統計調查的結
果來看，此期程度副詞修飾的兼語短語還很少見，僅 2 例：

（133）密遣餘人，請喚偷人，各勸酒食，極令使醉。（《撰
集百緣經》，4/243c）

（134）及諸伎女極令殊妙，作眾音樂，以娛樂之。（同上）

上例中使用的 V₁ 爲"令使"和"令"，均爲引發類動詞①。由於
引發類動詞不表實在的動作、行爲，它只表致使義，它所引發的是與

_____

① 這一概念是採用王珏（1992）的說法。

NP 的主體感覺、意識相關的抽象屬性 V_2。其實，V_2 本身就可受程度副詞的修飾。

3. 偏正短語

程度副詞修飾的偏正短語指由介賓結構作狀語修飾 VP 的偏正短語。這是中古時期新興的語言現象。此類介賓式短語僅見於被動句中，即使用介詞"爲"引進動作施事。如：

（135）而琰最爲世所痛惜，至今冤之。（《三國志·魏書·崔琰傳》）

（136）爲將佐十餘年，清謹剛正，甚爲高祖所知賞。（《宋書·吉翰傳》）

（137）永涉獵書史，能爲文章，善隸書，曉音律，騎射雜藝，觸類兼善，又有巧思，益爲太祖所知。（又，《張茂度傳》）

此期僅見最類、甚類和更類三類程度副詞修飾介賓式短語，使用的程度副詞有"大""極""頗₁""深""甚""特""益""尤""至"和"最" 10 個。

（三）近代漢語

此期可收程度副詞修飾的動詞短語，主要有動賓短語、動補短語、兼語短語和偏正短語等四種類型。

1. 動賓短語

此期的動賓短語仍然是存現動詞"有""無"及其賓語構成的動賓短語。使用的程度副詞數量較前期有大幅增加，共 54 個，它們是：差₁、大、大段、大故、大爲、多少₁、非不、非常、分外、更、更加、更是、怪、好、好不、好生、很、極、較、儘、絕、可煞、可煞是、略、略略、滿、頗₁、頗頗、煞、煞是、稍、稍稍、少、深、深爲、甚、甚是、十分、殊、太、忒、微、些微、益、益發、有點、有些、愈加、越、越發、至、最、最是、最爲。舉例如下：

（138）名陳正彙者，乃諫垣陳了翁先生乃郎，本貫河南鄆城縣人，十八歲科舉中壬辰進士，今任本處提學副使，極有學問。（《金瓶梅詞話》第六十五回）

（139）三月香巢已壘成，梁間燕子太無情！（《紅樓夢》第二十七回）

（140）應二哥，你好沒趣！（《金瓶梅詞話》第五十二回）

（141）越說得聖人低，越有意思。（《朱子語類》卷四十四）

（142）遊子蒙問："知止，得止，莫稍有差別否？"（又，卷十四）

以上是"單音程度副詞＋動賓短語"的用法。此外，還有不少"複音程度副詞＋動賓短語"的用例，如：

（143）且以此見得康節先天後天之說，最爲有功。（《朱子語類》卷六十七）

（144）我雖不抬長槍大戟，不知走壁飛簷，也頗頗有些肝膽。（《兒女英雄傳》第十七回）

（145）趙姨娘聽了這話，益發有理，便說："燒紙的事不知道，你卻細細的告訴我。"（《紅樓夢》第六十回）

（146）素姐到了這個地位，方才略略有些怕懼。（《醒世姻緣傳》第五十九）

2. 動補短語

程度副詞修飾動補短語是近代漢語新興的用法，所飾的短語主要指"V 得/不 C"式短語。這類短語表示可能義，因此可受程度副詞的修飾。根據補語（C）的性質，程度副詞修飾的"V 得/不 C"短語有以下四種類型：

（1）V＋不得

此結構使用的程度副詞以"更"爲最多，其他成員還有"大段"

"十分""有些"等,但使用頻率很低。如:

(147) 若他十分來不得,也就罷了。(《醒世姻緣傳》第三十九回)

(148) 蓋這一個道理,合下都定了,更添減不得。(《朱子語類》第六十回)

(149) 公子此刻卻是有些耐不得了。(《兒女英雄傳》第四十回)

(2) V + 得/不 + 趨向動詞

此結構使用的程度副詞主要有"更""很""極""甚是""十分"和"有些"6個,趨向動詞主要有"去""來""上""下""出"等。它們多構成否定形式,如:

(150) 我合白姑子極划不來,年時,我往他庵裏走走,他往外撚我,叫我臭罵了一頓,到如今,我見了他連話也不合他說句。(《醒世姻緣傳》第六十三回)

(151) 寶釵歎道:"姨娘也必念念於茲,十分過不去,不過多賞他幾兩銀子發送他,也就盡主僕之情了。"(《紅樓夢》第三十二回)

(152) 口裏既不好問,心裏更想不出這是怎麼一樁事。(《兒女英雄傳》第二十回)

(153) 京一到,這許多事一變,更遏捺不下。(《朱子語類》卷一百三十)

肯定形式很少,如:

(154) 因海會常往計氏家去,這郭尼姑也就與計氏甚是說得來。(《醒世姻緣傳》第八回)

（155）看起來倒還是那廣西的苗子易治，這京師的婦人比苗子更撒野，我們男子人又不好<u>十分</u>行得去。（又，第八十七回）

（3）V＋不＋行爲動詞

此結構使用的程度副詞主要有"更""很""十分""尤""有些"和"越發"6個，行爲動詞主要是"動""過""起""住""及""了""到"等，如：

（156）鳳姐又道："媽媽<u>很</u>嚼不動那個，倒沒的硌了他的牙。"（《紅樓夢》第十六回）

（157）偏奶母李嬤嬤拄拐進來請安，瞧瞧寶玉，見寶玉不在家，丫鬟們只顧玩鬧，<u>十分</u>看不過。（又，第十九回）

（158）爺雖如此說，連他家還看不起我們，別人<u>越發</u>看不起我們了。（又，第七十二回）

（159）公子聽了這話，便<u>有些</u>受不住，不似先前那等柔和了。（《兒女英雄傳》第三十回）

（4）V＋得＋形容詞

此結構中使用的程度副詞主要有"大故""分外""更""過於""好""極""極是""較""儘""略""頗₁""頗頗""煞""稍""甚是""十分""有些""越"和"最"19個，形容詞主要是"好""飽""緊""慌""奇巧""結實""難忍""速""沉重""大""公道""完全""分明""通""透""明""細密""精細""遠"等，如：

（160）邵子忽地於擊壤集序自說出幾句，<u>最</u>說得好！（《朱子語類》卷一百）

（161）想是他<u>過於</u>生得好了，反被這好所誤。（《紅樓夢》第七十七回）

（162）這般時，馬們分外喫得飽。（《老乞大諺解》上）

（163）我這裏忙倒褪，越趕得緊。（《新校元刊雜劇三十種・張千替殺妻》第二折）

（164）安老爺、安太太這才覺出太陽地裏有些曬得慌來。（《兒女英雄傳》第三十五回）

3. 偏正短語

根據介賓短語所表示語義的差異，近代程度副詞修飾的偏正短語可分爲兩類：一是對象介引類，二是施事介引類。

（1）對象介引類

介詞"給""和"和"與"等，引進 VP 所指的方向。修飾對象介引類偏正短語，是程度副詞在近代新興的用法。這種用例並不太多見，使用的程度副詞主要有"好不""略""頗$_1$""深"和"最"5個。如：

（165）他最和寶玉合的來。（《紅樓夢》，第六十六回）

（166）某以爲頗與莊列之徒相似，但不恁地跌盪耳。（《朱子語類》卷四十）

（167）卻說褚大娘子把姑娘的眉梢鬢角略給他繳了幾綫，修整了修整，妝飾起來。（《兒女英雄傳》第二十八回）

上三例分別爲最類、甚類和略類程度副詞修飾對象介引類偏正短語。

（2）施事介引類

介詞"爲"引進 VP 的施事在中古時期已見，但使用頻率較低。此期的數量有所增加，而且除介詞"爲"之外，此期介詞"被"也可用於被動句中引進施事。使用的程度副詞主要有"深""有些"和"甚"3個。如：

（168）某雖不肖，深爲諸君恥之！（《朱子語類》卷一百六）

（169）韓魏公作相，溫公在言路，凡事頗不以魏公爲然，魏公甚被他激撓。（又，卷一百六）

（170）四位先生，方才我看你大家這番舉動，固是不愧家學源淵，只可惜未免有些爲宋儒所誤。（《兒女英雄傳》第三十九回）

　　上四例分別爲最類、甚類、更類和略類程度副詞用於被動句中修飾施事介引類偏正短語。

　　4. 兼語短語

　　程度副詞修飾兼語短語，此期用例有所增加。"V_1"主要有"使""令""叫""招"4個，程度副詞主要有"更""好不""甚""十分""越"和"最"6個。如：

（171）又著實的稱讚秦鐘的人品行事，最使人憐愛。（《紅樓夢》第八回）

（172）至李守中繼承以來，便說"女子無才便有德"，故生了李氏時，便不十分令其讀書。（又，第四回）

（173）更招人檢點，爲復不招人檢點？　（《祖堂集·報慈和尚》）

（174）到了今日，我這金鳳妹子這番傾心吐膽，更叫我無話可說了。(《兒女英雄傳》第二十六回)

　　上四例分別爲最類、甚類、更類和略類程度副詞修飾兼語短語。

第三節　程度副詞修飾體詞性成分

　　20世紀60年代已有學者開始注意到現代漢語中副詞修飾名詞的現象，當時討論的重點是副詞能否修飾名詞的問題。目前，這類組合在現代語言中運用越來越普遍，受到學界的廣泛關注，已被越來越多的學者所接受。調查發現，歷史文獻中已有不少程度副詞用於體詞性成分之前的例子，這些組合與現代漢語有同有異。但這種現象並未引起學界的重視。

一 上古漢語

此期已有少數程度副詞修飾體詞性成分的用例，如：

（1）始，楚懷王初封項籍爲魯公，及其死，魯最後下，故以魯公禮葬項王穀城。（《史記・項羽本紀》）

（2）公戶滿意習於經術，最後見王，稱引古今通義，國家大禮，文章爾雅。（又，《王世家》）

（3）臣以爲令韓以中立以勁齊，最秦之大急也。（《戰國策・韓策一》）

例（1）、（2）是程度副詞“最”修飾方位名詞“後”，例（3）是“最”修飾名詞短語“秦之大急”。不過，上古漢語程度副詞修飾體詞性成分的使用頻率還很低，僅見以上三例。

二 中古漢語

與上古漢語相比，程度副詞修飾體詞性成分的數量在此期略有增加。使用程度副詞依然是“最”，方位名詞增加到“前”“後”“上”“下”“東邊”等。如：

（4）淵以喜最前獻捷，名位已通，又爲統副，難相違拒，是以得官受賞，反多義人。（《宋書・吳喜傳》）

（5）王曰：“聖人忘情，最下不及情。情之所鍾，正在我輩。”（《世說新語・自新》）

（6）陵墓萬世所宅，意嘗恨休安陵未稱，今可用東三處地最東邊以葬我，名爲景安陵。（《南齊書・武帝本紀》）

"最" 修飾體詞性成分以方位名詞爲主, 修飾短語的用法不太見, 所調查的文獻中, 僅發現幾例而已, 如:

（7）折直士之節, 結諫臣之舌, 群臣皆知其非, 然不敢爭, 天下以言爲戒, <u>最</u>國家之大患也。（《漢書·梅福傳》）

（8）興曰: "臣愚以爲可賜爵關內侯, 食邑三百戶, 勿令典事。明主不失師傳之恩, 此<u>最</u>策之得者也。"（又,《楚元王傳》）

三　近代漢語

程度副詞修飾的體詞性成分包括方位名詞和名詞（短語）兩種, 使用頻率較前期有所增加。程度副詞修飾的方位名詞主要有 "後" "上" "下" "西" "西頭" 等, 程度副詞主要有 "更" "極" "儘" "太" 和 "最" 等。如:

（9）所以然之故, 即是<u>更</u>上面一層。（《朱子語類》卷十七）

（10）人言<u>極</u>西高山上亦無雨雪。（又, 卷二）

（11）東西下裏, <u>儘</u>西頭兒有個大葦塘, 那地方叫作葦灘, 又叫作尾塘, 從那裏起, 直到東邊兀家村我那座青櫳橋。（《兒女英雄傳》第三十三回）

（12）澧水下有一支江, 或云是, 又在澧下, <u>太</u>下了。（《朱子語類》卷七十九）

（13）<u>最</u>後有一房中, 其中不見天男。（《難陀出家緣起》）

程度副詞修飾的名詞（短語）如 "英雄" "學者大病" "學者之病" 等, 程度副詞主要有 "極" 和 "最" 等。如:

（14）莫欺身幼小, 意氣<u>極</u>英雄。（《燕子賦（二）》）

（15）輕重是非他人, <u>最</u>學者大病。（《朱子語類》卷十三）

（16）牽傍會合，<u>最</u>學者之病。（又，卷一百一十八）

程度副詞修飾方位名詞是古今漢語一致的用法，無需贅述。現代漢語裏"很陽光""很男人"之類的用法，已有不少學者進行了多角度的探討，如譚景春（1998）；鄒韶華（1990）；張誼生（1997）；施宏春（2001）；儲澤祥、劉街生（1997）；邢福義（1997）等。他們認爲在一些特定場合下裏，由於讀者或聽眾的聯想和想象作用，名詞的局部細節得以凸顯，表達出性狀的語義特徵，因此它們可接受程度副詞的修飾。近代時期"極英雄""最學者之病"與現代漢語中的這種用法很相似，但用例不多，僅 2 例。

程度副詞的基本句法位置是處於被飾的謂詞性成分（包含少量的體詞性成分）之前，修飾限定其後的中心成分，表示動作行爲或狀態的程度。上面所舉的多數例句均符合這一規律，但亦有少數例外，如上列例（3）、（7）和（15）。在這些句子裏，程度副詞雖然修飾的是名詞性短語，但其語義卻直接指向短語中的形容詞，導致其語序與其他用例存在差異。如果我們從語義上進行分析，會發現"最秦之大急"當爲"秦之最大急"，"最國家之大患"當爲"國家之最大患"，"最學者大病"當爲"學者最大病"。

不過，程度副詞的這種用法在歷史文獻中也不常見，上古漢語僅見 1 例，即例（3）。中古時期仍很少，在我們重點調查的語料中也只有例（7）1 見，近代時期這種用法雖有所增加，但仍不常見。這種用法的句法形式簡單，程度副詞數量極少（僅見"最"）。除上例（15）外，我們再舉 2 例如下：

（17）如今讀書，多是不曾理會得一處通透了，少間卻多牽引前面疑難來說，此<u>最</u>學者大病。（《朱子語類》卷一百四）

（18）若似是而非，似有而實未嘗有，終自恍惚，然此<u>最</u>學者之大病。（又，卷一百一十八）

現代漢語以後程度副詞只能置於所飾成分之前，上述用例的類似用法已經消失。

第四節   相關問題討論

一 "程度副詞 + 被飾成分" 表達意義的差異

程度副詞對被修飾成分具有很強的句法選擇性，但這是有規律可循的。"程度副詞 + 被飾成分" 表達的意義大致可分爲三種：性狀義、數量義和變化義。這三種用法雖相互關聯又存在一些差異。其中，強調性狀義是最普遍的用法，而數量義和變化義則相對少見。

絕大多數程度副詞都可用於具有性狀義的成分之前，如形容詞、心理動詞、助動詞、狀態動詞、像義動詞以及動賓短語、動補短語、兼語短語等都具有性狀義，因此它們基本均可受各類程度副詞的修飾。不過，這些成分受程度副詞修飾的能力又存在一定的差異。總的來說，形容詞、心理動詞及其短語受程度副詞修飾的情形最爲普遍，使用頻率也最高；程度副詞修飾助動詞、狀態動詞的用法雖然在上古漢語已經出現，但其使用頻率不高，這種局面到近代漢語時期也沒有得到大的改變；漢語中的像義動詞本就不多，程度副詞修飾像義動詞一直到中古時期才出現，且使用數量不多，近代雖有所增加，但仍不太豐富。程度副詞修飾具有凝固化傾向的動賓短語是漢語很有特點的一種句法現象，但動賓短語主要是由存現動詞 "有" "無" 及其賓語構成。上古時期已見程度副詞修飾動賓短語的用例，但數量很少，中古以後逐漸豐富起來，近代則更多。程度副詞修飾的動補短語基本上是表可能的 "V + 得/不 + C" 式短語，這種短語在近代時期產生並得到迅速發展，其中不少程度副詞可修飾這類短語。程度副詞修飾的兼語短語均爲引發類短語，且 V_2 具有抽象的性狀義，本身可受程度副詞的修飾，這種用法始見於中古時期，數量很少，近代以後數量有所增加。

略類程度副詞除了表達程度不高的性狀義外，還可與行爲動詞

（短語）組合，共同強調數量義的變化，這種用法似可看作略類副詞的基本用法之一，上古時期已有用例，且一直延續至今。除略類外，甚類程度副詞"大"也可與"敗₂""勝₂"等行爲動詞組合，表達數量義。更類程度副詞除表達性狀義外，還可修飾行爲動詞，較早見於上古時期。這種用法的更類程度副詞並不表性狀的程度，而是表達事理的變化，即在說話者看來，越是後出的事情，越比前面具有"更大的可能性"，強調變化後的結果，帶有強烈的主觀色彩。

通過分析，我們發現各個類別的程度副詞在組合功能及語法意義上並不完全相同，即最類、太類、甚類、更類程度副詞都能與具有性狀義的語法成分進行組合，強調性狀程度；而略類程度副詞除表達性狀義外，還能與所飾成分一起表達數量意義；更類程度副詞除表達性狀義外，還可表達意義的變化。程度副詞修飾方位名詞是古今一致的用法，而修飾"最學者大病"之類的名詞短語則是程度副詞在近代獨有的用法，現代漢語裏已經消失。

二　程度副詞組合能力的差異

不同的程度副詞，其組合功能存在著不少差異，正如朱德熙（1982：197）所指出的："不同的程度副詞，除了語義上表示的程度有差別外，語法功能也不完全一樣。"現代漢語方面已有不少研究，如黄祥年（1984）；肖奚強（1993、2002、2003）；陸儉明（1999a、1999b）；张琪昀（2002）；王靜（2003b）；陳燕玲（2004）；徐建宏（2005）；高雲玲（2006）；張誼生（2006）等。但古代漢語方面的研究目前還很難見到，下面我們以"彌""益"二詞看相同意義的程度副詞在句法組合方面的差異①。

上古時期程度副詞"彌"和"益"均已產生。"彌"共 85 例，

----

① "彌"和"益"在古代漢語裏很常見，是更類語義場中的重要成員。研究"彌"和"益"組合關係的差異不僅能反映它們在語義場中的地位，而且對研究其他程度副詞組合能力的差異也具有參考價值。

佔此期更類程度副詞總數的 17.35%。此期"彌"的組合功能比較單一，只能修飾 AP，如：

（1）亡十九年，守志彌篤。（《左傳·昭公十三年》）

（2）自此之後，方士言祠神者彌衆，然其效可睹矣。（《史記·孝武本紀》）

"彌"在例（1）、（2）中分別修飾"篤"和"衆"，它們均爲單音詞。"彌"修飾複音詞的用法此期尚未發現。

上古時期"益"的使用頻率稍低於"彌"，共74例，佔更類程度副詞總數的 15.10%。不過，"益"的用法比"彌"複雜得多，它在句子中既可修飾 AP，又可修飾 VP。如：

（3）諸侯聞之，喪君有君，群臣輯睦，甲兵益多。（《左傳·僖公十五年》）

（4）楚王出，必德齊，齊得東國而益強，而薛世世無患。（《戰國策·西周》）

（5）上以爲能，遷爲中尉，吏民益凋敝。（《史記·酷吏列傳》）

（6）上即位，欲事伐匈奴，而嫣先習胡兵，以故益尊貴，官至上大夫，賞賜擬於鄧通。（又，《佞幸列傳》）

（7）於是子叔齊子爲季武子介以會，自是晉人輕魯幣而益敬其使。（《左傳·襄公十四年》）

（8）人又益喜，唯恐沛公不爲秦王。（《史記·高祖本紀》）

（9）秋，復會諸侯於葵丘，益有驕色。（又，《齊太公世家》）

（10）讒言益起，狐突杜門不出。（《國語·晉語一》）

（11）靈公既立，趙盾益專國政。（《史記·趙世家》）

例（3）—（6）"益"修飾形容詞，其中例（3）、（4）中"多"
"強"爲單音詞，而例（5）、（6）"凋敝""尊貴"爲複音詞；例
（7）、（8）"益"修飾心理動詞"敬""喜"；例（9）"益"修飾
"有"字動賓短語，例（10）、（11）"益"修飾行爲動詞"起"
"專"。上古時期"益"的用法已經相當豐富，其修飾複音形容詞、
心理動詞、動賓短語以及行爲動詞的用法都是此期"彌"所不具
備的。

通過對比發現，一方面，雖然"彌""益"都是上古時期更類程
度副詞中的重要成員，它們所表達的意義基本相同，組合能力卻存在
重大差別；另一方面，程度副詞的使用頻率與其組合能力不一定成正
比關係，即"彌"在此期的使用頻率高於"益"，但句法上僅能與形
容詞組合，而"益"卻可用於多種成分之前，起修飾作用。

與上古相比，"彌"和"益"在中古時期的使用頻率均有所增
加。但從組合功能上看，二者依然存在不少差異。具體表現在兩個
方面：一是"益"的修飾成分更加複雜，除形容詞、心理動詞、助
動詞、行爲動詞外，還可修飾動賓短語，這是"彌"所沒有；二是
"益"修飾心理動詞、助動詞、行爲動詞的用法已很常見，比例均
高於同期的"彌"，而"彌"最主要的用法還是修飾形容詞，而其
他用法如修飾心理動詞、助動詞、行爲動詞的比例都不高。具體見
下表4－1：

表4－1　　　　　　　　"彌""益"的句法功能

		形容詞	心理動詞	助動詞	行爲動詞	動賓短語	合計
彌	數量	230	10	5	12	0	257
	比例（%）	89.49	3.89	1.95	4.67	0	100
益	數量	168	74	13	32	6	293
	比例（%）	57.34	25.26	4.44	10.92	2.05	100

中古時期"彌"共257例，佔更類程度副詞總數的19.91%。
"彌"在上古只能修飾形容詞，中古時期的組合能力有了很大發展。

從上表可看出，除修飾形容詞外，還可修飾心理動詞、助動詞和行爲動詞。舉例如下：

> （12）故入道彌深，所見彌大。（《論衡·效力》）

> （13）喪家朔望，哀感彌深，甯當惜壽，又不哭也？（《顏氏家訓·風操》）

> （14）向睹俗彌奢淫，而趙、衛之屬起微賤，逾禮制。（《漢書·楚元王傳》）

> （15）間者，民彌惰怠，鄉本者少，趨末者眾，將何以矯之？（又，《成帝紀》）

> （16）戚施彌妒，蘧除多佞。（《論衡·累害》）

> （17）若夫環纓斂笏，俯仰晨昏，瞻幄座而竦躬，陪蘭檻而高眄，探求恩色，習睹威顏，遷蘭變鮑，久而彌信，因城社之固，執開壅之機。（《南齊書·呂文度傳》）

> （18）寒熱羸瘦者，彌不可食，傷人①。（《金匱要略方論》第二十五）

> （19）頃風水爲災，二岸居民多離其患，加以貧病六疾，孤老稚弱，彌足矜念。（《南齊書·武帝本紀》）

> （20）一用一舍，彌增其滯。（《宋書·禮志五》）

> （21）宋德將季，風軌陵遲，列宰庶邦，彌失其序，遷謝遄速，公私凋敝。（《南齊書·武帝本紀》）

修飾形容詞仍是此期"彌"最主要的語法功能，佔總用例的89.49%。其中修飾單音節形容詞爲多，如例（12）、（13），修飾複音節形容詞少，是此期新興的用法，如例（14）、（15）；"彌"修飾心理動詞、助動詞和行爲動詞均爲此期新興的組合形式，但都不多。修飾心理動詞，如例（16）、（17）；修飾助動詞，如例（18）、

---

① 此句"彌"修飾助動詞的否定形式。

（19）；修飾行爲動詞，如例（20）、（21）。

"益"是中古時期使用最多的更類程度副詞，共 293 例，佔總數的 22.59%。中古漢語裏"益"可修飾形容詞、心理動詞、助動詞、行爲動詞和動賓短語等形式。舉例如下：

（22）再劾死，更赦勿劾，遂不更言，誹謗益甚，竟以下吏。（《漢書·律曆志上》）

（23）自平旦力戰至日過中，羽攻益急，矢盡，短兵接戰。（《三國志·魏書·龐德傳》）

（24）夫得其術，雖不受命，猶自益饒富。（《論衡·命義》）

（25）吏民益凋敝，輕齊木強少文，豪惡吏伏匿而善吏不能爲治，以故事多廢，抵罪。（《漢書·酷吏傳》）

（26）知伯益怒，遂率韓、魏攻趙襄子。（《論衡·紀妖》）

（27）寄父子益恨，共構會譚。（《三國志·吳書·顧雍傳》）

（28）時議者鹹謂："舍長立少，既於理非倫，且明帝以聰明英斷，益宜爲儲副。"（《世說新語·方正》）

（29）宋有天下，多仍舊儀，所損益可知矣。（《宋書·禮志一》）

（30）臣懼有司未詳其事，如復誅戮，益失民望，乞垂天恩，原赦瑩罪，哀矜庶獄，清澄刑網，則天下幸甚！（又，《吳書·陸遜傳》）

（31）兼履謙守約，封社弗廣，興言悼往，益增痛恨。（《宋書·劉秀之傳》）

（32）由是虞、瓚益有隙。（《三國志·魏書·公孫瓚傳》）

（33）始有大功，意驕志逸，但務北進，未嫌於我，有相聞病，必益無備。（又，《吳書·陸遜傳》）

修飾形容詞也是"益"最常見的用法，佔其總用例的 57.34%。其中修飾單音節形容詞如例（22）、（23），修飾複音節形容詞如例

（24）、（25）；"益"修飾心理動詞、助動詞、行爲動詞和動賓短語的
用法上古已見，此期使用頻率有所增加，修飾心理動詞如例（26）、
（27）；修飾助動詞如例（28）、（29）；修飾行爲動詞如例（30）、
（31）；修飾動賓短語如例（32）、（33）。

中古時期"彌"的組合能力有所發展，除修飾形容詞外，還可修
飾心理動詞、助動詞、行爲動詞等形式，但這種勢頭並未延續到近代
漢語。近代以後，"彌"的使用頻率迅速下降，共28例，僅佔更類程
度副詞總數的0.94%；句法上也僅用於單音節形容詞之前，組合功
能已經大大衰退。如：

（34）慚愧<u>彌</u>深，乃論心事。（《伍子胥變文》）

（35）迦那提婆，德岸<u>彌</u>高。（《祖堂集·祖迦那提婆尊者》）

"益"在近代漢語裏的使用頻率也大幅下降，共100例，佔更類
程度副詞總數的3.37%。此期"益"在句法上仍可修飾形容詞、心
理動詞、助動詞、行爲動詞和動賓短語。如：

（36）維城之義方堅，磐石之心<u>益</u>壯。（《長興四年中興殿應
聖節講經文》）

（37）到四十不惑，已自有耳順、從心不踰矩意思，但久而
<u>益</u>熟。（《朱子語類》卷二十三）

（38）然自去年來，拜跪已難，至冬間<u>益</u>艱辛。（又，卷
九十）

（39）必大日來讀大學之書，見得與己分上<u>益</u>親切，字字句
句皆已合做底事。（又，卷一百一十七）

（40）子弟<u>益</u>驚駭，謂先生失心，以告老蔡。（又，卷一
百一）

（41）又以鹽鈔、茶引成櫃進入，上<u>益</u>喜，謂近侍曰："此
太師送到朕添支也。"（又，卷一百三十）

（42）便當這易處而益求其所謂難，因這近處而益求其所謂遠，不可只守這個而不求進步。（又，卷一百二十）

（43）此女人兩淚交流，禮拜菩薩，歸家益修善事，後壽至九十七歲而終，轉女成男。（《金瓶梅詞話》卷五十九）

（44）若能知得常操之而勿放，則良心常存，夜之所息，益有所養。（《朱子語類》卷五十九）

（45）夜之所息既有助於理，則旦晝之所爲益無不當矣。（同上）

修飾形容詞也是“益”最常見的用法，其中修飾單音節形容詞如例（36）、（37），修飾複音節形容詞如例（38）、（39）；例（40）、（41）“益”修飾心理動詞；例（42）、（43）“益”修飾助動詞；例（44）、（45）“益”修飾行爲動詞；例（46）、（47）“益”修飾動賓短語。“益”修飾心理動詞、助動詞、行爲動詞和動賓短語又是此期“彌”所不具備的功能。

第五章

個案研究

本章結合語法化理論探討幾組目前尚未得到重視程度副詞的來源、發展及演變過程，並對其組合功能進行研究，探究其歷時發展情況。

第一節 "過"系程度副詞①

這裏所說的"過"系程度副詞②，包括"過""過於"和"太過於"，它們都是古代漢語裏重要的太類程度副詞。三者形成的途徑不同，使用情況也存在差異。在前賢時彥的相關研究中，對其關注不夠。下文分別論述。

一 過

（一）程度副詞"過"的產生過程

"過"是古代漢語裏最常見的太類程度副詞之一。虛詞一般是由實詞轉化來的，"過"也經歷了一個由實變虛的過程。上古漢語太類程度副詞主要有"太"和"已"，"過"在此期主要用作動詞，充當句子謂語，還未出現程度副詞用法。不過，程度副詞"過"正是從其動詞用法發展而來的，而且這一引申過程在上古漢語就已經發生。

---

① 本節曾以《程度副詞"过""过于"的语法化及功能差异》為題，刊於《佳木斯大学社会科学学報》（2010年第5期），收入本書時有所改動。

② 因與前面幾章所談的"甚"類、"太"類等程度副詞不在同一層面上，所以這裏稱爲"過"系程度副詞，以示區別。下同此。

"過"，本義是經過，《說文》："過，度也。"表此義的"過"上古漢語多見，如：

(1) 子擊磬於衛，有荷蕢而過孔氏之門者。（《論語·憲問》）

(2) 二十四年，秦師將襲鄭，過周北門。（《國語·周語中》）

與"經過"義相關的"渡過"義，上古亦有使用，如：

(3) 北過降水，至於大陸。（《尚書·禹貢》）

(4) 過淄水，有老人涉淄而寒，出不能行，坐於沙中。（《戰國策·齊策六》）

由"經過"義又引申出"超過，超越"義，如：

(5) 子曰："由也好勇過我，無所取材。"（《論語·公冶長》）

(6) 臣聞之，琴瑟尚宮，鍾尚羽，石尚角，匏竹利制，大不逾宮，細不過羽。（《國語·周語下》）

從上列例句來看，"過"在句子中充任謂語，後接成分爲名詞或代詞等體詞性成分，"過"與其後接成分之間構成動賓關係。上古時期"過"后亦可接動詞，如：

(7) 求而無之，實難。過求何害！（《左傳·文公六年》）

(8) 君子貧窮而志廣，富貴而體恭，安燕而血氣不惰，勞倦而容貌不枯，怒不過奪，喜不過予。（《荀子·修身》）

(9) 人主又以過予，人臣又以徒取。（《韓非子·飾邪》）

(10) 惠公既殺里克而悔之，曰："芮也，使寡人過殺我社

稷之鎮。"(《國語·晉語三》)

　　一般來說，句法關係的改變往往會導致詞語意義和用法的變化。處於名詞、代詞等體詞性成分之前時，"過"是句子的主要謂語動詞。在這種情況下，"過"不可能虛化爲副詞；當"過"的後接成分爲動詞時，"過"就很容易發生虛化。這是因爲句子出現兩個主要動詞的情況下，語義重點一般都會落在後一個動詞上，前一個動詞就會趨向虛化①。這樣"過"就會由句子謂語變爲狀語，而組合關係和句法成分的改變又引起"過"的詞義和詞性發生改變，即"過"虛化爲情態副詞，表"額外、非分"義，此義在上古漢語已經出現，如例（7）—（10）。

　　儘管"額外、非分"義的"過"在外形上與程度副詞"過"已經比較接近，但仍不是程度副詞，是因爲"額外、非分"義的"過"側重表達的是情態而非程度。一般說來，程度副詞表達形容詞或動詞（多數含有性狀意義）的程度，而行爲動詞基本沒有性狀程度可言。與之相對應，詞語處於性質形容詞或性狀動詞之前較容易虛化，而位於行爲動詞之前就很難發生虛化。觀察上面例句可見，上古時期"過"後接成分的性質比較單一，多是名詞、代詞等體詞性成分，而例（7）—（10）所接"求""予"和"殺"，均爲動作性很強的動詞，因此"過"在上古漢語尚不具備虛化爲程度副詞的句法條件，還處於向程度副詞轉變的準備階段。

　　語法化可以是一個實詞演變成一個虛詞，也可以是虛詞變爲更虛的成分（如詞綴和屈折形態）。"過"從一個具有實際意義的行爲動詞到情態副詞再到程度副詞的演變，實際就是"過"不斷語法化的過程。中古以後隨著情態副詞"過"使用頻率的增加，在句法位置上又經常用爲狀位，其語義不斷抽象。此外，"過"的使用範圍和語法功能進一步擴大，即除了用於行爲動詞之前外，還可用於形容詞或

---

① 參張誼生（2000a）。

性狀意義的動詞之前。詞義的虛化和語法功能的轉化共同促發了
"過"漸由表"額外、非分"義的情態副詞演變爲表"過分、過於"
義的程度副詞,這一語義變化完全符合語法化的規律。根據調查,程
度副詞"過"較早見於東漢時期文獻,如:

（11）無經藝之本,有筆墨之末,大道未足而小伎過多,雖
曰吾多學問,禦史之知、有司之惠也。(《論衡·程材》)

(二)"過"在中古的使用情況

在我們重點調查的文獻中,中古漢語程度副詞"過"共80例,
佔此期太類程度副詞總數的32.39%。它既可用於形容詞之前,又可
置於性狀動詞之前。用於形容詞前共75例,其中修飾的絕大多數又
是單音節形容詞,共74例,如:

（12）漢武招求方士,寵待過厚,致令斯輩,敢爲虛誕耳。
(《抱朴子內篇·論仙》)

（13）謝公諫曰:"聖體宜令有常。陛下畫過冷,夜過熱,
恐非攝養之術。"(《世說新語·夙惠》)

（14）適口而已,勿使過鹹。(《齊民要術·脯臘》)

以上是中土文獻中"過"修飾形容詞的用例。佛經文獻中"過"
的使用頻率不高,早期佛經中並未發現"過"作程度副詞的用例,
僅在中古後期的《百喻經》和《佛本行集經》中發現4例,如:

（15）彼王舊臣,咸生嫉妒,而白王言:"彼是遠人,未可
服信。如何卒爾寵遇過厚?至於爵賞,逾越舊臣。"(《百喻經》,
4/552c)

（16）今日令佛於何處住,莫令去城過近過遠。(《佛本行集
經》,3/860b)

（17）其諸果樹，或生或熟，或有成熟始可食者，或有<u>過</u>熟已墮落者，或始花者。（又，3/879c）

"過"主要用於單音節形容詞之前，用在雙音節形容詞之前僅1例，如：

（18）子隆年二十一，而體<u>過</u>充壯，常服蘆茹丸以自銷損。（《南齊書·子隆傳》）

中古時期"過"還可用於單音節動詞（限於心理動詞和狀態動詞）之前，構成"過＋VP"結構，在句中充當謂語，但明顯少於用於形容詞之前的用例，共5見，如：

（19）若聖心<u>過</u>恭，甯在嚴潔，合朔之日，散官備防，非預齋之限者，於止車門外別立幔省，若日色有異，則列於省前。（又，《禮志上》）

（20）爽親自前，將戰，而飲酒<u>過</u>醉，安都刺爽倒馬，左右范雙斬首，傳送京都。（《宋書·魯爽傳》）

（三）"過"在近代的使用情況

如前所述，程度副詞"過"主要用於中古和近代時期。但兩相對比，二者的使用情況卻存在較大差異，即中古漢語"過"的使用頻率很高，近代以後"過"的部分用法逐漸爲"過於"所取代，使用頻率大幅下降。在我們重點調查的近代語料中，程度副詞"過"共73例，佔此期太類程度副詞總數的6.95%。其中修飾形容詞的共69例，且限於單音節形容詞，如：

（21）狂簡者立高遠之志，但<u>過</u>高而忽略，恐流於異端。（《朱子語類》卷二十九）

（22）經襯又且<u>過</u>厚，令小道愈不安。（《金瓶梅詞話》第三十九回）

（23）若用雜色斷然使不得，大紅又犯了色，黃的又不起眼，黑的又<u>過</u>暗。（《紅樓夢》第三十五回）

（24）三則，我們今日這樁公案，情節<u>過</u>繁，話白<u>過</u>多，萬一日後有人編起書來，這回書找不著個結扣，回頭兒太長。（《兒女英雄傳》第九回）

此期"過"修飾動詞的用例仍不多，共 4 例，且僅見於單音節心理動詞和狀態動詞之前，如：

（25）"行<u>過</u>恭，用<u>過</u>儉"，皆是宜下之意。（《朱子語類》卷七十三）

（26）好像是飲酒<u>過</u>醉，整日家悶悶昏昏。（《聊齋俚曲集·牆頭記》第四回）

但值得注意的是，中古漢語"過 + VP"在句中只能充當謂語，而此期"過 + VP"卻可在句中作定語，修飾名詞等構成定中結構，表明其語法功能有一定程度的擴展，如：

（27）浸潤、膚受之說，想得子張是個<u>過</u>高底資質，於此等處有不察，故夫子語之否？（《朱子語類》卷四十二）

（28）"藉用白茅"，亦有<u>過</u>慎之意。此是大過之初，所以其過尚小在。（又，卷七十一）

"過 + VP"還可構成"者"字結構，如：

（29）今人往往<u>過</u>嚴者，多半是自家不曉，又慮人欺己，又怕人慢己，遂將大拍頭去拍他，要他畏服。（又，卷一百八）

現代普通話中程度副詞"過"使用頻率已不太高，在一些現代方言中也有使用，主要是在閩語中，見於福州。另外閩語中"過"還可表"很、非常"義，如"伊個學問、品行~好，~多人尊重伊"（廣東揭陽）。客家話中"過"又可表"較"義，如張騰發《客家山歌之社會背景（續）》："兩人甘心來交結，包成必定結合~長情。"（《漢語方言大詞典》卷一，第1846頁）后兩種用法是普通話中所沒有的。

二　過於

（一）"過於"的形成過程

"過"本爲動詞，義爲"經過、超過"；"於"是一個介詞，介引場所、對象等。上古漢語"過於"還不是程度副詞，而是一個跨層結構①。在這個結構中，"過"一般充當句子的謂語，而"於"及其賓語一起充任動詞補語。"過於"在上古時期有兩種用法，一是表示"經過（某地）"，如：

（30）淳于髡爲齊使於荆，還反，過於薛。（《呂氏春秋·報更》）

（31）昔者晉公子重耳出亡，過於曹，曹君袒裼而觀之。（《韓非子·十過》）

二是用於比較，義爲"超過"，如：

（32）而君之祿位貴盛，死家之富過於三子，而身不退，竊爲君危之。（《戰國策·秦策三》）

---

①　董秀芳（2011：265）认为，跨層結構是指不在同一個句法層次上而只是在表層形式上相臨近的兩個成分的組合。有一些跨層結構在歷史發展過程中形成了詞。她把這類現象看作詞彙化的一種類型，對不少經由跨層結構詞彙化而形成的副詞作了描寫和分析，如"莫非、幾乎、何必、極其、終於"等，但未見"過於"。

（33）今自以賢過於堯、舜，彼且胡可以開說哉？（《呂氏春秋‧壅塞》）

中古時期“過於”依然只能分析爲跨層結構，還未出現程度副詞的用法。與上古所不同的是，“過於”在所調查的中古語料中已沒有“經過某地”的用法，僅表“超過……”，如：

（34）續之年八歲喪母，哀戚過於成人。（《宋書‧周續之傳》）

（35）修臂下垂，手過於膝。（《佛本行集經》，3/751c）

上古和中古漢語裏“過”“於”只是在綫性平面上相連的兩個成分，它們在句法上沒有直接關係，因此在上面例句中，“過”是作爲句子的謂語動詞出現，而“於＋介賓”充當動詞“過”的補語。一旦體詞化了的謂詞性成分充當“於”的賓語，那麼這一句法環境就有誘發“過於”由跨層結構轉化爲程度副詞的可能。下例充當“於”的賓語是已經體詞化的形容詞“白”：

（36）白髮過於冠色白，銀釘少校頷中銀。我身四十猶如此，何況吾兄六十身。（唐‧元稹《三兄以白角巾寄遺，髮不勝冠，因有感嘆》）

例（36）“白髮過於冠色白”即“白髮的白勝過冠色的白。白角巾上的銀釘比頷下白須少。”其中“過於”還是一個跨層結構，但在這樣的句子中蘊含了將“過於”重新分析爲副詞的可能性。“過於”真正用作程度副詞在唐代已經出現，如：

（37）愛琴愛酒愛詩客，多賤多窮多苦辛。中散步兵終不貴，孟郊張籍過於貧。（唐‧白居易《狂咏聊寫愧懷》）

（38）（司徒鄭真公）至於宴犒之事，未嘗刻薄。而居常奉身，過於儉素。（唐·趙璘《因話錄》卷二）

（39）比來多著帷帽，遂弃冪羅；曾不乘車，只坐檐子。過於輕率，深失禮容。（《大唐新語》卷十）

與前期相比，例（37）—（39）中的"過於"有很大的不同："過於"的組合關係發生改變，即由用於名詞、代詞等體詞性成分（NP）之前，變爲用在形容詞、動詞等構成的謂詞性成分之前。當"過＋於"用在NP之前時，"過於"是跨層結構，具體結構應分析爲"過＋（於＋NP）"，此時"於"作爲介詞，引進場所或比較對象，"於＋NP"作爲動詞"過"的補語出現；當"過於"用在謂詞性成分之前時，句子就有兩個中心，這爲"過於"的虛化提供了可能。在這種情況下，"於"的介引功能開始喪失，不再作爲介詞，而是作爲"過"的一個附著成分出現，"過於"由句子的謂語降格爲狀語，"過於"也就轉變爲一個含有"過分"意義的程度副詞。

（二）"過於"的使用情況

"過於"在近代漢語新興，並取得較快發展。此期"過於"共69例，既可用於形容詞和形容詞短語前，也可以修飾動詞和動詞短語①。"過於"用於形容詞和形容詞短語共55例，其中修飾單音節形容詞28例，如：

（40）君子過於厚，小人過於薄，觀此則仁與不仁可知。（《朱子語類》卷二十六）

（41）今有一樣人，其不畏者，又言過於直；其畏謹者，又縮做一團，更不敢說一句話，此便是不曉得那幾。（又，卷七

---

① 第五章的動詞短語與第四章略有差異，主要的不同在於動賓短語的範圍有所擴大。第五章中將"很喜歡他""很熟悉他""很像他""酷似他"之類的動賓短語也統計在動賓短語之中，而第四章則不計。

十六）

（42）此事難斷定說，在人如何處置。然亦何消要<u>過於</u>嚴？（又，卷一百八）

（43）你看古人詩中那些刁鑽古怪的題目和那極險的韻了，若題<u>過於</u>新巧，韻<u>過於</u>險，再不得有好詩，終是小家氣。（《紅樓夢》第三十七回）

修飾複音節形容詞 24 例，如：

（44）他是<u>過於</u>高明，遂至絕人倫，及欲割己惠人之屬。（《朱子語類》卷第六十四）

（45）寶釵走近前來，悄悄的笑道："你也<u>過於</u>小心了，這個屋裏那裏還有蒼蠅蚊子，還拿蠅帚子趕什麼？"（《紅樓夢》第三十六回）

（46）倘若不肯，我也不叫你<u>過於</u>爲難，……就在這臺上扭個周遭兒我瞧瞧，我塵土不沾，拍腿就走。（《兒女英雄傳》第十五回）

（47）張爹，你是第一個平日的不欺主兒不辭辛苦的，不用我們囑咐，我倒要囑咐你不必<u>過於</u>辛苦。（又，第三十三回）

修飾形容詞短語 3 例，均見於《紅樓夢》：

（48）只是方才我聽見這一首中，有幾句雖好，只是<u>過於</u>頹敗悽楚。（第七十六回）

（49）詩固新奇，只是太頹喪了些。你現病著，不該作此<u>過於</u>清奇詭譎之語。（第七十六回）

（50）只是芳官尚小，<u>過於</u>伶俐些，未免倚強壓倒了人，惹人厭。（第七十七回）

"過於"修飾動詞和動詞短語共 14 例。其中，修飾雙音節心理動詞 5 例，如：

（51）然當不義則爭之，若<u>過於</u>畏敬而從其令，則陷於偏矣。（《朱子語類》卷十六）

（52）因見尤氏犯病，賈珍又<u>過於</u>悲哀，不大進飲食，自己每日從那府中煎了各樣細粥，精緻小菜，命人送來勸食。（《紅樓夢》第十四回）

（53）若不去，又恐他<u>過於</u>傷感，無人勸止。（又，第六十四回）

（54）龍媒，你不必<u>過於</u>惦記，把身子養得好好兒的，好去見老人家。（《兒女英雄傳》第三回）

"過於"修飾動詞短語 9 例，如：

（55）狄友蘇，你也<u>過於</u>無用！（《醒世姻緣傳》第九十七回）

（56）玉鳳姑娘本就覺得這事<u>過於</u>小題大作，如今索性穿起公服來了，便問安老爺說："伯父，回來我到底該怎麼樣？"（《兒女英雄傳》第二十四回）

（57）只羞得他兩個兩張粉臉泛四朵桃花，一齊說道："這是我兩個的不是，話<u>過於</u>說得急了！"（又，第三十回）

（58）九公道："倒不是惦著家。在這裏你二叔、二嬸兒<u>過於</u>爲我操心，忙了這一程子了，也該讓他老公母倆歇歇兒。"（又，第二十九回）

在現代通語中"過於"仍在使用，但主要是用於書面語中。

"太過於"是"太"和"過於"連文而成。我們重點調查的文獻中用例很少，僅見 1 例：

（59）原不是甚麼難治的瘡，不過費了這一個月的工夫，屢蒙厚賜，<u>太過於</u>厚。（《醒世姻緣傳》第六十七回）

我們又在其他文獻中發現了幾例，如：

（60）但我場中文字，做得<u>太過於</u>高古，若中必然是元，若非元即不中了，此在自己可以定得。（清·南軒鵑冠史者《柳鶯傳》第六回）

（61）老爺<u>太過於</u>謹慎了，事情若不是真的，趙堂官那個業障可是刀子扎得出血來的人？（清·秦子沈《續紅樓夢》第十九回）

（62）文琴那回事，其實他也不是有心弄的，不過<u>太過於</u>不羈，弄出來的罷了。（《二十年目睹之怪現狀》第七十六回）

三　"過"和"過於"句法功能上的差異

"過"產生以後持續使用，句法上基本用於單音詞之前。"過於"的出現時代雖晚於"過"，但發展迅速。在使用過程中，"過於"從既可修飾單音詞又可修飾複音詞，發展爲只能修飾複音節成分。"過""過於"在句法功能逐漸形成互補分佈狀態，時代越晚，這種分野越嚴格。表5－1是宋元以後"過""過於"在一些重要文獻中的使用情況：

表5－1

語料來源	朱子語類		金瓶梅詞話		醒世姻緣傳		聊齋俚曲集		紅樓夢		兒女英雄傳		老殘遊記		官場現形記	
副詞	單	複	單	複	單	複	單	複	單	複	單	複	單	複	單	複
過	39	0	1	0	1	0	2	0	3	0	27	0	6	0	7	0
過於	24	6	2	0	0	1	0	0	3	12	0	21	0	7	0	21

從上表可看出，"過"僅可修飾單音詞，未見修飾複音詞之例；

而"過於"的情況就複雜一些。"過於"既可用於單音詞前又可用在複音詞前，如《朱子語類》《紅樓夢》。不過"過於"修飾單、複音節成分的比例是不斷變化的，即時代越晚，"過於"越傾向於修飾複音詞。如"過於"在《朱子語類》修飾單音詞 24 例，修飾複音詞 6 例，單音詞明顯多於複音詞。而《紅樓夢》中修飾單音詞僅 3 例，遠低於修飾複音詞 12 例的數量。《紅樓夢》之後的文獻中已無"過於 + 複音詞"用例，說明用於複音詞前已成爲"過於"的基本用法。至此，"過"和"過於"在句法組合功能上呈明顯互補分佈，即"過"修飾用於單音詞之前，而"過於"修飾複音詞。

程度副詞"過"和"過於"一直沿用到現代漢語中①，而且它們在句法組合上的互補分佈格局更爲嚴格。"過"和"過於"在現代漢語中的使用情況如表 5–2 所示：

表 5–2

語料來源／副詞	生死場	駱駝祥子	北京人	圍城	編輯部的故事	你是一條河	汪曾祺自選集	皇城根	妻妾成群	在細雨中呼喊	萬壽寺	合計
過	0	1	0	3	0	3	4	0	1	12	2	26
過於	2	0	2	0	1	0	8	4	0	12	1	30

上表"過"共 26 例，只能修飾單音詞，其中形容詞有"多""頻""粗""長""早""久""高""小""重"和"大"10 個，動詞僅見"悲"1 個；"過於"30 例，只能修飾複音詞或短語，其中形容詞有"厚道""早熟""方正""殘忍""傳統""遲緩""揮霍""虛幻""精湛""激烈""強壯""虛弱""興奮""頑皮""遙遠""呆板""洋溢""省事""細瘦""嚴肅""笨重""不經""隆重"

---

① 《現代漢語詞典》（第 5 版）和《現代漢語八百詞》（增訂本）等一些權威工具書收錄"過於"，而未收錄"過"的程度副詞用法。從下表也可以看出，"過"在現代漢語裡的使用頻率雖不高，但一直在使用。此外，《漢語方言大詞典》認爲在一些現代方言中"過"還在使用，主要是在閩語中，如福州話。

"暄騰"和"笨重"25個，動詞有"激動"和"輕信"2個，固定短語"胸有成竹"1個。

在與單、複音詞的搭配上，"過"和"過於"的分野越來越嚴格，如上文"過多""過長""過於厚道""過於傳統"等可以被接受，而"過於多""過於長""過厚道""過傳統"等不可被接受（可接受性差）。下面我們試對這一現象加以解釋。

一方面，因爲修飾詞和被修飾詞的"風格"不搭配，雙音詞多在書面語中使用，如"過於""厚道""傳統"等，而單音節詞多爲口語所使用，如"過""多""長"等，書面語色彩的雙音詞和口語色彩的單音詞搭配起來顯得不倫不類，風格上"衝突"①。又，馮勝利等認爲漢語最基本的音步是兩個音節。雙音節音步作爲漢語最小的、最基本的"標準音步"，有絕對優先的實現權，所以雙音節詞是漢語的"標準韻律詞"②。這樣，有些不滿一個音步的單音詞要成爲韻律詞，就得再加上一個音節。因此"過"經常用來修飾單音詞，而雙音詞前多使用"過於"。

另一方面，韻律對"過""過於"組合能力的制約作用（這也與第一方面相關聯），漢語是"音節音步"語言③，音節的多少對我們說話韻律的作用非同小可，兩個音節以上的組合，如果出現前後不均的情況，那麼重音的歸屬便不能顛倒，即"單雙分枝的重音規則"——"單輕雙重"原則④。如漢語中沒有"大養豬"之類的用法，因爲普通重音在單分枝單位"大"上，不符合"單輕雙重"的重音原則，故非說成"大養其豬"不可。同樣，"過厚道""過傳統"的普通重音不在雙分枝單位"厚道""傳統"上，而在"過"上，也不符合"單輕雙重"的重音規則，只能說成"過於厚道""過於傳統"。另，根據普通重音指派律：在一個韻律范域中，普通重音會被

---

①　馮勝利（2000：118）。

②　馮勝利（1997：3）。

③　馮勝利（2000：40—44）。

④　馮勝利（2000：45）。

指派到該範域的最後一韻律單位上①。因此〔1＋1〕式構成一個雙音步，重音可以指派到右邊的成分上，同樣〔2＋2〕式中普通重音也可以實現，形成"抑揚"結構，所以"過多""過長""過於厚道""過於傳統"等都是可以被接受的。由於〔2＋1〕式前一個成分由兩個音節組成，而後一個只有一個音節，兩個音節比一個音節重，很容易導致"左重右輕"的"揚抑"結構，普通重音無法實現，故"過於多""過於長"在語法上合法，韻律上不合理②，可接受性差；而〔1＋2〕式的"過厚道""過傳統"等雖然符合"左輕右重"的韻律形式，但如前所述，它受到"雙枝重于單枝"重音原則的制約，所以不能被接受。

小　結

上面我們對程度副詞"過""過於"的語法化來源作了分析，並對它們的使用情況及差異進行了討論，主要結論如下。

第一，"過""過於"的語法化機制既存在相同之處，又有所不同。相同之處在於它們語法化的動因都是由於句法位置的改變，引起組合關係發生變化，進而轉化爲程度副詞。不同之處在於"過"是由於組合關係的改變而引起詞義的虛化，進而產生程度副詞用法，虛化是其基本機制；"過於"語法化過程比較複雜。具體來說，組合關係的變化導致跨層結構"過＋於"進行重新分析，從非語言單位變爲語言單位。重新分析在程度副詞"過於"的形成過程中起著至關重要的作用。

第二，程度副詞"過"新興並主要使用於中古漢語，近代以後使用頻率逐漸下降，現代雖然繼續使用，但只能用於一些單音詞之前；"過於"是近代漢語新興的程度副詞，主要用於複音詞之前。在現代漢

---

① 馮勝利（2000：64）。

② 馮勝利（2000：117—118）。

語中，二者在句法組合上的差異更爲明顯，即單對單，雙對雙。我們認爲，造成這一現象的原因，除了風格上的要求外，韻律規則也在其中起了重要作用，主要涉及“單輕雙重”和“普通重音指派法”這兩種規則。只有同時符合這些規則的搭配才是“名正言順”的合格產品。

第二節　“越”系程度副詞①

“越”“越發”“越加”“越益”“越越”等程度副詞的表義功能比較接近，構成一個“相關義群（correlative sememe group）”，可被稱之爲“越”系程度副詞。這些詞語都產生於近代漢語時期，但有着不同的來源途徑，在語言中的使用情況和發展趨勢也存在較大差別。語法學界對“越”和“越發”已有不少研究，如邢福義（1985）、陳群（1999）、陸儉明（1999a、1999b）、黃士平（2001）、劉楚群（2004）、高雲玲（2006）等。不過，這些研究都還是從現代漢語角度入手探討其使用情況及語用意義等問題，而對它們的語法化來源、歷史發展過程以及發展趨勢等內容都未涉及。本節將對這些問題進行討論。

一　“越”系程度副詞的來源考察

（一）程度副詞“越”的形成過程

“越”，本爲動詞，“度過、跨過”義。　《說文》：“越，度也。”如：

（1）阻窮西征，巖何越焉？（《楚辭·天問》）

（2）當是之時，秦地已並巴、蜀、漢中，越宛有郢，置南郡矣。（《史記·秦始皇本紀》）

----

① 本節曾以《程度副詞“越”“越发”的语法化及相关问题》，刊於《漢語學習》（2010 年第 5 期），收入本書時略有改動。

"越"由"度過、跨過"義引申出"超越、勝過"義，如：

（3）是大王威加於天下，而功越於湯武也。（漢·枚乘《上書重諫吳王》）

（4）超商越周，與唐比蹤。（三國魏·曹植《責躬詩》）

"越"的程度副詞用法是由其"超越、勝過"義引申而來的。楊榮祥（2005b：108）認爲，動詞"越"用在兩個非表處所的名詞性成分之間構成"主謂賓"句式時，往往表示主語在某種性質狀態方面超過賓語。如杜甫《贈蜀僧閭邱師兄》："斯文散都邑，高價越璵璠"例中，"越"爲動詞，表示"斯文之價"之"高"超過"璵璠"。當"越"直接用在謂詞性成分之前時，"越"便直接表示該謂詞性成分的程度，而這種程度總是通過比較兩種事物、事件顯示出來的，"越"便由此變成了一個含有比較、累增義的程度副詞。

"越"用作程度副詞是近代漢語才出現的語言現象，《朱子語類》中程度副詞"越"已有不少，共37例①，如：

（5）爲學纖毫絲忽，不可不察。若小者分明，大者越分明。（卷六十四）

（6）要做大功名底人，越要謹密，未聞粗魯闊略而能有成者。（卷一百三十五）

宋代以後，"越"繼續使用，而且使用頻率大幅增加。

（二）"越發""越加""越是""越益""越越"的形成過程

"越發"是副詞"越"與後綴"發"構成的派生詞，較早見於明

---

① 楊榮祥（2005：108）認爲《朱子語類》中程度副詞"越"約50例，而唐賢清（2004b：33）認爲《朱子語類》程度副詞85例，我們統計僅得37例。這與各人統計標準的寬嚴有關。

代。《金瓶梅詞話》裏"越發"已很多，計 63 例，如：

　　（7）這西門慶仔細端詳那婦人，比初見時越發標緻。（第四回）

　　（8）這婆娘聽了，越發歡喜無盡。（第六十九回）

明代以後，"越發"仍廣泛使用。

"越加"連文，較早見於明代。"三言二拍"中程度副詞"越加"已使用得相當頻繁，其中《警世通言》2 例、《醒世恒言》9 例、《初刻拍案驚奇》8 例、《二刻拍案驚奇》16 例。例如：

　　（9）金哥勸祝公子就走在百花樓上，看見錦帳羅篩，越加怒惱，把箱籠盡行打碎，氣得癡呆了，問："丫頭，你姐姐嫁那家去了？可老實說，饒你打。"（《警世通言》卷二十四）

　　（10）又見張權買房開店，料道是丈人暗地與他的銀子，越加忿怒，成了個不解之仇。（《醒世恒言》卷二十）

　　（11）一面應承，日裏仍到書房中去，晚來自在堂中睡了，越加留心察聽。（《初刻拍案驚奇》卷十七）

　　（12）後來略聞得廉訪欺心賺騙之事，越加心裏不安，見了小舅子十分親熱。（《二刻拍案驚奇》卷二十）

　　《京本通俗小說·菩薩蠻》："郡王越加歡喜，至晚席散，著可常回寺。"句中"越加"似可看作程度副詞。但馬幼垣、馬泰來（1965）、蘇興（1978）等學者認爲《京本通俗小說》是近人繆荃孫根據《警世通言》和《醒世恒言》而作的僞書。根據調查情況來看，我們是不能把"越加"出現的年代貿然提前至宋代的：一方面，"越"系副詞在宋代其他文獻中只見"越"，而未發現複音形式的"越加"；另一方面，《京本通俗小說·菩薩蠻》的"越加"句子與《警世通言》毫無差別，我們認爲《京》有可能是從《警》中輯錄出來的。《警》的句子是：

（13）郡王又教可常做新荷姐詞一篇，還要《菩薩蠻》。可
常執筆便寫，詞曰："天生體態腰肢細，新詞唱徹歌聲利。一曲
泛清奇，揚塵簌簌飛。主人恩義重，宴出紅妝寵。便要賞新荷，
時光也不多！"郡王<u>越加</u>歡喜。至晚席散，著可常回寺。（卷七）

由此我們認爲程度副詞"越加"應產生於明代。在我們重點調查
的語料中"越加"2例：

（14）他見了這穿月白的女子這等的貞烈，心裏<u>越加</u>敬愛，
說："這才不枉長的合我一個模樣兒呢！"（《兒女英雄傳》第
七回）

（15）公子越聽這話<u>越加</u>可疑，便道："究竟不知誰無端的
造我這番黑白，其中一定還有<u>些</u>無根之談，這事卻不是當耍的！"
（又，第二十三回）

"越是"是"越"與後綴"是"構成的派生詞，較早見於明
代，如：

（16）至於撞著有<u>些</u>不測事體，落了患難之中，<u>越是</u>平日往
來密的，頭一場先是他騙你起了。（《二刻拍案驚奇》卷二十）

（17）宋江接來看時，封皮逆封著，又沒平安二字。宋江心
內<u>越是</u>疑惑。（《水滸傳》卷二十）

在我們重點調查的語料中僅1例：

（18）冬裏來<u>越是</u>把家鄉盼，門外的北風刮的我心酸。（《聊
齋俚曲集·富貴神仙》第七回）

"越益"連文，僅《兒女英雄傳》有1例。即：

（19）庭前偶植梧桐二本，才似人長，日攜清泉洗之，欣欣向榮，越益繁茂。（《兒女英雄傳》第二十九回）

程度副詞"越"的重疊形式"越越"，產生於金元時期，如：

（20）好意勸諫，越越嗔容長，眼見得今朝壞了務場。（金·無名氏《劉知遠諸宮調·遠知走慕家莊沙陀村》）

（21）我今日與了他這服藥去了，以後事發，越越要連累我。（元·關漢卿《感天動地竇娥冤》）

在我們重點調查的語料中僅見1例：

（22）飲多時也，天子帶酒觀師師之貌，越越地風韻。（《近代漢語語法資料彙編·元代卷·宣和遺事》）

此外，近代時期使用的"越"系程度副詞還有"越更"，"越更"是由"越""更"連文而成的複合詞，使用頻率並不高，如：

（23）妹子，和你比先前又親，自今越更著疼熱，你休隨著我跟腳，久已後是我男兒那枝葉。（元·施惠《幽閨記》第三十二出）

（24）比我那初使喚，如今越更稀。（元·關漢卿《錢大尹智寵謝天香》第三折）

二　"越"和"越發"在近代漢語的使用情況

"越"和"越發"是重要的更類程度副詞，它們不僅使用頻率高、使用範圍廣，而且句法組合能力也很強①。二者在句法上既有相同之處，又存在差別。大致說來，"越""越發"有三種既相互聯繫又有區別的句法功能：一是在句中作狀語，表"程度加深"；二是構成框式結構，表"倚變"；三是用於比字句中，表"比較"。

（一）在句中作狀語

"越""越發"都可以用作狀語，表示"程度加深"。一方面"越"和"越發"既可用於形容詞性成分（AP）之前，又可用於動詞性成分（VP）之前；另一方面"越"和"越發"與 AP、VP 的組合能力又存在不小的差異。

1. DA + AP

"越""越發"均可修飾形容詞性成分 AP，AP 包括單音形容詞、複音形容詞和形容詞短語三種，如：

（25）夜氣微了，旦晝之氣越盛。（《朱子語類》卷五十九）

（26）望上看有雙親，往下看有兒孫，我不好後代越發甚。（《聊齋俚曲集·牆頭記》第四回）

（27）若小者分明，大者越分明。（《朱子語類》卷六十三）

（28）越發煩惱，痛哭起來。（《金瓶梅詞話》第十九回）

（29）所以不惟不惡，且越可愛起來。（《醒世姻緣傳》第四十四回）

（30）你主人既已不在，你又是個單身，照他這眾人不過，便是我們證他的罪名，除不得根，把仇越發深了。（又，第二十回）

"越""越發"修飾單音形容詞，如例（25）、（26）；修飾複音形容詞，如例（27）、（28）；修飾形容詞短語，如例（29）、（30）。

---

① "越加""越益""越越""越更"和"越是"的使用頻率不高，組合功能單一。故不詳述。

"越"和"越發"都可用於 AP 之前，但二者卻存在很大的不同：
第一，出現時間不同。《朱子語類》中"越＋AP"已經很常見了，而
"越發＋AP"則在《金瓶梅詞話》以後才較多使用。第二，組合關係
不同。近代漢語裏"越"以修飾單音形容詞居多，共 13 例，佔此期
總數（24 例）的 54.17%，而"越發"則多修飾複音形容詞或形容
詞短語，用於單音形容詞前 9 例，僅佔此期總數（77 例）的
11.69%。第三，發展趨勢不同，即"越"的使用頻率不斷下降，而
"越發"的使用頻率逐漸上升。近代時期"越＋AP"共 24 例，而
"越發＋AP"共 79 例，"越"的使用頻率明顯低於"越發"。"越＋
AP"結構雖然出現時間較早，但發展速度緩慢，而"越發＋AP"則
後來居上，《金瓶梅詞話》可看作二者實力對比的分界點，即《金》
之前只有"越＋AP"結構，而《金》之後"越發＋AP"結構迅速發
展，使用頻率大大超過"越＋AP"。

2. DA + VP

"越"和"越發"都可用於動詞性成分 VP 之前，VP 包括單音動
詞、複音動詞和動詞短語三種，如：

（31）西門慶聽了，心中越怒，險些不曾把李老媽媽打起來。
（《金瓶梅詞話》第二十回）

（32）老馬得勝越發詐，比前加倍更酷貪，秀才分外沒體面。
（《聊齋俚曲集·富貴神仙》第十二回）

（33）白晝間頻作念，到晚後越思量。（《新校元刊雜劇三十
種·關張雙赴西蜀夢》第二折）

（34）這西門慶見他言語兒投著機會，心中越發喜歡，摟著
睡到五更雞叫時分散。（《金瓶梅詞話》第七十五回）

（35）誰知他被那濃袋指撥了透心明白，心裏又尋思，越害
怕起來，再三的央寄姐替他收救。（《醒世姻緣傳》第九十八回）

（36）後次這宋惠蓮越發倡狂起來，仗西門慶背地和他勾搭，
把家中大小都看不到眼裏；逐日與玉樓、金蓮、李瓶兒、西門大

姐、春梅在一處頑耍。(《金瓶梅詞話》第二十四回)

　　"越""越發"修飾單音動詞,如例(31)、(32);修飾雙音動詞,如例(33)、(34);修飾動詞短語,如例(35)、(36)。"越"和"越發"用於 VP 之前也有較明顯的不同:第一,出現時間不同。《朱子語類》中"越"用於 VP 中已經常見,而"越發"在《金瓶梅詞話》才較多修飾 VP。第二,組合關係不同。"越"和"越發"均以修飾複音動詞和動詞短語爲主,但"越"修飾單音動詞的比例卻遠高於"越發"。近代漢語中"越＋單音動詞"12 例,佔此期總數(101 例)的 11.88%,而"越發＋單音動詞"6 例,僅佔此期總數(366 例)的 1.64%。第三,發展趨勢不同,即"越"的使用頻率逐漸下降而"越發"的使用頻率不斷上升。近代時期"越＋VP"共101 例,"越發＋VP"共 366 例,"越"明顯少於"越發"。不過,《金瓶梅詞話》之前的文獻只有"越＋VP",而尚未發現"越發＋VP"結構,《金瓶梅詞話》之後"越發＋VP"結構大量使用,而"越＋VP"結構則退居次要位置。近代漢語"越""越發"修飾 AP、VP 情況如表 5 – 3 所示。

表 5 – 3

語料來源＼用法	朱子語類	元刊雜劇①	元代卷②	朴通事諺解	金瓶梅詞話	訓世評話	醒世姻緣傳	聊齋俚曲集	紅樓夢	兒女英雄傳	合計
越 AP	9			1	2	2	1	3	1	5	24
越發 AP					13		14	21	21	10	79
越 VP	19	17	1	3	17	1	8	15	11	9	101
越發 VP					45		98	68	140	15	366

　　(二)構成框式結構

　　"越"和"越發"構成框式結構,表"倚變"。所謂"倚變",

---

① 指《新校元刊雜劇三十種》。

② 指《近代漢語語法資料彙編》(元代卷)。

呂叔湘（1956：373）認爲：“有時兩件事情都在變化，而互相關聯，共進共退，這樣的時候我們說這兩件事情之間有倚變的關係，或函數的關係，含混一點，也可以說是比例關係。表示這種關係文言用‘愈’，白話用‘愈’或‘越’，上下疊用。”呂先生（1999：639）進一步指出：“越 A 越 B。表示在程度上 B 隨 A 的變化而變化。”“‘愈……愈……’同‘越……越……’。多用於書面語。”調查發現，近代時期“越”和“越發”雖都能構成“越（發）A 越（發）B”結構，但二者構成框式結構的能力卻存在明顯的差異。

1. 由“越”構成的框式結構

由“越”構成的框式結構類型豐富，既有疊用“越”構成的“越……越……”“越……越……越……”，又有“越”和其他的“越”系程度副詞構成的“越……越加……”“越是……越……”“越……更……”等。由於體詞性、動詞性和形容詞性成分等都可進入這些框式結構之中，因此近代時期由“越”構成的框式結構呈現出五彩繽紛的局面。在我們重點調查的語料中，其使用情況如下。

a. 越 VP_1 越 VP_2

此結構中，“越……越……”連接的兩項都是動詞性成分，近代共 50 例，如：

（37）若只看“仁”字，越看越不出。（《朱子語類》卷六）

（38）我是恁性兒，你越叫我越打！（《金瓶梅詞話》第四十一回）

（39）既然富足，也就該生禮義出來，誰知這樣小人，越有越貪，抵熟盜生是其素性。（《醒世姻緣傳》第四十八回）

（40）盼的黑了天，盼的黑了天，喫不迭夜飯就來把咱纏，他越纏的緊，我越睡的慢。（《聊齋俚曲集·琴瑟樂》）

b. 越 AP_1 越 AP_2

此結構中，“越……越……”連接的兩項都是形容詞性成分，近代共 8 例，如：

（41）這的你不須說，<u>越</u>細詳<u>越</u>好，我也用心做生活。（《朴通事諺解》上）

（42）秋紋先忙伸手向盆內試了一試，說道："你<u>越</u>大<u>越</u>粗心了，那裏弄的這冷水。"（《紅樓夢》第五十四回）

c. 越 AP 越 VP

此結構中，"越……越……"連接的兩項性質不同，前項是形容詞性成分，後項是動詞性成分，近代共 12 例，如：

（43）人不依好，你<u>越</u>軟<u>越</u>欺，你<u>越</u>硬<u>越</u>怕。（《醒世姻緣傳》第九十五回）

（44）寶釵見賈環急了，便瞅鶯兒說道："<u>越</u>大<u>越</u>沒規矩，難道爺還賴你？還不放下錢來呢！"（《紅樓夢》第二十回）

d. 越 VP 越 AP

此結構中，"越……越……"連接的兩項性質不同，前項是動詞性成分，後項是形容詞性成分，近代共 27 例，如：

（45）西門慶請任醫官來看一遍，討將藥來，喫下去如水澆石一般，<u>越</u>喫藥<u>越</u>旺。（《金瓶梅詞話》第四十一回）

（46）方娘子貌如仙，他惱了把柳眉彎，叫人<u>越</u>看<u>越</u>中看。（《聊齋俚曲集·磨難曲》第十一回）

e. 越 NP 越 AP

此結構中，"越……越……"連接的兩項性質不同，前項是體詞性成分，後項是形容詞性成分，近代僅 1 例，即：

（47）我又赤手空拳，<u>越</u>好漢<u>越</u>慈善。（《新校元刊雜劇三十種·大都新編關目公孫汗衫記》第四折）

f. 越 VP_1 越 VP_2 越 VP_3

此類結構中，三個"越"疊用，它們連接的都是動詞性成分，近代僅1例，即：

（48）<u>越</u>道著<u>越</u>查聲破嗓<u>越</u>罵得精細，前面他老相公聽的！（《諸宮調風月紫雲亭》第二折）

g. 越 VP_1 越加 VP_2

此結構中，"越"和"越加"分別連接動詞性成分。近代僅1例，即：

（49）公子<u>越</u>聽這話<u>越加</u>可疑，便道："究竟不知誰無端的造我這番黑白，其中一定還有些無根之談，這事卻不是當耍的！"（《兒女英雄傳》第二十三回）

h. 越是 VP 越 AP

此結構中，"越是"和"越"分別連接動詞性成分和形容詞性成分，近代僅1例，即：

（50）世上偏有等不爭氣沒出豁的男子，<u>越是</u>遇見這等賢內助，他<u>越</u>不安本分，一味的啖腥逐臭，還道是竊玉偷香，弄得個茫茫孽海，醋浪滔天，擾擾塵寰，醋風滿地，又豈不大是可慘！（《兒女英雄傳》第二十七回）

i. 越 VP_1 更 VP_2

此結構中，"越"和"更"分別連接動詞性成分。近代漢語中此類結構僅 1 例，即：

（51）此時林黛玉雖不是嚎啕大哭，然越是這等無聲之泣，氣噎喉堵，更覺得利害。（《紅樓夢》第三十四回）

由"越"構成的框式結構中的"VP$_1$"和"VP$_2$"都有自己的主語，前後項的主語可以相同，這種用法多，也可以不同，但很少。以上諸例中，除 a 結構中有些句子的前項和後項的主語不同外，如例（38）和例（40），其他結構中前後兩項的主語都相同。

2. 由"越發"構成的框式結構

"越發"構成的框式結構形式比較簡單，近代僅見"越發 VP$_1$ 越發 VP$_2$"一種，1 例：

（52）如今習慣成自然，反使金桂越發長了威風，薛蟠越發軟了氣骨。（《紅樓夢》第八十回）

此例中"越發"連接前項的主語是"金桂"，而後項的主語是"薛蟠"，二者並不相同。

3. 由"越"和"越發"共同構成的框式結構

"越"和"越發"共同構成的框式結構有"越……越發……""越發……越……"和"越……越……越發……"三種類型。動詞性成分和形容詞性成分對這些結構的選擇能力不同，因此也豐富了語言的多樣性。

a. 越 VP$_1$ 越發 VP$_2$

此結構中，"越"和"越發"均連接動詞性成分。近代漢語中僅 1 例，如：

（53）因向西門慶道："你看著越心疼，我越發偏剁個樣兒你瞧。"（《金瓶梅詞話》第二十八回）

b. 越 VP 越發 AP

此結構中，"越"和"越發"分別連接動詞性成分和形容詞性成分，近代僅 4 例，如：

（54）這西門慶不聽便罷，越聽了越發慌了，一面把月娘摟抱在懷裏，說道："我的好姐姐，你別要和那小淫婦兒一般見識，他識什麼高低香臭。沒的氣了你，倒值了多的。我往前邊罵這賊小淫婦兒去。"（又，第七十五回）

（55）這孩巴子也不宜量好，當時有他娘在時，越哄越發淘氣；今日打了一頓，又見老子受氣，從此以後，就是打煞他，他也不敢哭一聲了。（《聊齋俚曲集·慈悲曲》第一回）

c. 越發 VP 越 AP

此結構中，"越"和"越發"分別連接動詞性成分和形容詞性成分，近代僅 1 例，如：

（56）分明是他，分明是他，越發細看越不差，未曾他上山，早把心摘下。（又，第四回）

d. 越 VP$_1$ 越 VP$_2$ 越發 VP$_3$

此結構中，"越"和"越發"所連接的都是動詞性成分，近代僅 1 例，如：

（57）你兄弟又不在家，又沒個商議，少不得拿錢去墊補，誰知越使錢越被人拿住了刀靶，越發來訛。（《紅樓夢》第六十八回）

上述由"越"和"越發"共同構成的框式結構中，a、b 結構的前項和後項主語不同，而 c、d 結構中前項和後項的主語相同。具體情況如表 5 – 4 所示：

表 5 – 4　　　　近代漢語 "越" "越發" 構成的框式結構使用情況

用法 ＼ 語料來源	朱子語類	元刊雜劇①	朴通事諺解	金瓶梅詞話	醒世姻緣傳	聊齋俚曲集	紅樓夢	兒女英雄傳	合計
越 VP_1 越 VP_2	3			3	14	4	12	14	50
越發 VP_1 越發 VP_2							1		1
越 VP 越 AP	1		1		4		5	16	27
越 AP_1 越 AP_2		1				3	3	1	8
越 VP_1 越加 VP_2								1	1
越 VP_1 越 VP_2 越 VP_3		1							1
越 NP 越 AP		1							1
越是 VP 越 AP								1	1
越 AP 越 VP	1	1			2		8		12
越 VP_1 更 VP_2							1		1
越 VP_1 越發 VP_2			1						1
越 VP 越發 AP				1		3			4
越發 VP 越 AP						1			1
越 VP_1 越 VP_2 越發 VP_3							1		1

（三）用於比字句

"越" 和 "越發" 都可用於比字句中，表示比較。近代漢語裏 "越" 和 "越發" 用於比字句的使用頻率都不太高，其中 "越" 共 2 例，"越發" 12 例。

1. X 比 Y 越 AP

近代漢語裏 "越" 用於比字句不多，比較結果爲形容詞性成分，僅 1 例：

（58）員外活了，年六十二歲，比前越壯健，越發愛老憐貧。（《聊齋俚曲集·寒森曲》第八回）

---

① 指《新校元刊雜劇三十種》。

2. X 比 Y 越發 AP

近代漢語裏"越發"進入比字句稍多，比較結果爲形容詞性成分，共 11 例，如：

（59）蕭夫人道："出挑的比往時越發標緻，我就不認的他了。想是扶了堂屋了。"（《醒世姻緣傳》第十一回）

（60）寶玉笑道："你倒比先越發出挑了，倒像我的兒子。"（《紅樓夢》第二十四回）

3. X 比 Y 越 VP

比較結果爲動詞性成分，僅 1 例：

（61）兩個小廝見西門慶坐地，加倍小心，比前越覺有些馬前健。（《金瓶梅詞話》第五十四回）

4. X 比 Y 越發 VP

比較結果爲動詞性成分，亦 1 例：

（62）桂姐的行頭，比舊時越發踢熟了，撇來的丟拐，教小人每湊手腳不迭。（又，第十五回）

表 5－5　　　　近代漢語 "越" "越發" 用於比字句的情況

語料來源 用法	金瓶梅詞話	醒世姻緣傳	聊齋俚曲集	合計
X 比 Y 越 AP	0	0	1	1
X 比 Y 越發 AP	0	2	9	11
X 比 Y 越 VP	1	0	0	1
X 比 Y 越發 VP	0	1	0	1

三 "越" 的功能轉變和 "越發" 的衰落

在不同的歷史時期，詞語的組合功能和使用頻率總會發生一些變化。近代漢語以來，程度副詞 "越" 的發展主要表現在功能的轉變上，即 "越" 在剛產生之時多用於謂詞性成分之前，但明代以後 "越" 則多用於框式結構之中，逐漸轉變爲框式程度副詞①；明代以後 "越發" 逐步替換 "越" 成爲最常用的更類程度副詞，清末以來又迅速衰落。

（一）"越" 的功能轉變

"越" 的句法功能主要有三種，即 "修飾謂詞性成分" "構成框式結構" 和 "用於比字句"，前文我們對此已有較詳細論述，這裏只對這三種用法進行對比，以探尋 "越" 功能發展的軌跡。

"越" 在產生之初，它的主要功能是修飾謂詞性成分，在句中充當狀語，用於框式結構和比較句的比例很低。如宋代的《朱子語類》中，"越" 修飾謂詞性成分共 28 例，佔全書 "越" 使用總數（38 例）的 73.68%。這種狀況在元代並未發生改變，"越" 在《新校元刊雜劇三十種》中修飾謂詞性成分就有 17 例，佔總數（24 例）的 70.83%，而《近代漢語語法資料彙編》（元代卷）中 "越" 只修飾謂詞性成分，未見其他用法，在明代的《朴通事諺解》和《金瓶梅詞話》中 "越 + 謂詞性成分" 所佔的比例分別爲 66.67% 和 63.33%。清代以後 "越" 大量用於框式結構，"越 + 謂詞性成分" 的比例迅速下降。這一用法在《醒世姻緣傳》《聊齋俚曲集》《紅樓夢》《兒女英雄傳》《海上花列傳》中所佔比例分別爲 21.95%、40%②、16.44%、17.95%、10.71%，而《老殘遊記》中已經沒有

---

① 受劉丹青（2002）的啟發，我們將構成 "越……越……" "越發……越發……" 等結構之中的 "越" "越發" 稱爲 "框式程度副詞"。

② 清代僅《聊齋俚曲集》中 "越 + 謂詞性成分" 所佔的比例略高，這可能與其語體性質有關，即曲文有節奏工整等要求，如《富貴神仙》第五回："形容憔悴病越添，瘦臥空房有誰憐？" 在這一句中，"越" 便不能換成 "越發"。

這一用法了。

　　現代漢語裏"越 + 謂詞性成分"已經很少見了。在我們調查的《駱駝祥子》《北京人》《汪曾祺自選集》《在細雨中呼喊》等文獻中，僅在《駱》中發現"越 + 謂詞性成分" 2 例，佔該書總數（137例）的 1.46%。因此，我們認爲"越"在現代漢語中已基本演變爲一個框式程度副詞了。具體情況如表 5－6 所示：

表 5－6　　　　　　　　"越"在近代、現代漢語中的使用情況

用法〔語料來源〕	修飾謂詞性成分		用於框式結構		用於比字句		合計
	數量	比例（%）	數量	比例（%）	數量	比例（%）	數量
朱子語類	28	73.68	10	26.32	0	0	38
新校元刊雜劇三十種	17	70.83	7	29.17	0	0	24
元代卷①	1	100	0	0	0	0	1
朴通事諺解	4	66.67	2	33.33	0	0	6
金瓶梅詞話	19	63.33	10	33.33	1	3.33	30
訓世評話	3	100	0	0	0	0	3
醒世姻緣傳	9	21.95	32	78.05	0	0	41
聊齋俚曲集	18	40	26	57.78	1	2.22	45
紅樓夢	12	16.44	61	83.56	0	0	73
兒女英雄傳	14	17.95	64	82.05	0	0	78
海上花列傳	3	10.71	25	89.29	0	0	28
老殘遊記	0	0	36	100	0	0	36
駱駝祥子	2	1.46	135	98.54	0	0	137
北京人	0	0	8	100	0	0	8
汪曾祺自選集	0	0	103	100	0	0	103
在細雨中呼喊	0	0	75	100	0	0	75

　　如果我們將"越"的三種用法在近、現代語料中的使用情況繪成折綫圖，就能更清楚地看出三者的發展變化情況。"越"的三種用法

---

① 指《近代漢語語法資料彙編》（元代卷）。

在上面十六種文獻中的使用情況見圖 5－1：

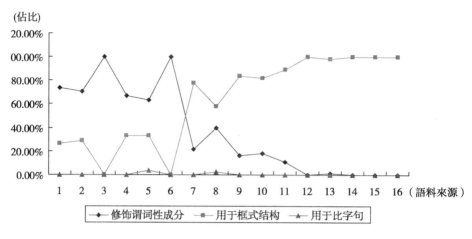

圖 5－1

（二）"越發"的衰落

"越發"產生以後發展迅速，成爲近代後期最常用的更類程度副詞之一。調查發現，明代至清代中期是"越發"使用最爲頻繁的一段時間，此期的《金瓶梅詞話》《醒世姻緣傳》《聊齋俚曲集》《紅樓夢》等語料中，"越發"大量使用。它最主要的句法功能是充當狀語，修飾謂詞性成分，其次還可用於框式結構和比字句中。從上面分析可看出，"越發"大量使用的過程正是"越"功能發生轉變的過程。明代的《金瓶梅詞話》可看作"越"和"越發"各種用法發生變化的見證。《金》之前"越"多用作狀語，表"程度加深"，構成框式結構之中的用法尚不多見，此時"越發"尚未出現；《金》之後"越"逐漸轉化爲框式程度副詞，多用於框式結構之中，表示"倚變"，很少單獨用來表"程度加深"。而正是此時"越發"產生並大量使用。

清代晚期以來"越發"開始衰落，如《兒女英雄傳》《海上花列傳》《老殘遊記》等語料中，"越發"的使用頻率急劇下降，僅限於修飾謂詞性成分，充任它們的狀語，不再用於框式結構和比較句中。現代漢語以後"越發"使用更少，在《駱駝祥子》《北京人》《汪曾祺自選集》《在細雨中呼喊》等文獻中，僅見《駱駝祥子》2 例、《在細雨中呼喊》1 例，說明“越發”在現代漢語裏已基本不再使用。

我們認爲“越發”衰落的主要原因有二：一是受到程度副詞“更”的“擠壓”。近代以後“更”的發展極其迅猛，成爲最常用的更類程度副詞，所佔比例爲44.20％，高於上古、中古任何更類主導詞所佔比重，而且“更”的這種發展勢頭並未隨時代的推移而減弱。因此“越發”等其他更類程度副詞的使用必然會受到“更”的“擠壓”，從而導致使用頻率受到影響。在這種大環境下，現代漢語中“越發”的逐漸衰微也在所難免。二是語言自身的原因。晚清以來，“越發”所具有的語法功能，“更”基本上都已具備。在經濟性原則的作用下，“越發”已成爲語言中的冗余成員，因此它在現代漢語裏定將漸行漸少。

表 5 - 7　　　　“越發”在近代、現代漢語中的使用情況

用法 ＼ 語料來源	金瓶梅詞話	醒世姻緣傳	聊齋俚曲集	紅樓夢	兒女英雄傳	海上花列傳	老殘遊記	駱駝祥子	北京人	在細雨中呼喊
謂詞性成分	58	112	89	161	25	20	3	2	0	1
框式結構	2	0	3	3	0	0	0	0	0	0
比字句	0	3	9	0	0	0	0	0	0	0

小　結

我們調查的“越”系程度副詞有“越”“越發”“越加”“越益”和“越越”，其中“越”和“越發”使用頻率高，而“越加”“越益”“越越”使用頻率較低。本節重點考察了“越”和“越發”在近代漢語中形成和發展特點，並對它們的使用情況及差異進行了討論，主要結論如下。

第一，“越”和“越發”的形成機制和產生時代不同。“越”本爲動詞，是由其實詞意義逐步虛化而來，宋代已經產生。而“越發”

是由程度副詞"越"與詞尾"發"派生形成，產生的時間晚於"越"，較早見於明代。

第二，"越"和"越發"在語言中的使用情況存在較大差異。二者在近代時期均可在句中作狀語，表"程度加深"，又能構成框式結構，表"倚變"，還可用於比字句中，表"比較"。調查發現，明代的《金瓶梅詞話》可看作"越"和"越發"使用情況發生轉變的分界點：《金》之前，"越發"尚未出現，"越"呈一統天下的局面，既可在句中作狀語，表"程度加深"，又能構成框式結構，表"倚變"，還可用於比較句中。《金》之後"越發"表現出強勁的發展勢頭，在用作狀語表"程度加深"用法上有取代"越"的趨勢，還有一些用於框式結構表"倚變"的用法。因此，"越"在《金》之後的使用範圍有所減小，主要用於框式結構之中。現代漢語時期"越"基本只能用於框式結構了。"越"和"越發"用於比較句的數量一直不多，現代漢語已不見。

第三節　怪　生　挺　滿　蠻

"怪""生""挺""滿"和"蠻"都是近代漢語時期新興的程度副詞，它們的歷史來源、使用頻率、組合功能、發展趨勢等均存在差別。下文分別論述。

怪

"怪"，本義爲"奇異、奇怪"。《說文》："怪，異也。"桂馥注："凡奇異非常皆曰怪。"《尚書·禹貢》："鈆松怪石。"孔穎達疏："怪石，奇怪之石。"又《山海經·南山經》："又東三百八十里曰猨翼之山。其中多怪獸，水多怪魚。"郭璞注："凡言怪者，皆謂貌狀倔奇不常也。"由於"奇異、奇怪"往往是超出一般、不同尋常的，進而引申出程度副詞用法，表程度高，"甚"義。

程度副詞"怪"，《漢語大字典》《漢語大詞典》均舉《聊齋志異》例爲始見書證。似晚。此用法在明代《金瓶梅詞話》中已見，如：

（1）因前夜喫了火酒，喫得多了，嗓子兒怪疼的要不得，只喫些茶飯粉湯兒罷。（《金瓶梅詞話》第五十四回）

（2）今早心腹裏，都覺不十分怪疼了。（同上）

（3）還是前日那根兒，下首裏只是有些怪疼，我教他爹對任醫官說，稍帶兩服丸子藥來我喫。（第七十六回）

例（1）"怪"修飾動補短語"疼的要不得"，例（2）"怪"與程度副詞"十分"連用修飾"疼"，例（3）"怪"與程度副詞"有些"連用修飾"疼"。明代"怪"的使用頻率還不高，組合功能也很單一。我們僅在《金瓶梅詞話》裏發現以上幾例。

清代以後，程度副詞"怪"逐漸多起來，如《醒世姻緣傳》8例、《聊齋俚曲集》12例、《紅樓夢》27例、《兒女英雄傳》25例。此期"怪"可修飾形容詞、動詞（短語）和固定短語等。"怪"修飾形容詞，如：

（4）張大說小瓦甌子，給我擦擦腿上這血，瓦甌子說俺不，怪髒的。（《聊齋俚曲集·牆頭記》第四回）

（5）鶯兒道："這麼遠，怪熱的，怎麼端了去？"（《紅樓夢》第三十五回）

（6）公子只得過來，作了個揖，那姨奶奶也拜了一拜，笑道："好個少爺，長的怪俊兒的！"（《兒女英雄傳》第十五回）

（7）誰知他來了，避貓鼠兒似的站了半日，怪可憐的。（《紅樓夢》第五十六回）

（8）褚大娘子便合鄧九公道："大爺請到我們那院裏，我張羅他去罷，我瞧他在這裏怪拘束的。"（《兒女英雄傳》第十五回）

（9）我心裏只合你老人家怪親香的，就想認你老人家作個乾

娘，因爲關著我妹夫子這層續嬤嬤親戚，我總覺我不配。（又，第三十二回）

（10）在他只不過爲那掙幾兩銀子，<u>怪</u>可憐不大見兒的，及至我看了那個胖子的頑小旦，才知北京城小旦另有個頑法兒。（又，第三十二回）

例（4）—（6）中"怪"修飾單音形容詞；例（7）—（10）中"怪"修飾雙音形容詞。

"怪"修飾動詞（短語），如：

（11）昨日我合他大舅散了，弟兄兩個喫到那昝晚，我倒<u>怪</u>喜歡的。（《醒世姻緣傳》第五十八回）

（12）寶玉笑道："這個話，你們兩個都在那上頭睡了，我這外邊沒個人，我<u>怪</u>怕的，一夜也睡不著。"（《紅樓夢》第五十一回）

（13）<u>怪</u>不得老太太疼你，眾人愛你伶俐，今兒我也<u>怪</u>疼你的了。（又，第四十二回）

（14）你看看，黃澄澄的，<u>怪</u>愛人兒。（《兒女英雄傳》第九回）

（15）寶玉笑道："咱兩個作什麼呢？<u>怪</u>沒意思的。也罷了，早上你說頭癢，這會子沒什麼事，我替你篦頭罷。"（《紅樓夢》第二十回）

（16）再說萬金難買的是好朋友，你們老弟兄們耳鬢廝磨的在一塊子，這一散，也<u>怪</u>沒趣兒的。（《兒女英雄傳》第二十一回）

（17）論那個人兒啊，本來可真也說話兒甜甘，待人兒親香，<u>怪</u>招人兒疼的。（又，第三十九回）

（18）就只我這倆媳婦兒，熱廝忽喇兒的，一時都離開我，我倒有點兒<u>怪</u>捨不得的。（又，第四十回）

上例（11）"怪"修飾雙音節動詞，例（12）修飾單音節動詞；例（13）—（16）修飾動賓短語，其中前二例爲心理動詞帶賓語，後二例爲存現動詞帶賓語；例（17）修飾兼語短語；例（18）修飾動補短語。

清末以來"怪"繼續使用，雖然其使用頻率一直不高，卻沿延續至現代漢語之中。

表 5 – 8　　　　　　　清末以來程度副詞"怪"的使用情況

語料來源 副詞	海上花列傳	老殘遊記	官場現形記	駱駝祥子	北京人	圍城	編輯部的故事	汪曾祺自選集	皇城根
怪	3	4	4	19	7	2	6	8	11

呂叔湘（1999：238）認爲"'怪…'的後邊一般要用'的'"。我們發現，程度副詞"怪"在修飾形容詞、動詞時一般遵守這個規則。但"的"有時也可不用：一是"怪"與其他程度副詞連用的時候，助詞"的"可不用，如例（2）、例（3）；二是用於動補結構之前時，"的"（得）用於句中，與用在句末"怪……的"亦有所不同，如例（1）。"怪"修飾動補短語，再補幾例如下：

（19）我很不原意喫他，怪煩的慌。（《老殘遊記》第四回）

（20）趙大架子又搖頭，說："心上怪膩的慌，不能喫了。"（《官場現形記》第三十二回）

（21）你們也不看，怪吵得慌。（《編輯部的故事·侵權之爭》下）

三是在曲文等語體中，有時爲了尋求節奏工整，"的"也能省去不用，如《聊齋俚曲集》。《聊》中程度副詞"怪"12 例，分別修飾"髒、爽利、好看、生疼、懶耽（2 例）、冷落、喜歡、愛笑、想家（2 例）、得意"，除"怪髒"後使用"的"外，見例（4），其餘均不使用。如：

（22）戴上鬆髻和紅箍，自家覺著怪好看，這椿東西拿發人，怎麼仔覺著屋子裏床沿沒處站。（《琴瑟樂》）

（23）從新來到房中坐，淡寞索的怪冷落。（同上）

（24）身段嬌，皮肉細，自家看得怪得意，摸摸下邊那一椿，咦，這件寶貝該出世。（同上）

（25）本等心裏怪愛笑，人臉前頭放下臉，一遭一遭瑣碎人，想是拿著俺當聘纂。（同上）

（26）笑著出堂前，笑著出堂前，上了轎子就怪喜歡，那人在家中，不知怎麼盼。（同上）

上面例（22）、（23）、（24）"怪"修飾形容詞，例（25）、（26）"怪"修飾動詞。

此外，我們還發現"怪"修飾動詞（短語）不使用"的"的少量用例，如：

（27）揪拔了頭面，卸剝了衣裳，長籲短氣，怪惱。（《醒世姻緣傳》第十一回）

（28）先是兩串百子響鞭，"劈劈拍拍"，震的怪響。（《海上花列傳》第四十回）

（29）上半天倒覺得這怪有個意思，趕到過午，因有點疲乏，就覺出討厭，也頗想找誰叫罵一場。（《駱駝祥子》第十四回）

（30）李三也不容易，怪難爲他。（汪曾祺《故里雜記·李三》）

生

"生"，本指長出、生長。《說文》："生，進也。"如《詩經·大雅·卷阿》："梧桐生矣，於彼朝陽。"引申出"出生"義，如《孟子·離婁下》："舜生於諸馮，遷於負夏，卒於鳴條。"又引申出"生來的、天生的"義，如《論語·季氏》："孔子曰：'生而知之者，上也；學而知之者，次也；困而學之，又其次也。困而不學，民斯爲下矣！'"事物或人的特徵、性質是"生來的、天生的"的，那麼這些性質、特徵必定很突出，因此"生"又引申出程度副詞用法，"甚"義。"生"用作程度副詞，較早見於唐代，如：

（1）生憎帳額繡孤鸞，好取門簾帖雙燕。（唐·盧照鄰《長安古意》）

（2）生怕雷霆號澗底，長聞風雨在牀頭。（唐·曹唐《鶗劍》）

此期"生"的使用頻率不高，組合上基本只能修飾心理動詞"憎""怕"等。"生"在宋代依然不多，主要修飾心理動詞，如：

（3）才做，便要忘了，生怕有意見。（《朱子語類》卷一二四）

（4）生怯輕寒料峭，悶絕相思無人問。（《絕妙好詞·樓采·二郎神》）

元代以後，"生"除了修飾心理動詞外，偶見修飾形容詞的情況，如：

（5）我只見山長水遠天如鏡，又生怕誤了你途程。（元·馬致遠《破幽夢孤雁漢宮秋》第四折）

（6）不是竇娥忤逆，生怕旁人論議。（元·關漢卿《感天動地竇娥冤》第二折）

（7）（太醫云）著這一個老人家喫將下去，（糊突蟲云）叫喚起滿肚裏生疼。（元·劉唐卿《降桑椹蔡順奉母》第二折）

（8）（背云）我在那裏戴一戴，頭腦<u>生</u>疼起來。（元·施惠《幽閨記》第九出）

例（5）、（6）修飾心理動詞，例（7）、（8）修飾形容詞。

明清時期，"生"的使用稍多，但組合上仍不豐富。修飾形容詞以"疼"爲主，修飾動詞主要是少數心理動詞，如"怕""恐"等。如：

（9）到晚夕，煎紅花湯喫下去，登時滿肚裏<u>生</u>疼，睡在炕上，教春梅按在身，只情揉揣。（《金瓶梅詞話》第八十五回）

（10）卻說素姐得人解救，扶進臥房，次日害胸膈脹悶，脖項<u>生</u>疼，不曾起來梳洗，也不曾喫飯，足足睡了一日。（《醒世姻緣傳》第七十八回）

（11）這婆子<u>生</u>怕打攪了事，自又添錢去買好酒好食、希奇果子來，殷勤相待。（《金瓶梅詞話》第三回）

（12）無奈他此時是凝心靜氣，聚精會神，<u>生</u>怕錯了過節兒，一定要答拜回禮。（《兒女英雄傳》第二十四回）

（13）賈環<u>生</u>恐落後也就有了。（《紅樓夢》第七十八回）

（14）一時傳到店主人耳中，那店主人本是個老經紀，他見那女子行跡有些古怪，公子又年輕不知庶務，<u>生</u>恐弄出些甚麼事來，店中受累，便走到公子房中，要問個端的。（《兒女英雄傳》第五回）

現代漢語裏"生"繼續使用，但使用頻率依然不太高，組合上仍以修飾少數形容詞和心理動詞爲主。茲不舉例。

挺

"挺"，本爲動詞，"拔出，舉起"義。《說文》："挺，拔也。"如《國語·吳語》："被甲帶劍，挺鈹搢鐸。"引申出"直立、伸直"義，如《周禮·考工記·弓人》："於挺臂中有柎焉，故剽。"又《荀子·勸學》："雖有槁暴，不復挺者，輮使之然也。"在此基礎上引申出"甚"義。程度副詞"挺"產生於清代初期，如：

（1）摸他身上，如水冰般冷，手腳挺硬。（《醒世姻緣傳》第八十回）

（2）寄姐那幾日雖然嘴裏挺硬，心裏也十分害怕。（又，第八十二回）

程度副詞"挺"最初多用於"硬"之前。由於虛化的程度還不高，"挺"用於"硬"之前，多少還具有描寫的性質。

清代晚期以後，"挺"進一步虛化，原來的描寫性質基本消失。如：

（3）公子道："是個挺大的大狸花貓。"（《兒女英雄傳》第六回）

（4）不但我不認得他，這個人來得有點子酸溜溜，還外帶著挺累贅。（又，第十七回）

（5）他道："挺長挺深的一個大口子，長血直流的呢！"（又，第三十一回）

（6）俺三姨家北門離民塾挺近，北門外大街鋪子又整齊，所以街後兩個小塾都不小，聽說是一丈三的頂。（《老殘遊記》第十四回）

總的來看，"挺"在清代的使用頻率還不高。句法上以修飾單音節形容詞爲主，如例（3）、例（5）、例（6），用於複音詞之前僅1例，如例（4）。

現代漢語裏，"挺"的使用頻率大幅提高。程度副詞"挺"在一些現代漢語語料的使用情況如表5-9：

表 5 −9

語料來源　副詞	駱駝祥子	北京人	編輯部的故事	汪曾祺自選集	皇城根	妻妾成群
挺	6	3	85	52	73	5

在組合關係上，此期"挺"既可修飾形容詞和形容詞短語，又可修飾動詞和動詞短語。"挺"修飾形容詞時，除修飾單音形容詞外，還可修飾複音形容詞和形容詞的否定形式。各舉 1 例如下：

（7）今年那壽木倒是漆得挺好的。（《北京人》第一幕）

（8）這棍子既不重，又不輕，敲在腦袋上暈暈糊糊的挺舒服；暈倒的時間正好是十五分鐘。（《萬壽寺》第一章）

（9）上海老頭家裏挺不錯，但是他愛在外面逛，在小酒館喝酒。（汪曾祺《安樂居》）

"挺"修飾動詞和動詞短語，如：

（10）文清，剛才我已經跟你的懆表妹說了，看她樣子倒也挺高興。（《北京人》第三幕）

（11）誒，李東寶，平常看著你說話辦事兒心挺硬的，怎麼真趕上點兒事兒，還是個挺傷感的人哪。（《編輯部的故事·飛來的星星》）

（12）眼睛很明，可沒有什麼表情，老是那麼亮亮的似乎挺有精神，又似乎什麼也沒看見。（《駱駝祥子》二十）

（13）我們大夥兒都挺惦記她的。（《編輯部的故事·人民幫人民一把》）

例（10）、（11）"挺"修飾心理動詞，例（12）、（13）"挺"修飾動詞短語。

呂叔湘（1999：532）認爲：“表示程度相當高，但比‘很’的程度低。用於口語。‘挺’所修飾的形容詞、動詞後面常常帶‘的’。”這點與程度副詞“怪”相近，但我們調查部分現代漢語語料發現，“挺”與“怪”在這點上又不完全相同，“怪”之後以帶“的”爲常，而“挺”之後使用“的”的情況並不佔優勢。具體統計情況如表 5－10 所示：

表 5－10

語料來源 用法	駱駝祥子	北京人	編輯部的故事	汪曾祺自選集	皇城根	妻妾成群	合計
使用“的”	0	1	49	9	18	4	81
不使用“的”	6	2	36	43	55	1	143

滿　蠻

“滿”，本義爲“充盈、佈滿”。《說文》：“滿，盈溢也。”如《莊子・天運》：“在穀滿穀，在阬滿阬。”成玄英疏：“乃穀乃阬，悉皆盈滿。”引申爲“飽滿、充實”。如《呂氏春秋・審時》：“後時者，莖葉帶芒而末衡，穗閱而靑零，多秕而不滿。”“飽滿、充實”一般指實物，當用於抽象性狀詞語之前時，“滿”就虛化出程度副詞用法。程度副詞“滿”始見於淸代，共 9 例[1]。如：

（1）酒肉賠著滿歡喜，那有這樣混賬貨！（《聊齋俚曲集・俊夜叉》）

（2）張二說誰想咱爹滿有錢。（又，《墻頭記》第二回）

“滿”在現代漢語中仍使用，如：

（3）趕到那天就落氣了！聽說兩口兒感情滿好呢。（沙汀

---

① 表3－3將“滿”“漫”一並統計爲“滿”。

《老煙的故事》)

　　(4) 包袱裏找得一雙精緻的草鞋，細絨繩作的絆結，滿新的。(艾蕪《人生哲學的一課》)

　　(5) 我覺得對他滿不錯的。(《編輯部的故事·誰是誰非》)

　　(6) 水是不往外鑽了，看起來也滿像那麼一回事，——然而，這牢靠麼？(汪曾祺《看水》)

　　"滿"的使用頻率一直不高，是一個方言詞。據《漢語方言大詞典》調查，"滿"分佈於現代漢語的東北官話、冀魯官話、膠遼官話、中原官話、晉語、西南官話、吳語和贛語之中。

　　近代漢語裏"滿"還可作"漫"，《聊齋俚曲集》見6例。如：

　　(7) 老蠢才，真是呆，自家挤搋著漫自在。(《姑婦曲》第二回)

　　(8) 這人眼也漫俗，他坐監的時節，人都說方娘子俊的忲也嫩，沒厚福。(《富貴神仙》第二十一回)

　　(9) 俺嫂子漫會嘮，我老實不會叨，誰能弄那花花哨。(《牆頭記》第三回)

　　(10) 趙鬼子說拿不著人漫怕他；明明在家，怕他怎的！(《富貴神仙》第十九回)

　　在例 (7)、 (8) 中"漫"修飾形容詞，例 (9) 修飾動詞，(10) 修飾動賓短語。

　　"蠻"，本指荒野遙遠，不設法制的地方。舊指我國古代南方的民族，亦指一切少數民族。《說文》："蠻，南蠻，蛇種。"《書·禹貢》："五百里荒服，三百里蠻，二百里流。"孔傳："以文德蠻來之，不制以法。"孔穎達疏："鄭云，蠻者聽從其俗，羈縻其人耳，故云蠻。"在中國古代社會裏，北方民族的文明程度明顯高於南方，"蠻"字常含有貶義色彩，因此又引申出"蠻橫、粗野"義，如《初刻拍案驚奇》卷二九："又恐怕張幼謙出去，被他兩家氣頭上蠻打壞了。"又《水滸傳》第三十一回："店主人道：'也不曾見你這個出家人恁地蠻法！'"由於"蠻橫、粗野"並不是人類贊同的行爲方式，是對超出人們所能接受的行爲的一種心理評價，因此"蠻"由此引申出程度副詞的用法，"甚"義。程度副詞"蠻"出現時間較晚，明末清初才開始使用，用例還不多，我們僅在《醒世姻緣傳》發現2例：

（11）三間高高的門樓，當中蠻闊的兩扇黑漆大門。（第五回）

（12）二人穿著大紅縐紗麒麟補服，雪白蠻闊的雕花玉帶，拖著牌穗印綬，搖擺進去了。（同上）

這是我們發現"蠻"使用最早的兩個例句。不過，"蠻"出現以後並沒有得到迅速發展，如《醒》之後的《聊齋俚曲集》《紅樓夢》《兒女英雄傳》等文獻中尚未發現任何用例。不過，這種局面在清末以後得到部分改變，如《海上花列傳》，"蠻"在該書中使用非常頻繁，共174例①，可修飾形容詞、動詞及其短語，如：

（13）倪末道仔俚瞎說，陸裏曉得故歇倒撥俚算得蠻准。（第五十五回）

（14）人是倒蠻聰明。（第十二回）

（15）倘然耐故歇說得蠻高興，耐轉去仔，屋裏倒勿許耐，阿是耐要間架哉嘎？（第五十五回）

（16）倪要是說差仔，得罪仔趙大少爺，趙大少爺自家也蠻會說哚，阿要啥攪掇嘎？（第二回）

（17）愛珍道："耐腳浪著來哚倒蠻有樣子。"（第十一回）

---

① 可能與"蠻"的方言性質有關。

程度副詞 "蠻" 修飾形容詞很常見，如在例（13）、（14）中分別修飾單、雙音節形容詞，又可修飾動詞及其短語，如在例（15）、（16）、（17）中分別修飾心理動詞、助動詞、動賓短語。

"蠻" 還可重疊使用，修飾形容詞，如：

（18）年紀末輕，蠻蠻標緻個面孔，就是一身衣裳也著得價清爽，真真是耐好福氣。（第二十一回）

（19）是個娘姨采仔一朵荷花，看見個曡，隨手就扳，剛剛扳著蠻蠻大個金鯉魚，難末大家來浪看。（第三十七回）

現代漢語裏，"蠻" 使用仍不多，如：

（20）不過據他自己說，年輕時他是蠻漂亮的。（汪曾祺《星期天》）

（21）他非但不會生氣，甚至蠻愛聽，只是不便往裏摻和就是了。（《皇城根》）

"蠻" 的使用範圍有限，《漢語大詞典》《漢語大字典》《現代漢語詞典》（第5版）等權威工具書將其認定爲方言詞。據《漢語方言大詞典》收錄 "蠻" 分佈於中原官話、江淮官話、西南官話、吳語、湘語、贛語、客話和土話之中。

第六章

程度副詞系統的發展特點

語言在繼承的基礎上不斷發展變化，在這一過程中既有舊有成分漸趨衰亡退出語言舞台，又有新質要素逐漸產生進入語言系統，因此不同歷史時期的語言面貌必然存在著或多或少的差異。程度副詞與人類認知密切相關，民族的融合、社會的進步、思維的發展都會在其發展過程中留下印記。程度副詞是一個相對封閉的系統，我們在前面章節對古代漢語程度副詞的面貌及句法功能進行了較爲詳細的描寫和討論。本章將在此基礎上，探討程度副詞系統在歷史發展過程中表現出來的基本特點和規律。歸結起來，主要有穩定性、發展性、不對稱性和差異性等幾個方面。

第一節　穩定性

語言是在繼承的基礎上向前發展的，共時面貌是歷時沉積的結果。程度副詞系統發展的穩定性主要表現在程度副詞在歷史發展過程中具有較高的繼承率和高使用率兩方面。

高繼承率，一方面指繼承的程度副詞佔前期程度副詞總數的比例很高，如上古程度副詞共 42 個，其中 38 個爲中古所繼承，繼承率爲90.48％，可見絕大多數的上古程度副詞至中古仍在繼續使用；同樣，大部分中古程度副詞又沿用到近代漢語中，中古程度副詞共 114 個，其中 63 個爲近代漢語所繼承，繼承率爲55.26％。雖然中古和近代這兩個時期的繼承率都比較高，但顯然后者遠低於前者。造成這種差異的原因，我們認爲主要是與各個時期語言性質、面貌特徵的不同有關。中古以後口語和書面語開始分離，雖然此期出現了一些口語性較強的語料，但仍有不少文獻是文言和口語成分交織在一起的，因此上古程度副詞大多數都沿用下來，中古繼承率就比較高。正如柳士鎮（2001）所指出的："（中古漢語。引者按）語法發展的特點主要表現爲自上古至近代的過渡，舊有形式仍然大量使用，消亡者只是少數；新興形式已經陸續產生，但有待於進一步鞏固發展，確立優勢。因而整個中古時期反映了新舊語法形式的交替，諸多語法形式的萌芽或發展，至近代時期得到鞏固流行，從而逐漸奠定現代漢語語法的基礎。"與中古相比，近代漢語面貌又發生了顯著變化，一些具有文言色彩的程度副詞基本不再使用，因此近代的繼承率相對低一些。另一方面，高繼承率又指繼承的程度副詞在中古和近代程度副詞系統中所佔的比例很高，而且這些繼承而來的成員有很高的使用頻率。我們在前面章節已對此問題有較詳細的描繪，這裏只將中古和近代的繼承、新興程度副詞及其使用情況加以對比，見表 6－1、6－2。

表 6－1　　　中古漢語對上古漢語程度副詞的繼承及其使用情況

使用情況 副詞	繼承上古				中古新興				合計	
	詞數	比例 （％）	使用量	比例 （％）	詞數	比例 （％）	使用量	比例 （％）	詞數	使用量
最類	6	33.33	2224	95.82	12	66.67	97	4.18	18	2321
太類	2	40	145	58.70	3	60	102	41.30	5	247
甚類	15	36.59	5074	86.65	26	63.41	782	13.35	41	5856
更類	10	28.57	1024	78.95	25	71.43	273	21.05	35	1297
略類	5	33.33	188	46.77	10	66.67	214	53.23	15	402
	38	33.33	8655	85.50	76	66.67	1468	14.50	114	10123

表 6－2　　　近代漢語對中古漢語程度副詞的繼承及其使用情況

使用情況 副詞	繼承前期				近代新興副詞				合計	
	詞數	比例 （％）	使用量	比例 （％）	詞數	比例 （％）	使用量	比例 （％）	詞數	使用量
最類	11	61.11	3705	96.48	7	38.89	134	3.52	18	3840

續表

使用情況 副詞	繼承前期				近代新興副詞				合計	
	詞數	比例 （％）	使用量	比例 （％）	詞數	比例 （％）	使用量	比例 （％）	詞數	使用量
太類	2	20	683	65.05	8	80	367	34.95	10	1050
甚類	23	33.33	4876	59.77	46	66.67	3267	40.33	69	8143
更類	19	44.19	1936	65.32	24	55.81	1028	34.68	43	2964
略類	8	44.44	989	53.96	10	55.56	844	46.04	18	1833
	63	39.87	12190	68.37	95	60.13	5640	31.63	158	17830

從表6-1和表6-2可看出，無論是中古還是近代時期，都有不少程度副詞是從前期繼承而來的。作爲沿用成員，它們仍是中古或近代漢語程度副詞的重要組成部分。中古漢語繼承上古漢語的程度副詞共38個，佔中古程度副詞總數（114個）的33.33％，近代漢語繼承前期的程度副詞63個，佔近代程度副詞總數（158個）的39.87％。也就是說，中古和近代漢語程度副詞系統中大約有三分之一的成員是前期文獻中使用的，另外三分之二爲新興成員。

如果以三分之一作爲標準來衡量和考察中古程度副詞次類的發展更迭情況，就會發現最類（33.33％）、甚類（36.59％）、更類（28.57％）和略類（33.33％）程度副詞的繼承比例與三分之一很接近，而太類（40％）則高出此平均數較多。究其原因，主要在於最類、甚類、更類和略類在中古時期都有大量新興成員出現，數量遠超其沿用部分；而太類是程度副詞中最爲"保守"、最不發達的次類，特別是上古和中古時期，上古太類程度副詞只有"太""已"兩個，且它們全部被中古漢語所繼承，中古新興的太類程度副詞也不過"過""傷"和"太傷"三個，因此中古太類程度副詞的繼承率自然就高出其他類別。

近代漢語沿用成員所佔比例爲39.87％，略高於中古的33.33％。就其次類來看，最類程度副詞的比例最高（61.11％），太類最低（20％）。這一時期新興的最類程度副詞均爲前期程度副詞的組合形式，數量增加並不迅速，而且沒有新增單音節的最類程度副詞，這是造成最類程度副詞沿用比例最高的主要原因；雖然太類程度副詞在上古、中古數量不多，沿用的也僅有"太"和"過"2個，但近代卻出現了不少新面孔，如"太過於""太於""太煞""何太""忒""忒煞""忒太"和"過於"等，因此近代時期太類程度副詞的沿用比例最低；甚類程度副詞的沿用比例爲33.33%，與中古基本持平；更類和略類程度副詞的沿用比例分別爲44.19%和44.44%，略高於中古。

程度副詞系統發展的高繼承率是由語言自身的性質決定的。我們知道，語言是人類最重要的交際和思維的工具，與人類的生產、生活以及整個社會的發展都密切相關。在新舊成員交替的時候，人們的交際不能中斷。這就決定它的發展只能採取漸變的方式，而不可能發生突變。新質要素的產生和舊質要素的衰亡是同時進行的，新舊成員之間必然有一個並存的過程，因此語言的發展變化必然要具有一定的穩定性。程度副詞是人類表達情感的重要手段，在社會生活中具有十分重要的地位。程度副詞隨著時代的變化和社會的進步而發展，這就要求它一方面必須保持一定的穩定性，保證人們交際的順利進行，另一方面又要進行必要的調整，以期更好反映社會的進步和認識的發展。

沿用前期程度副詞的使用頻率也是系統穩定性的一個重要表現。據調查，無論是中古還是近代，沿用成員的使用頻率均高於新興成員。在我們重點調查的文獻中，中古繼承上古的38個程度副詞共使用8655次，佔中古程度副詞總用例（10123次）的85.50%；近代繼承中古的63個程度副詞共使用12190次，佔近代漢語程度副詞總用例（17830次）的68.37%。而在這些沿用的程度副詞中，尤以最類程度副詞的使用頻率爲高，中古爲95.82%，近代爲96.48%，這與其主要成員的使用情況有關。"極""最"和"至"從古至今都是最類程度副詞的三個最主要成員，雖然它們之間的內部關係發生了一些變化，但使用頻率一直很高，它們使用於整個古代漢語階段，上古時期三詞所佔比例之和爲92.98%，中古爲89.93%，近代爲88.62%，這就保證了沿用的最類程度副詞始終保持著極高的使用頻率；沿用的太類、甚類、更類和略類程度副詞也有較高的使用比例，中古時期分別爲 58.70%、86.65%、78.95% 和 46.77%，近代時期分別爲 65.05%、59.77%、65.32% 和 53.96%。

　　沿用前期程度副詞的使用頻率高於新興成員，這與漢語詞彙發展的特點有關。新興程度副詞從產生到成熟總需要一個過程，在這個過程中，部分程度副詞經受住了歷史的考驗而保留下來，成爲漢語基本詞彙，使用頻率也逐漸上升，而其他一些成員在使用過程中則走向衰亡，它們的使用頻率是逐步下降的。而承襲上古或中古漢語的不少程度副詞往往具有很強的生命力，是漢語詞彙的基本成員，它們一般都具有很高的使用頻率。因此，中古以後新興程度副詞的數量雖然已經超過了沿用詞語，但其中的不少成員的使用頻率仍不高。

第二節　發展性

　　程度副詞系統的發展性主要表現在中古和近代時期新興程度副詞的大量湧現和使用以及程度副詞形態的複音化兩個方面。發展迅速是漢語程度副詞的顯著特徵之一，中古以後新興程度副詞的大量湧現和廣泛使用。語言的發展總是與社會的發展密切相關，中古時期社會紛爭四起，人民流離失所，漢族與北方少數民族大規模融合，佛教也在此期傳入中國，這些都爲語言的發展提供了良好的條件。因此，程度副詞在中古時期獲得了巨大發展，如表 6-1 所示，中古新興程度副詞共 76 個，佔此期總數（114 個）的 66.67%，新興成員在中古漢語程度副詞中所佔比例之高可見一斑。不過，具體到各個次類則略有差別，中古新興的太類程度副詞所佔比例稍低，爲 60%，這與漢語太類程度副詞不夠發達有關，詳見 "穩定性" 相關內容；中古新興的最類、甚類、更類和略類程度副詞，所佔比例均超過三分之二，分別爲 66.67%、63.41%、71.43% 和 66.67%。就使用頻率來看，中古新興的 76 個程度副詞共出現 1468 次，佔中古程度副詞總用例（10123 次）的 14.50%。

　　程度副詞在近代時期又發生了巨大變化，一些中古時期使用但生命力不強的程度副詞在此期被淘汰，同時又增添了眾多新興成員。程度副詞數量呈迅速增長之勢，不僅出現了很多的單音詞，更有數量眾多的複音詞在近代湧現。如表 6－2 所示，近代新興程度副詞共 95 個，佔此期總數（158 個）的 60.13%。新興副詞在近代時期所佔比例存在一些差異，最類、太類、甚類、更類和略類程度副詞分別爲 38.89%、80%、66.67%、55.81% 和 55.56%。近代 95 個新興程度副詞共使用 5640 次，佔近代程度副詞總用例（17830 次）的 31.63%。與中古相比，近代時期新興程度副詞所佔的比重已有較大的提高。

　　由單音詞走向複音詞，是漢語詞彙發展的一個重要特徵。毫無例外，程度副詞也經歷了這樣一個複音化的過程，即程度副詞系統由上古時期以單音詞爲主向中古以後以複音詞爲主的發展過程。

表 6－3　　　　　　　　不同時期的單、複音節程度副詞統計

		上古漢語			中古漢語			近代漢語		
		單音詞	複音詞	合計	單音詞	複音詞	合計	單音詞	複音詞	合計
最類	數量	7	1	8	5	13	18	6	12	18
	比例（%）	87.5	12.5	100	27.78	72.22	100	33.33	66.67	100
太類	數量	2	0	2	4	1	5	3	7	10
	比例（%）	100	0	100	80	20	100	30	70	100
甚類	數量	12	4	16	25	16	41	28	41	69
	比例（%）	75	25	100	60.98	39.02	100	40.58	59.42	100
更類	數量	7	4	11	8	27	35	9	34	43
	比例（%）	63.64	36.36	100	22.85	77.15	100	20.93	79.07	100
略類	數量	5	0	5	8	7	15	6	12	18
	比例（%）	100	0	100	53.33	46.67	100	33.33	66.67	100
合計	數量	33	9	42	50	64	114	52	106	158
	比例（%）	78.57	21.43	100	43.86	56.14	100	32.91	67.09	100

　　從表 6－3 可以看出，上古漢語程度副詞以單音詞爲主，複音詞

在詞彙系統中的比重遠低於單音詞，即上古複音程度副詞共 9 個，佔此期總數（42 個）的 21.43%；中古、近代時期，複音詞發展迅速，在程度副詞系統中所佔比重越來越高。中古共 64 個，佔此期總數（114 個）的 56.14%；近代漢語共 106 個，佔此期總數（158 個）的 67.09%。

　　雖然程度副詞發展的总体趨勢是由單音詞爲主向複音詞爲主發展，但其下屬次類在複音化過程中的發展速度卻不盡相同。據表 6–3可發現，更類程度副詞的複音化速度比其他類別都要快，更類複音副詞在上古、中古、近代漢語的比例分別爲 36.36%、77.15%、79.07%，它們远高於同期平均數；最類程度副詞的複音化速度僅次於更類，複音詞在上古時期僅佔最類程度副詞的 12.5%，但中古、近代複音詞發展迅速，比例分別爲 72.22%、66.67%；略類程度副詞上古時期未見複音詞，中古以後複音形式有較快發展，中古比例爲 46.67%，近代比例爲 66.67%；漢語太類程度副詞不太豐富，上古未見複音形式，中古複音詞的比例也不高，爲 20%，近代有較大發展，比例爲70%；古代漢語中甚類單音節程度副詞一直較多，複音詞的發展速度不及其他類別迅速，上古雖已見複音詞，但發展緩慢，中古比例爲 39.02%，僅高於太類，近代比例爲 59.42%，成爲程度副詞中複音詞比例最低的次類。

　　如果我們從中古、近代新興的複音詞來考察，則可進一步看出程度副詞複音化的趨勢。複音化是漢語詞彙發展的基本規律，我們認爲程度副詞的複音化實質就是新興詞彙的複音化。調查發現，中古和近代時期，新興的程度副詞以複音詞爲主，如中古漢語新興程度副詞共 76 個，其中複音詞 56 個，所佔比例爲 73.69%；近代漢語新興的程度副詞共 95 個，其中複音詞 79 個，所佔比例爲 83.14%。這表明，中古和近代新興程度副詞中複音詞已佔絕大多數，單音詞所佔的比重已很小。而且時代越晚，複音詞在新興程度副詞中所佔的比重越高，單音詞的比重越低①。新興程度副詞中複音詞的比重越高，那麼漢語複音化的程度就會越高。

　　不過，具體到程度副詞各個次類，不同時期新興複音詞的使用情況也存在一些差異，見表6-4。

表6-4　　　　　　　　　　新興程度副詞中單、複音詞對比

		中古新興			近代新興		
		單音詞	複音詞	合計	單音詞	複音詞	合計
最類	數量	0	12	12	1	6	7
	比例（％）	0	100	100	14.29	85.71	100
太類	數量	1	2	3	1	7	8
	比例（％）	33.33	66.67	100	12.5	87.5	100
甚類	數量	14	12	26	12	34	46
	比例（％）	53.85	46.15	100	26.09	73.91	100
更類	數量	2	23	25	1	23	24
	比例（％）	8	92	100	4.17	95.83	100
略類	數量	3	7	10	1	9	10
	比例（％）	30	70	100	10	90	100
合計	數量	20	56	76	16	79	95
	比例（％）	26.31	73.69	100	16.84	83.14	100

　　從表6-4可看出，新興的甚類程度副詞中複音詞所佔的比例低於其他類別，中古爲46.15％，近代爲73.91％。主要原因在於這些新興成員的來源不同，無論是在中古還是近代漢語時期，新興的甚類程度副詞中有很多成員是直接從單音實詞虛化而來的，而不是採用並列連文或附加式構成（具體見下文討論部分），因此新興甚類程度副詞中複音詞的比例較低；反觀中古、近代新興的最類、太類、更類和略類程度副詞，它們多採用同義連文等形式構成複音詞，因此這些類

─────────

　　① 上文講到中古漢語複音詞佔程度副詞總數的比例爲56.14％，近代漢語複音詞佔程度副詞總數的比例爲67.09％，它們與新興複音詞在中古和近代的比例73.69％和83.14％分別相差十多個百分點。這也說明新興程度副詞中複音詞的比重更高。

別複音詞的比例就高。

　　要之，穩定性和發展性在程度副詞發展過程中是一個對立統一體。從單個的次類來看，如果程度副詞的穩定性很強，那麼它的發展性就會受到影響，即發展變化不太明顯，如太類程度副詞；反之，如果某類程度副詞的穩定性弱，那麼它的發展性就會比較顯著，即發展變化相對迅速，如最類和更類程度副詞。

　　此外，程度副詞複音化的發展還表現在構詞方式的複雜化上。

　　先秦以降，漢語複音化的趨勢一刻也未停止，複音詞數量在各個時期均有增加。王力（1980：344）認爲："漢語複音詞的構成主要分爲三大類：（一）連綿字；（二）詞根加詞頭、詞尾；（三）仂語的凝固化。"董秀芳（2002：23）認爲"雙音詞有三個主要來源：一是從短語變來，這是雙音詞的最主要的來源；二是從由語法性成分參與組成的句法結構固化而來；三是由本不在同一句法層次上而只是在綫性順序上相鄰接的成分變來。"

　　我們根據程度副詞的意義和句法特徵，並結合馬真（1980、1981）和曹廣順（1984）等學者判定複音詞的標準，統計漢語複音程度副詞共143個[①]。從構詞法上看，漢語程度副詞有複合詞，其構

---

　　① 漢語複音程度副詞共143個，包括不同時期的所有複音程度副詞（若某詞可在不同時期使用時，只計一個；某詞有不同用法，則計算爲幾個詞，如"多少"既可表程度高，又可表示程度低，因此分別計爲"多少$_1$""多少$_2$"），它們是：倍常、倍復、倍更、倍加、倍益、倍自、不方、不勝、大段、大故、大甚、大爲、大小大、第一、第一最、多麼、多少$_1$、多少$_2$、非不、非常、非常最、非分、非甚、分外、更倍、更復、更加、更是、更爲、更益、更愈、更轉、過於、好不、好生、何等、何其、何太、極大、極其、極甚、極是、極爲、極爲甚、加倍、加倍更、儘自、絕絕、可煞、老大、略略、略爲、略小、彌復、頗頗、頗甚、頗爲、煞是、稍更、稍稍、稍少、稍小、稍益、稍自、少少、少微、少小、深是、深爲、深自、甚倍、甚大、甚極、甚加、甚生、甚是、甚爲、甚爲大、盛自、十分、殊大、殊自、太過於、太煞、太傷、太於、忒煞、忒太、特地、特地更、痛自、萬般、萬分、微微、無妨、小小、些微、雅自、一何、益大、益發、益復、益更、益加、益自、異常、異樣、尤更、尤加、尤絕、尤其、尤爲、尤益、有點、有些、愈發、愈更、愈極、愈加、愈甚、愈益、愈自、越發、越加、越是、越益、越越、至爲、轉倍、轉大、轉更、轉加、轉加大、轉爲、茲益、滋益、最差、最大、最第一、最極、最甚、最是、最爲。

詞方式包括並列式、偏正式、動賓式、重疊式、分析式、縮略式和其他式七種①，又有派生詞，採用附加式構成新的程度副詞，共有八種。在不同時期，程度副詞的數量和構詞方式都發生了不小的變化。

表6-5　　　　　　　　　　程度副詞構詞方式對照

		並列式	偏正式	動賓式	重疊式	分析式	縮略式	其他式	附加式	合計
上古	數量	6				2			1	9
漢語	比例（%）	66.67				22.22			11.11	100
中古	數量	40			2	3			19	64
漢語	比例（%）	62.50			3.13	4.69			29.69	100
近代	數量	40	7	4	7	7	1	7	33	106
漢語	比例（%）	37.73	6.60	3.77	6.60	6.60	0.94	6.60	31.13	100

在不同的歷史時期，複音程度副詞在數量差別很大，其中上古9個，中古64個，近代106個，而且不同時期的構詞方式上也有所不同。按其構詞方式將漢語程度副詞臚列如下：

並列式

上古漢語：甚大、殊大（甚類）；愈益、益大、尤益、滋益（更類）

中古漢語：最差、最大、最極、最第一、第一最、極大、極甚、極爲甚（最類）；太傷（太類）；甚大、甚爲大、大甚、尤絕、殊大（甚類）；益大、益更、益加、稍益、尤益、更倍、更加、更益、更

---

① 向熹（1993上：515）認爲複音詞有"超層次的複音詞"一類，並指出，"這類詞大都是通過用典而形成的。兩個語素意義上並無聯繫，也不在同一語法層次"。楊榮祥（2005：94）認爲副詞有很多"重新分析式"合成副詞，構成此類合成副詞的兩個語素之間，根本沒有直接的結構關係，但二者在線性序列上總是相連出現，便逐漸凝固爲一個雙音節副詞。這種雙音節副詞是通過語法結構重新分析形成的。葛佳才（2005：60）認爲向、楊兩位先生所指的那些副詞可看作是從句中截取某些部分凝固而成的，故稱這種構詞法爲"截取法"。我們從楊說，將這類詞稱爲"分析式詞"，因爲這種說法可以較好地反映這些程度副詞的來源。另外，有些詞語，我們暫時還無法弄清楚其構詞方式，姑且將它們歸爲"其他式"之中，如近代漢語的"不方""非甚""可煞"等。

愈、稍更、愈加、愈甚、愈益、倍加、倍更、倍益、甚倍、轉倍、轉更、茲益、尤加（更類）；稍少、稍小、少小、略小、多少$_2$（略類）

近代漢語：極甚、甚極、最甚、非常最（最類）；太過於、太煞、何太、忒煞、忒太（太類）；大小大、頗甚、老大、多少$_1$（甚類）；更加、更轉、特地更、尤更、越加、越益、愈更、愈極、愈加、愈益、益大、益更、益加、轉大、轉更、轉加、轉加大、加倍、加倍更、甚加、尤加、倍加、茲益（更類）；略小、少微、些微、多少$_2$（略類）

偏正式：

近代漢語：大段、大故、十分、何等、萬分、萬般、分外（甚類）

動賓式：

近代漢語：異樣、非常、異常（甚類）；倍常（更類）

重疊式：

中古漢語：稍稍、小小（略類）

近代漢語：絕絕（最類）；頗頗（甚類）；越越（更類）；略略、稍稍、少少、微微（略類）

分析式

上古漢語：何其、一何（最類）

中古漢語：何其、一何（最類）；不勝（甚類）

近代漢語：過於（太類）；好不、不勝、何其、一何（甚類）；有些、有點（略類）

縮略式：

近代漢語：太於（太類）

其他式：

近代漢語：不方、非不、非分、非甚、無妨、可煞、可煞是（甚類）

附加式：

上古漢語：最爲（最類）

　　中古漢語：最是、最爲、至爲、極爲、第一（最類）；甚爲、尤爲、深爲、深自、殊自、盛自、雅自、痛自（甚類）；益自、益復、彌復、更復、愈自、倍復（更類）

　　近代漢語：極其、極是、極爲、最是、最爲、至爲、第一（最類）；甚是、甚生、甚爲、大爲、好生、深是、深爲、深自、煞是、尤其、尤爲、儘自、頗爲、多麼、特地（甚類）；更是、更爲、越發、越是、愈發、愈自、益發、轉爲、倍自（更類）；略爲、稍自（略類）

　　上古漢語已有不少複音節詞，這是學界的共識。上古時期複音詞雖有一定程度的發展，但其數量還不多。複音詞大量產生和發展是中古漢語詞彙發展的重要特點，此期新興的程度副詞中多數多是複音詞，也證明了這一點。近代漢語複音詞得到更爲迅速的發展，產生的新詞中複音詞佔絕對優勢，且複音詞的增長速度遠超過上古和中古時期。根據學者的研究，漢語複音詞的構詞方式從古至今越來越豐富，但最主要的還是並列式和偏正式，其他方式如動賓式、補充式、重疊式等都不太發達。

　　從古至今，複音程度副詞的數量不斷增加，構詞方式越來越豐富，這與漢語複音化的趨勢保持一致。從數量上看，上古漢語複音程度副詞已經出現，共 9 個；中古漢語共 64 例，數量有大幅度提高；近代漢語複音詞進一步發展，共 106 個。從構詞方式上看，上古程度副詞構詞方式較爲單一，只有並列式、派生式和分析式三種，中古漢語除這三種方式外，又出現了重疊式，近代漢語的構詞得到更大發展，出現了偏正式、動賓式、縮略式等構詞方式。

　　除了具備漢語複音化的一般特點外，程度副詞的複音化又有其自身的一些特點。構詞方式上，並列式是上古程度副詞最主要的構詞方式，而且中古、近代時期並列式仍是程度副詞中最能產的一類。向熹（1993 上：415）認爲："聯合式複音詞（即並列式複音詞。引者按）主要是爲了提高漢語表達的明晰度和精確度而產生的。構成聯合式複合詞的各個詞素本來都是可以獨立運用的單音詞，各有表達某一概念或某一語法意義的功能，由於它們構成聯合式復合詞，則是把兩個詞素的意義固定在某一共同的義位上，從而加強詞義的單一性和明確性；兩個詞素彼此也可以起一種互相注釋的作用。"具體到程度副詞而言，它與人類的認知心理有密切關係。認知語言學的"象似性原則"告訴我們，語言結構形式的複雜程度，與概念領域所反映事物的複雜程度象似，即概念領域反映的事物特徵或關係越複雜，用以表現它的結構形式也就越複雜。人們爲了表達更加強烈的感情或者程度，人們往往要將同義、近義或反義的程度副詞並列使用，因此並列式在程度副詞構詞中一直扮演著最重要的角色。並列式在上古、中古和近代漢語中分別佔複音程度副詞總數的 66.67%、62.50% 和 37.73%。

　　偏正式是漢語最能產的複音構詞方式之一，上古漢語偏正式複音詞數量已經比較常見，不過此期絕大多數是名詞，極少動詞，形容詞和副詞幾乎沒有。中古偏正式主要還是名詞，只有少數動詞和形容詞。近代以後才出現偏正式程度副詞，但數量不多，共 7 個，佔近代複音程度副詞總數的 6.60%。我們認爲偏正式程度副詞數量一直不多與這種構詞方式的特點有關。偏正式複音詞的前後兩個語素之間多爲偏正關係，前一語素修飾、限定後一語素，二者共同表達一個新的概念，因此偏正式複音詞絕大多數爲名詞，很少有其他詞類。程度副詞在上古、中古時期未產生這類複音詞，一直到近代漢語才出現，也是情理之中的事。

　　動賓式在漢語中是能產性較差的一種構詞方式，雖然它在上古漢語已經產生，但大多是名詞，只有少數是動詞。中古以後動賓式的使用範圍雖較上古廣泛一些，但數量仍不多，且以名詞和動詞爲主，未見程度副詞。近代漢語動賓式有一定增長，且程度副詞也出現了這種構詞方式。近代複音程度副詞共 4 個，佔總數的 3.77%。

　　重疊式是由兩個相同的音節構成複音詞的構詞方式。上古漢語裏重疊詞已經相當豐富，它們在《詩經》《楚辭》等文獻中大量使用。不過，上古漢語的重疊詞多是擬聲、繪色的狀態形容詞，還有少數疊音名詞，尚未出現重疊式程度副詞。中古漢語重疊詞仍以形容詞爲主,疊音名詞、動詞還不多見,此期疊音程度副詞雖已出現,但數量很少,僅"稍稍"和"小小"2個。近代漢語重疊詞較多,發展較快,重疊式程度副詞也有所增加,共7個。

向熹(1993上:515)認爲中古漢語出現了"超層次的複合詞",而根據我們的調查,實際上古漢語使用的程度副詞"何其""一何"就是這種重新分析式構詞的萌芽。除繼承上古時期的"何其""一何"外,中古時期又出現了1個分析式程度副詞"不勝"。近代以後分析式詞得到了較大發展,共7個,佔近代複音程度副詞的6.60%。

縮略式複音詞在中古漢語已經出現,就程度副詞而言,一直到近代漢語時期才出現,且只有"太於"1例。近代漢語時期出現的"不方""非不""非分""非甚""無妨""可煞"和"可煞是"等7個,現無法確定其構詞方式,暫歸爲其他式。

附加式複音詞也叫派生詞,有前加式和後加式兩種。根據調查發現,附加式程度副詞主要指後一種①。程度副詞的詞綴化既與古代漢語副詞有着相同之處,也存在不少差別。古代漢語使用的程度副詞詞綴有"爲、是、自、復、其、發、地、生、麼"9個,漢語里一些經常用來構成其他類別副詞的後綴,如"乎、然、爾、個(箇)、可"等卻不能構成程度副詞,而"發、麼"等常用於程度副詞的後綴,又少見於其他類別副詞之中。就構詞能力來看,"自""復"是程度副詞和他類副詞都常用的後綴,而"爲""是"則經常用來構成程度副詞,少見於其他副詞。(具體見上文列舉部分)

副詞的詞綴化(詞尾化)問題已有學者進行過探討,如志村良治(1995:71—83)指出:"在副詞複音化現象中,最活躍的是詞尾化。"並認爲"從整體上看,中古時期(指魏晉至唐末五代。引者按)'～自''～爲''～在''～地''～來''～然''～經''～復''～是'等詞尾化的現象極爲明顯。"太田辰夫(2003:249)列舉的副詞後綴有"然、來、是、爲、也、且、而、乎、在、其、經"

---

① 前加式程度副詞不多,只見"第一"1個,且使用頻率不高。

11 個。楊榮祥（2005b：121—122）指出："志村良治和太田辰夫列舉的這些成分有的確實是副詞詞尾，但有些卻不能看作副詞詞尾，同時又有一些副詞詞尾他們沒有提到。"參照其他學者的研究成果，楊先生提出確認副詞後綴的基本原則是：第一，和前面的詞根語素緊密地結合在一起，構成一個合成副詞，與詞根語素只有位置上（後附）的關係，沒有意義上的關係；第二，不再具有實在的詞彙意義，主要作用是使前面的單音節詞根語素複音節化；第三，能附加於不同的詞根語素構成副詞。根據這個原則，他認爲上古漢語沒有副詞後綴，東漢六朝開始出現了一些帶後綴的合成副詞，近代漢語中，又續有新的副詞後綴產生。在其調查的近代漢語語料中，副詞後綴共有 10 個，它們是"乎、然、爾、生、自、復、其、地、個（箇）、可"。楊先生提出的判定原則具有很高的理論價值，我們將它作爲認定程度副詞後綴的標準。

程度副詞詞綴化有一個由簡單到複雜的過程，上古時期後加式程度副詞很少，只有"最爲"1 個；中古時期後加式程度副詞也得到迅速發展，共 19 個，佔中古程度複音副詞總數的 29.69%，主要原因是此期詞綴"自""復"的大量使用和具有程度副詞特色的詞綴"爲"和"是"也獲得了長足發展；除沿用前期的後綴外，近代漢語又新增了"其""生""地""發""麼"等，後加式程度副詞也增至 33 個，佔近代程度複音副詞總數的 31.13%。附加式程度副詞數量眾多，這是程度副詞構詞的又一特點[①]。

第三節　不對稱性

程度副詞在歷時發展過程中發生了重大變化，這些變化既有詞語

[①]　楊榮祥（2005b：414）指出："在整個漢語發展史，副詞詞尾不太發達，詞幹加詞尾構成的副詞在合成副詞總數中所佔比例很小。"根據我們的調查，顯然程度副詞的情況並非如此。

的更迭，也有構詞方式的發展。就程度副詞系統內部來看，各類詞語發展變化的速度有快有慢，使用頻率有高有低，歷時演變呈現出不對稱性。以下從主要成員的演變、主導詞的更替以及單、複音詞使用頻率的對比等方面，來探討程度副詞發展的不對稱性問題。

一　主要成員的演變和主導詞的更替

程度副詞各個次類的主要成員不盡相同，主導詞不斷發生更替，發展變化的速度不一，表現出不對稱性。

（一）最類程度副詞

最類程度副詞的主要成員一直比較穩定。上古漢語"至""最""極"三個詞是該類的主要成員，這種局面一直維持到近代漢語。不過，三者關係在不同時期卻並不相同，即在不同歷史時期，"最""至"和"極"在使用頻率的對比上發生了一些變化。上古時期"至"的使用頻率最高，但越到後來"至"的使用頻率越低；而"最"和"極"的情況正好與之相反。

"至"在上古漢語使用274例，佔該期最類總數的60.09%；"最"次於"至"，共114例，佔該期最類的25%；"極"在此三詞之中使用最少，36例，佔此期最類的7.89%。

中古以後，"最""極"的使用頻率一舉超越"至"，"最"爲874例，佔中古最類總數的37.66%，"極"有613例，佔中古最類的26.41%；而"至"爲577例，比例爲24.86%，位居"最""極"之後。而且中古時期，由"最""極"構成的複音詞也大量出現，如由"最"構成的有"最差、最大、最極、最是、最爲、最第一、第一最"等，由"極"構成的有"極大、極甚、極爲、極爲甚"等，而由"至"構成的僅"至爲"一個。

近代以後"最""極"繼續保持領先的位置，"至"的比例繼續下降，與前二者的差距進一步拉大。此期"極"成爲最常用的最類程度副詞，所佔比例爲39.53%，"最"所佔比例爲29.69%，而"至"的使用比例則降至19.40%。

（二）太類程度副詞

太類程度副詞的數量明顯少於其他類別的程度副詞，如上古漢語僅"太、已"2個，中古漢語有"太、太傷、過、已、傷"5個，近代漢語有"太、太過於、太於、太煞、何太、忒、忒煞、忒太、過、過於"10個。

正是由於太類程度副詞數量不多，內部成員之間競爭不強，從而使"太"不僅一直在太類程度副詞中擁有絕對優勢，而且成爲漢語各期使用頻率最高的太類副詞。"太"在上古、中古和近代漢語中所佔的比例分別爲59.41%、42.91%和58.10%。

（三）甚類程度副詞

甚類是程度副詞裏數量最多的一個類別，其主要成員也不斷地進行調整。上古漢語使用最多的是"大"和"甚"，中古除了"大"和"甚"之外，"頗$_1$"和"尤"也有較高的使用頻率，近代以後"大、甚、越、越發"幾個詞使用較多。

"大"和"甚"一直是甚類中使用最多的兩個程度副詞，但又不是一成不變的，它們的變化主要體現在兩個方面：一是"大"和"甚"的對比關係發生了變化，即上古時期"大"的使用頻率略高於"甚"，但中古以後"甚"超越了"大"，這種局面一直保持到近代漢語；二是"大"和"甚"雖從古到今是最常用的甚類程度副詞，但它們在甚類程度副詞體系中所佔的比例卻越來越小。具體來說，"大"在三個時期的比例分別爲：42.33% > 28.13% > 18.18%（">"表示高於），"甚"在三個時期的比例分別爲：41.29% > 40.11% > 26.22%。"大""甚"使用頻率的下降與新興甚類程度副詞的競爭有關，如中古的"頗$_1$""尤"等，近代的"好""十分"等都有較高的使用頻率，它們的大量使用降低了"大"和"甚"在甚類程度副詞中的比例。

（四）更類程度副詞

與其他類別相比，更類程度副詞的主要成員和主導詞發展變化的速度更爲迅速。上古更類程度副詞的主要成員是"愈""彌""益"

和“滋”等，它們所佔的比例分別爲38.98%、17.35%、15.10%和13.27%；中古漢語的主要成員是“益”“彌”“更”和“愈”，它們所佔的比例分別爲22.59%、19.91%、15.57%和14.03%。兩相對比，更類程度副詞主要成員的變化有三：一是“益”和“彌”使用頻率增加，成爲最常用的兩個更類程度副詞；二是“更”在上古時期剛剛萌芽，用例甚少，中古以後使用頻繁，所佔比例僅次於“益”和“彌”；三是“愈”的使用頻率大幅下降，退於“益”“彌”和“更”之後。

近代漢語更類的主要成員是“更”“越”“越發”和“愈”等，它們所佔的比例分別爲44.16%、11.36%、15.71%和10.85%。與前期相比，更類程度副詞主要成員的變化主要有：一是“更”繼續保持強勁的發展勢頭，成爲近代漢語更類程度副詞的主導詞；二是“越”和“越發”兩詞在此期新興並獲得了較大的發展，成爲最常用的成員之一；三是“益”“彌”和“愈”的使用頻率下降，尤以“益”和“彌”下降顯著。至此，現代漢語更類程度副詞的格局已基本形成。

（五）略類程度副詞

略類程度副詞的主要成員發展變化較快，不同時期的主要成員存在較大的差異。上古時期主要成員是“頗$_2$”和“少”，中古時期是“稍”“小”“微”和“少”，而近代時期則變爲“略”“較”“有些”和“稍”。略類的主導詞上古爲“頗$_2$”，中古爲“稍”，近代爲“略”。

據上面分析可知，漢語史上最類、太類程度副詞的主要成員基本保持不變，而甚類的主要成員變化也不大，而更類和略類變化較爲迅速。就主導詞而言，太類未變，一直用“太”；甚類主導詞在上古是“大”，中古以後是“甚”；而其他三類變化較大。其中最類在上古爲“至”，中古爲“最”，近代爲“極”；更類上古爲“愈”，中古爲“益”，近代爲“更”；略類上古爲“頗$_2$”，中古爲“稍”，近代爲“略”。

二　單、複音詞使用頻率的不對稱

中古以後，程度副詞中複音詞的數量已超過單音詞。（詳見前文）不過，漢語程度副詞的使用一直是以單音詞爲主，單音詞使用頻率遠高於複音詞。

表6-6　　　　單、複音程度副詞在不同時期的使用情況

副詞\用法		單音詞		複音詞		合計
		使用頻率	所佔比例（%）	使用頻率	所佔比例	使用頻率
上古漢語	最類程度副詞	448	98.25	8	1.75	456
	太類程度副詞	170	100	0	0	170
	甚類程度副詞	1327	98.37	22	1.63	1349
	更類程度副詞	480	97.97	10	2.04	490
	略類程度副詞	147	100	0	0	147
中古漢語	最類程度副詞	2115	91.12	206	8.88	2321
	太類程度副詞	246	99.60	1	0.40	247
	甚類程度副詞	5681	97.01	175	2.99	5856
	更類程度副詞	1199	92.44	98	7.56	1297
	略類程度副詞	380	94.53	22	5.47	402
近代漢語	最類程度副詞	3609	93.98	231	6.02	3840
	太類程度副詞	951	90.57	99	9.43	1050
	甚類程度副詞	6177	75.86	1966	24.14	8143
	更類程度副詞	2187	73.79	777	26.10	2964
	略類程度副詞	1356	73.98	477	26.02	1833

從表6-6可看出，上古時期程度副詞的各個次類單音詞的使用頻率都在90%以上，如最類98.25%，太類100%，甚類98.37%，更類97.97%，略類100%；而中古以後複音詞的使用頻率有所增加，與之相應，此期單音詞所佔的比重隨之下降，如最類91.12%，太類99.60%，甚類97.01%，更類92.44%，略類94.53%；近代以後，複音詞增長幅度加快。不過，它們的比例仍與單音詞有很大差距，單

音詞的使用情況分別爲最類 93.98% 、太類 90.57% 、甚類 75.86% 、更類 73.79% 、略類 73.98% 。

圖 6 - 1 較好地反映了單、複音詞在不同時期的消長情況。

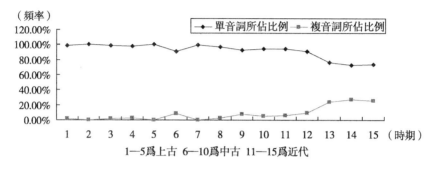

圖 6 - 1

"1—5 爲中古" "6—10 爲中古" "11—15 爲近代" 分別反映上古、中古、近代的最類、太類、甚類、更類和略類程度副詞的使用情況。由圖 6 - 1 可看出，上古複音副詞所佔的比重是相當微弱的；中古時期複音副詞的使用稍有起色，與上古已有些不同，複音詞所佔的比例略高於上古；而近代漢語複音詞所佔比例已有顯著提高。與之相對應，單音詞所佔的比例逐步下降。

第四節　差異性①

程度副詞系統發展的差異性既表現在不同程度副詞發展演變的速度上，又表現爲程度副詞組合功能的強弱等兩方面。此外，由於文獻資料自身性質的特點和差異，它們使用的程度副詞也往往會有所不同。對于前兩種情況，我們已在前文相關章節進行論述，這裏只談第三種情況。

漢語歷史文獻浩如煙海，爲我們進行歷史語法研究提供了大量的

---

①　本節曾以《從程度副詞看中土文獻與漢譯佛經的差異》，刊於《泰山學院學報》（2012 年第 1 期），收入本書時又作了較大的改動。

寶貴資料。但各個時期文獻資料的數量和性質並不是相同的，反映在程度副詞上也不盡相同，主要表現爲不同性質的語料中程度副詞的使用狀況表現出不小的差異性。

　　佛教是以口口相傳的形式傳播的，特別是早期佛經，基本上是選用當時人們口頭都說的那些詞語，大多沒有明確的避俗意識，因此，佛經的口語性已爲學者們所認同，是我們研究漢語史必不可少的資料。但漢譯佛經與中土文獻相比，亦存在不少差異，這一問題早已爲人們所關注，梁啟超（2001：198—199）感言：“吾輩讀佛典，無論何人，初展卷必生一異感，覺其文體與他書迥然殊異……凡此皆文章構造形式上，畫然辟一新國土。質言之，則外來語調色彩甚濃厚，若與吾輩本來之‘文學眼’不相習，而尋玩稍進，自然一種調和之美。”朱自清、葉聖陶、呂叔湘（1980：82—83）亦有非常精彩的論述：“翻譯佛經的文體跟正統文言有點不同，比較接近口語。……可是佛經又跟其他接近口語的文體不同，……它的特有風格最初也許是由於翻譯（正像現代的翻譯作品一樣），可是後來中國佛教徒的著作也都採取這種筆調，甚至文人一時遊戲也有模仿佛經的。這種風格最顯明的特點是愛用‘四字句’，就是四字一頓，不一定是語法上的所謂‘句’。大概是譯經的人有意這麼安排，爲的是便於熟讀。……有些停頓似乎是八個字的或十二個字的，這是因爲我們是依照文義去點斷的，在讀慣佛經的人，他會每逢四個字給它一個停頓，不管意義上斷得下斷不下。……以四字句爲主的風格產生一些後果。有些地力，一個意思連用兩個意義相同或相近的字，例如：‘往昔，造作，即便，必可，皆盡，咳唾，每常、皆悉，膽勇。’有些地方加用不必需的虛字，尤其是本來頗有彈性的‘而’字，‘之’字，‘於’字，例如：‘云何頃來而不造作……’‘而問之言’，‘我不欲下二重之屋’，‘而得造彼第二之屋’、‘以是之故’，‘勝於餘人’。也有與此相反，似乎應該有虛詞而硬省了的，例如：‘若唾地者’，‘出口落地’，‘即欲人中’，‘遮不聽前’。”其後，學者對此問題又有了進一步的認識。朱慶之（1992a：15）認爲：“漢文佛典的語言從整體上來看是一種既非純粹口語又非一般文言的特殊語言變體，我們不妨稱之爲佛教混合漢語。"朱先生（2001）又指出："佛教混合漢語（Buddhist Hybrid Chinese），簡稱佛教漢語（BHC），指的是以翻譯佛典的語言爲代表的漢文佛教文獻的語言。這種語言無論在詞彙還是在語法方面，都與其他漢語文獻有較爲明顯的不同，可以看作是漢語歷史文獻語言的一個非自然產生的獨特變體。""可以大膽假設的是，漢譯佛經語言是一種與當時的書面語和口語都有一些距離，並令當時的讀者有些陌生和不習慣的語言。""佛教混合漢語與其他中土文獻語言有明顯的差別，是一種非自然產生的獨特變體，這主要表現在兩種混合上，一是漢語與大量原典語言成分的混合，二是文言文與大量口語俗語和不規範成分的混合。"

因此，我們在研究漢語特別是中古漢語的時候，一方面應該把佛經和中土文獻結合起來，這樣得出的結論纔會更全面准確，另一方面也要注意二者的比較研究，因爲通過比較，不但可以辨清兩種語料語言上的差異，更重要的是可以通過這種共時的對比發現語言歷時的變化。近年來，佛經和中土文獻的語言對比研究，已引起學者們越來越多的重視，取得了不少显著性成果①。基於此，本節擬對中古佛經和中土文獻程度副詞的使用情況加以對比，以發現兩種語料在程度副詞使用上的異同，相同之處可以呈現中古漢語程度副詞的部分面貌，不同之處則反映了兩種語料存在的具體差異。對這些差異加以辨析，從中弄清中古程度副詞發展變化的一些特點。

將中古佛經與中土文獻的程度副詞進行對比，主要有六種類型：（1）兩種文獻都使用的上古程度副詞；（2）中土文獻使用而佛經不用的上古程度副詞；（3）中土文獻不用而佛經使用的上古程度副詞；（4）兩種文獻都使用的中古新興程度副詞；（5）中土文獻使用而佛經不用的中古新興程度副詞；（6）中土文獻不用而佛經使用的中古

---

① 主要有朱慶之（1992a、1992b、2001）、胡敕瑞（2002）、陈秀兰（2003、2004a、2004b）等。

新興程度副詞。以下分別敍述。

一　兩種文獻都使用的上古程度副詞

中古漢語繼承了爲數不少的上古漢語程度副詞，其中佛經和中土文獻均使用的程度副詞有 23 個，它們是：最、最爲、至、極、絕、太、甚、大、尤、深、良、殊、何其、一何、盛、益、彌、更、愈、滋、加、少、小。這些程度副詞在兩種語料中的分佈情況又不盡相同，一類是在兩種語料中都有較高的使用頻率，且沿用至近代漢語，如[①]：

極

（1）南郡極熱之地，其人祝樹樹枯，唾鳥鳥墜。（《論衡·言毒》）

（2）孔琳之書天然放縱，極有筆力，規矩恐在羊欣後。（《南齊書·王僧虔傳》）

（3）時二人中，一者念言："甘蔗極甜，若壓取汁，還灌甘蔗樹，甘美必甚，得勝於彼。"（《百喻經》，4/545b）

（4）昔佛在時衆生厭惡，善根種子極易生芽。（《大莊嚴論經》，4/293c）

尤

（5）賴侍中史丹護太子家，輔助有力，上亦以先帝尤愛太子，故得無廢。（《漢書·成帝紀》）

（6）休銳意於典籍，欲畢覽百家之言，尤好射雉，春夏之間常晨出夜還，唯此時舍書。（《三國志·吳書·三嗣主傳》）

（7）太子睹妻哀慟尤甚。（《六度集經》，3/10a）

---

① 我們在前面已對這些程度副詞有所論述，故本節不對所有成員的使用情況逐一展開討論，而只是選取一批具有代表性的成員加以對比，以發現兩種文獻程度副詞的使用特點及規律，進而說明程度副詞系統在發展過程中表現出來的差異性問題。其餘幾類亦如此。

（8）譬如世間飲酒之夫，耽荒酗酒，作諸放逸，見人呵責，
返生尤嫉。（《百喻經》，4/545a）

與中土文獻相比，佛經更傾向用那些使用頻率呈上升趨勢的程度
副詞，反之少用。如：

更

"更"是中古漢語發展最快的更類程度副詞，它在中土文獻中大
量使用，如：

（9）莽以私鑄錢死，及非沮寶貨投四裔，犯法者多，不可勝
行，乃更輕其法。（《漢書·實貨志》）

（10）今羽已孤迸，更宜存之以爲權害。（《三國志·魏書·
趙儼傳》）

"更"在佛經文獻的使用頻率也很高，遠超過其他更類程度副
詞，如：

（11）猶如世人不知佈施有報無報，而行少施，得生天上，
受無量樂。方更悔恨，悔不廣施。（《百喻經》，4/556b）

（12）如遠行人，困苦疲極，乃飲咸水，更增其渴。（《佛本
行集經》，3/762c）

愈

中古時期"愈"的使用頻率大幅下降，用例多見於中土文
獻，如：

（13）漢十二年，上從擊破布歸，疾益甚，愈欲易太子。
（《漢書·張良傳》）

（14）世祖即位，使掌國史，除竟陵王征北諮議參軍，領記

室，愈不得志。(《南齊書·謝超宗傳》)

而在佛經文獻中卻很少使用，在調查語料中僅發現 1 例：

（15）太子睹之，若幻難可久保，處世假借，必當還主，臥者縱橫，猶如死屍，愈不樂焉。(《六度集經》，3/41c)

一些使用頻率不高但一直沿用到現代漢語的程度副詞，在佛經和中土文獻中也都見用，如：

絕

（16）汝等恭肅淨施飯食，具設眾味當令絕美。(《佛說成具光明定意經》，15/452a)

（17）濟從騎有一馬絕難乘，少能騎者。(《世說新語·賞譽》)

加

（18）末利夫人素服而出，在眾人中猶如日月，倍好於常。王意悚然加敬問曰："有何道德？炳然有異。"(《法句譬喻經》，4/585b)

（19）誠歲餘以來，所苦加侵，日日益甚，……不然，必置溝壑。(《漢書·元後傳》)

個別程度副詞主要用於中土文獻，而佛經文獻很少使用，近代以後走向消亡，如：

小

"小"主要見於中土文獻，如：

（20）劉爾日殊不稱，庾小失望，遂名之爲"羊公鶴"。(《世說新語·排調》)

（21）又與葶藶丸下水，當時如<u>小</u>差，食飲過度，腫復如前，胸脅苦痛，象若奔豚，其水揚溢，則浮咳喘逆。（《金匱要略方論》第十四）

程度副詞“小”用於佛經不多，且主要用於“差”（“病好”義）之前，如：

（22）即答王言：“逢見死人，遂致不樂，數年<u>小</u>差。”（《修行本起經》，3/467a）

（23）阿闍世王則言：“蒙大恩而得<u>小</u>差。”（《阿闍世王經》，15/401b）

見於兩種文獻的上古程度副詞，其使用情況如表6-7所示①：

表 6-7

副詞來源 使用	中土文獻	佛經文獻	近代情況	副詞來源 使用	中土文獻	佛經文獻	近代情況
最	+	+	+	何其	+	+	+
最爲	+	+	+	一何	+	+	+
至	+	+	+	盛	+	+	+
極	+	+	+	益	+	+	+
絕	+	+	+	彌	+	+	+
太	+	+	+	更	+	+	+
甚	+	+	+	愈	+	+	+
大	+	+	+	滋	+	+	+
尤	+	+	+	加	+	+	+
深	+	+	+	少	+	+	+
良	+	+	+	小	+	+	-
殊	+	+	+				

① 表中以“+”表示“使用”，“-”表示”不用”。下同。

二　中土文獻使用而佛經不用的上古程度副詞

中土文獻使用而佛經不用的上古程度副詞有 13 個，它們是：已、殊、大、孔、窮、丕、重、尤益、愈益、茲益、頗₂、偏、略、差₂。僅見於中土文獻的這類程度副詞，在上古時期的使用頻率一般都不高，如：

（24）太祖迎天子都許，遺攸書曰："方今天下大亂，智士勞心之時也，而顧觀變蜀漢，不已久乎！"（《三國志·魏書·荀攸傳》）

（25）神監孔昭，嘉是柔悛。（《宋書·樂志二》）

（26）昧旦丕承，夕惕刑政。（《南齊書·樂志》）

這些程度副詞有些主要運用於上古漢語，中古以後使用頻率下降，如"已""孔"和"丕"等，至近代漢語以後則基本消亡；另有一些雖然沿用到近代漢語，但使用頻率一直不高，如：

（27）永熙年中，平陽王即位，造磚浮圖一所，是土石之工，窮精極麗。（《洛陽伽藍記·城西·大覺寺》）

（28）單于愈益欲降之，乃幽武置大窖中，絕不飲食。（《漢書·蘇建傳》）

（29）今天下略定，後伏先誅。（《三國志·魏書·劉曄傳》）

中土文獻使用而佛經不用的上古程度副詞，其使用情況如表 6-8 所示：

表 6-8

副詞來源 / 使用	中土文獻	佛經文獻	近代情況	副詞來源 / 使用	中土文獻	佛經文獻	近代情況
已	+	−	−	愈益	+	−	+

續表

副詞來源 使用	中土 文獻	佛經 文獻	近代 情況	副詞來源 使用	中土 文獻	佛經 文獻	近代 情況
殊大	+	-	-	兹益	+	-	+
孔	+	-	-	頗₂	+	-	-
窮	+	-	+	偏	+	+	+
丕	+	-	-	略	+	-	+
重	+	-	-	差₂	+	-	+
尤益	+	-	-				

三　中土文獻不用而佛經使用的上古程度副詞

這類程度副詞不多，僅"甚大"和"益大" 2 個並列式合成詞①，它們的使用頻率都不太高，只有"益大"沿用至近代漢語，且只見於變文。如：

（30）七日既滿，<u>甚大</u>歡喜。（《撰集百緣經》，4/208a）

（31）魔見三女還，皆成老母，<u>益大</u>忿怒。（《修行本起經》，3/471a）

---

① 黃增壽（2005a、2005b：40－43）對"甚大"的來源及發展歷史作過較爲詳盡的考察。黃文認爲："'甚大'作狀語是翻譯佛經中獨特的語法現象。"我們認爲"甚大"在語言中出現和使用，一方面與其他並列形式的程度副詞如"最大""最極""極大"等一樣，都是爲了滿足語義表達的需要，即疊用表達更強烈的程度；另一方面與句法格式也不無關係，中古以來詞語的複音化趨勢越來越明顯，而佛經又日漸使用"四字一句"的格式，而"甚大"正好符合"2＋2"的格式要求，因此"甚大"大量出現在佛經文獻之中。不過，我們在上古文獻發現了一例"甚大"修飾動詞的句子，即《荀子·禮論》："彼其所至者，甚大動也；案屈然已，則其於志意之情者惆然不嗛，其於禮節者闕然不具。"此例中"甚大"與佛經中"甚大"用法一致，均爲並列結構。此外，黃認爲"甚大"不能變換爲"大甚"形式，我們在佛經中檢得一例，即《道行般若經》："若設美飯以毒著中，色大甚好而香，無不喜者，不知飯中有毒。""大甚"亦爲並列結構。

　　中土文獻使用而佛經不用的上古程度副詞，其使用情況如表6－9所示：

表6－9

副詞來源 / 使用	中土文獻	佛經文獻	近代情況
甚大	－	＋	－
益大	－	＋	＋

　　綜合以上三種情況可以看出，繼承上古漢語而來的程度副詞，在佛經和中土文獻中的表現有同有異。相同之處在於那些使用頻率呈上升趨勢的成員，它們一般在兩種文獻都使用；那些上古漢語已經產生，一直沿用到現代漢語之中的程度副詞，雖然使用頻率不高，但一般也會在佛經和中土文獻中都有反映。我們認爲使用頻率高和使用時間長是一個程度副詞發展成熟的標誌，前一種程度副詞，如“極”“甚”“尤”“更”等，顯然具備了這兩方面的條件，而它們也正是中古漢語程度副詞系統的中堅力量。中古佛經和中土文獻在這點上表現出較強的一致性，即主要成員基本一致。

　　不同之處在於那些使用頻率呈下降趨勢或正走向消亡的程度副詞，它們多用於中土文獻，而少見於佛經文獻。我們認爲，造成這種現象的主要原因可能源於佛經和中土文獻口語程度的不同。一般認爲，漢代以後漢語口語和書面語開始分離。在這種情況下，中古語料的語言成分呈現出比較複雜的狀態，即此期正統的詩文、史書、某些文人著述等大都很少或者幾乎不反映口語，口語性較差。而翻譯佛經、小說、民歌等語料又較多地吸收了當時的口語性成分，相應地它們反映口語的程度就較高。正如汪維輝（2000：17）所指出的：“綜觀東漢魏晉南北朝時期的文獻典籍，我覺得有兩個主要特點：一是反映口語的程度不太高；二是口語成分常常和文言成分交織在一起。因此語料的語言成分較爲複雜。”

　　具體到程度副詞，一方面是翻譯佛經主要以口頭宣講的形式傳播，它的口語性是不容置疑的，因此它必然首先選擇那些口頭常用的、人們熟悉的程度副詞，而那些日常少見、漸趨消亡甚至帶有仿古色彩的程度副詞則少用或不用；另一方面，中土文獻自身的情況也很複雜，既有《世說新語》這樣口語性較強的文獻，也有史書等口語性稍弱的語料，因此中土文獻中既有使用頻率很高的程度副詞，也有一些沿用上古而來、使用頻率不高或漸趨衰微的程度副詞。

四　兩種文獻共同使用的中古新興程度副詞

佛經和中土文獻共同使用的中古新興程度副詞有 17 個，它們是：極爲、過、甚爲、頗₁、深爲、深自、特、何、痛、轉更、稍稍、微、益更、益加、更倍、倍加、轉。其中一些使用頻率較高的程度副詞一直沿用至近代漢語，如：

極爲

（32）色香美味皆悉具足，極爲清淨。（《大莊嚴論經》，4/291b）

（33）復聞一臣道，外沙門被殺者多所有者少，極爲懊惱，悶絕躄地。（《阿育王傳》，50/107c）

（34）齊性奢綺，尤好軍事，兵甲器械極爲精好，……蒙沖鬥艦之屬，望之若山。（《三國志·吳書·賀齊傳》）

（35）家業富盛，性又華侈，衣被服飾，極爲奢麗。（《南齊書·褚炫傳》）

微

（36）太子曰："自生佈施未嘗微悔。吾以許焉，爾無違矣。"（《六度集經》，3/9c）

（37）後妃觀之，厥心微喜。（又，3/46c）

（38）但以脈自微濇，在寸口，關上小緊，宜針引陽氣，令脈和緊去則愈。（《金匱要略方論》第六）

（39）嘗夜與國寶、雅相對，帝微有酒色，令喚珣，垂至，已聞卒傳聲，國寶自知才出珣下，恐傾奪要寵，因曰："王珣當今名流，陛下不宜有酒色見之，自可別詔召之。"（《世說新語·讒險》）

還有一些程度副詞使用頻率不高，部分沿用至近代漢語，但使用頻率依然不高，如：

益更

（40）今者威顏，益更鮮澤。（《撰集百緣經》，4/217a）

（41）伯父茂度每譬止之，敷益更感慟，絕而復續。（《宋書·張邵傳》）

倍加

（42）王聞語已生歡喜之心，倍加恭敬，作禮而去。（《阿育王傳》，50/128c）

（43）吾甚憐愛，倍加開獎。（《顏氏家訓·勉學》）

還有部分則在近代時期消失，如：

痛

（44）已身中更苦痛劇。（《漏分佈經》，1/853b）

（45）而不軌逐利之民畜積餘贏以稽市物，痛騰躍，米至石萬錢，馬至匹百金。（《漢書·食貨志》）

兩種文獻都使用的中古新興程度副詞，其使用情況如表6-10所示：

表6-10

副詞來源　使用	中土文獻	佛經文獻	近代情況	副詞來源　使用	中土文獻	佛經文獻	近代情況
極爲	+	+	+	轉更	+	+	+

續表

副詞來源 使用	中土文獻	佛經文獻	近代情況	副詞來源 使用	中土文獻	佛經文獻	近代情況
過	+	+	+	稍稍	+	+	+
甚爲	+	+	+	微	+	+	+
頗₁	+	+	+	益更	+	+	+
深爲	+	+	+	益加	+	+	+
深自	+	+	+	更倍	+	+	－
特	+	+	+	倍加	+	+	+
何	+	+	+	轉	+	+	+
痛	+	+	－				

五　中土文獻使用而佛經不用的中古新興程度副詞

中土文獻使用而佛經不用的中古新興程度副詞頗多，共 42 個，它們是：最差、至爲、第一、太傷、傷、小小、尤爲、尤絕、殊自、盛自、雅、雅自、篤、正、差₁、獨、精、酷、不勝、奇、全、痛自、橫、益復、益自、稍益、彌復、更加、更愈、稍更、愈加、愈甚、愈自、倍、尤加、稍、稍少、稍小、少小、粗、略小、多少₂。這類程度副詞中的部分成員沿用至近代漢語，其他成員則在近代時期消失。單音程度副詞在近代漢語中繼續使用的，如：

（46）鍾士季精有才理，先不識嵇康，鍾要於時賢俊者之士，俱往尋康。(《世說新語·簡傲》)

（47）何無忌，劉牢之甥，酷似其舅。(《宋書·本紀·武帝上》)

（48）後會諸吏，聞壽有奇香之氣，是外國所貢，一著人則歷月不歇。(《世說新語·賢媛》)

複音程度副詞在近代漢語中繼續使用的，如：

（49）至兄弟<u>尤爲</u>叨竊，臨海頻煩二郡，謙亦越進清階，吾高枕家巷，遂至中書郎，此足以闔棺矣。（《宋書·王微傳》）

（50）家無儲積，無絹爲衾，上聞之，<u>愈加</u>惋惜。（《南齊書·蕭赤斧傳》）

（51）高靈時爲中丞，亦往相祖，先時<u>多少</u>飲酒，因倚如醉。（《世說新語·排調》）

總體來說，單音詞沿用至近代漢語的比例要高於複音詞。

中土文獻使用而佛經文獻不用的中古新興程度副詞，其使用情況如表 6–11 所示：

表 6–11

副詞來源 / 使用	中土文獻	佛經文獻	近代情況	副詞來源 / 使用	中土文獻	佛經文獻	近代情況
最差	+	−	−	橫	+	−	−
至爲	+	−	+	益復	+	−	−
第一	+	−	−	益自	+	−	−
太傷	+	−	−	稍益	+	−	−
傷	+	−	−	彌復	+	−	−
小小	+	−	−	更加	+	−	+
尤爲	+	−	+	更愈	+	−	−
尤絕	+	−	−	稍更	+	−	−
殊自	+	−	−	愈加	+	−	+
盛自	+	−	−	愈甚	+	−	−
雅	+	−	−	愈自	+	−	+
雅自	+	−	−	倍	+	−	+
篤	+	−	−	尤加	+	−	+
正	+	−	−	稍	+	−	+
差$_1$	+	−	+	稍少	+	−	−
獨	+	−	−	稍小	+	−	−
精	+	−	+	少小	+	−	−
酷	+	−	+	粗	+	−	+
不勝	+	−	+	略小	+	−	+
奇	+	−	+	多少$_2$	+	−	−
全	+	−	+				
痛自	+	−	−				

六　中土文獻不用而佛經使用的中古新興程度副詞

中土文獻不用而佛經使用的中古新興程度副詞共 17 個，它們是：最大、最極、最是、最第一、第一最、極大、極甚、極爲甚、甚爲大、大甚、更復、更益、倍復、倍更、倍益、甚倍、轉倍。這些程度副詞的使用情況不盡相同，僅見於佛經文獻而不見於其他文獻的成員，多數是具有佛經語言特色的程度副詞，如：

極大

（52）悉見世間勤苦者，爾時極大潸傷。（《道行般若經》，8/462c）

（53）王見是女，極大愛敬。（《佛本行集經》，3/688c）

倍益

（54）持經卷與他人使書若爲讀，其福倍益多，復次拘翼，閻浮利人。（《道行般若經》，8/436c）

（55）若令學若爲讀，其福倍益多，何以故？（又，8/437a）

轉倍

（56）釋提桓因白佛言：“如是天中天，極安隱菩薩摩訶薩疾近佛般若波羅蜜，若教人若授與人，其福轉倍多，何以故？”（又，8/438a）

（57）若有菩薩聞是三昧信樂者，其福轉倍多。（《般舟三昧經》，13/907b）

此三詞僅見於佛經文獻之中，近代消失，是具有佛經語言特色的程度副詞。

極甚

“極甚”中古佛經使用，近代以後僅見於變文，因此我們也將它看作具有佛經語言特色的程度副詞，如：

（58）而彼夫人，生一太子，極甚端正。（《佛本行集經》，3/770b）

（59）爾時太子忽然而寤，睹其宮內，蠟燭及燈，或如拳䗪，或如臂大，顯赫朗耀，極甚光明。（《佛本行集經》，3/728c）

此外，"最是"和"甚爲大"也沿用至近代漢語，但它們的使用情況卻不同。"最是"在近代時期使用範圍擴大，擴散到佛經之外的文獻之中；"甚爲大"在近代只見於《入唐求法巡禮行記》，且僅1例。它們在中古佛經中的用例如：

（60）復次佛出於世最是希有。（《大莊嚴論經卷》，4/333a）

（61）爾時國王，報彼臣言，卿此一言，甚爲大善。（《佛本行集經》，3/853a）

中土文獻不用而佛經使用的新興程度副詞，其使用情況如表6-12所示：

表 6 - 12

副詞來源 使用	中土 文獻	佛經 文獻	近代 情況	副詞來源 使用	中土 文獻	佛經 文獻	近代 情況
最大	－	＋	－	大甚	－	＋	－
最極	－	＋	－	更復	－	＋	－
最是	－	＋	＋	更益	－	＋	－
最第一	－	＋	－	倍復	－	＋	
第一最	－	＋	－	倍更	－	＋	
極大	－	＋	－	倍益	－	＋	
極甚	－	＋	＋	甚倍	－	＋	
極爲甚	－	＋	－	轉倍	－	＋	
甚爲大	－	＋					

　　綜合以上三種情況可以看出，中古新興的程度副詞在佛經和中土文獻中的使用情況亦不盡相同。相同之處在於兩種文獻共同使用的程度副詞，出現頻率一般較高，已發展比較成熟，因此它們中的絕大部分沿用至近代漢語。

　　新興程度副詞的結構形式及發展趨勢在兩種文獻中有不同的表現。中古新興的單音程度副詞只見於中土文獻，不見於佛經。對於這一現象，我們認爲可能與佛經翻譯者的漢語水平有關。現有材料表明，除嚴佛調、康孟詳外①，對於其他佛經翻譯者來說，漢語都不是他們的母語，漢語是他們的成年之後習得的，他們的漢語水平肯定不如漢本土士大夫那麼純正和地道，因此他們多沿用那些上古使用頻率很高的程度副詞，而較少採用那些新興的程度副詞。

　　複音化是漢語發展的總體趨勢，在這種大環境下，程度副詞的複音化也是不可避免的，無論是佛經還是中土文獻都出現了不少複音程度副詞。在複音化過程中，音節節奏的促進作用是不容忽視的，有時爲了適應音節節奏而將兩個或幾個單音程度副詞組合起來，這種現象中土文獻中有，而佛經文獻中更加普遍。作爲漢語的一種特殊變體，佛經的文體形式很特別，"一方面講求句子的節拍字數，另一方面卻不像傳統韻文那樣講求押韻，通常爲四字一大頓，兩字一小頓"②，這種特殊文體的需要，決定了佛經對複音詞的需求是很大的，它比中土文獻更易於使用或出現一些複音形式。爲了滿足數量較大、篇幅較長的譯經需要，翻譯家們會盡力搜求漢語已有的複音詞，如果在譯者個人言語的詞彙系統裏沒有足夠的雙音形式可供選擇時，就不得不創造一些雙音甚至多音的表義形式。從前面的論述可以看出，佛經中的複音程度副詞一部分可能來自當時口語，如"極爲""甚爲""深爲""深自""轉更""稍稍"等；另一部分則是譯者的創造，如表 6 - 12

---

　　① 朱慶之（2001：10）認爲，康孟詳"會說地道的漢語應當沒有什麼疑問……但他們在特殊的外來移民（大多數是商人）的生活環境中長大，在漢文化的素養上與受過嚴格訓練的本土士大夫相比肯定有一些差距。"

　　② 參朱慶之（1992b）。

中僅見於佛經的新興程度副詞全部爲複音形式。這些新興的複音詞基本上是程度副詞的同義連文形式，誠如董志翹（2007）所指出的"一個四字的'頓'中，在表達相同語義的前提下，爲了形式的整齊，往往用同義複疊的辦法來湊足音節（當然有時也有用省略應有虛詞的辦法來滿足四字格的）。因爲當時佔主導地位的還是單音詞，所以同義單音詞的複疊成了首選的手段"。不過，它們的使用頻率一般都不高，很多在佛經中也只有一兩例，而且除極個別詞語沿用至近代漢語外，絕大部分在近代漢語時期已基本消失。

小　結

佛經和中土文獻並不是同質的，它們的語言面貌不盡相同，反映在程度副詞上有同有異。主要特點如下：

（一）儘管佛經文獻沿用上古程度副詞的總數（25 個）不及中土文獻（36 個），但相較而言，佛經程度副詞的承襲率仍略高於中土文獻，相應地新詞比率稍低於中土文獻①。佛經中產生的程度副詞多爲組合形式，其詞化程度一般不高，擴散到通語中的有限；使用頻率下降和正在消亡的程度副詞很少或不用於佛經中。兩種文獻的沿用和新興比率見表 6 – 13：

表 6 – 13

使用情況 副詞來源	沿用上古	新興詞	總數	承襲比率 （％）	新詞比率 （％）
中古文獻	36	59	95	37.89	62.11
佛經文獻	25	34	59	42.37	57.63

---

①　佛經的"承襲率"指佛經中沿用上古的程度副詞佔佛經使用的程度副詞總數的比例，中土文獻的"承襲率"指中土文獻中沿用上古的程度副詞佔中土文獻經使用的程度副詞總數的比例。

　　（二）中土文獻中不僅繼承了很多上古程度副詞，而且增添了不少新成員；繼承上古的程度副詞有些使用頻率依舊很高，也有一些使用頻率下降或走向衰亡；新興程度副詞中既有單音節詞，又有一些複音節詞，它們中的不少成員沿用到近代漢語中。而佛經新興程度副詞屬譯者個人的創造，因此大多數使用頻率低，生命力不強，在漢語史上"曇花一現"，如"最大""最爲""極大""更復""倍復""倍更""倍益""大甚"等，只有少數爲漢語社團所接受，並沿用至近代漢語，如"最是"。總體來看，中土文獻新興程度副詞沿用至近代漢語的比例要高於佛經文獻。

　　（三）二者相同的部分呈現了中古程度副詞系統的部分面貌，體現出中古程度副詞發展的一些特點；其不同之處則反映了兩種語料性質的不同，從而折射出二者在歷時演變方面的差異。同時，有些相異之處也反映了兩種語料口語性程度的強弱。

結　語

結語部分主要討論程度副詞形成的問題、程度副詞與人類認知的關係以及研究中存在的問題。

一　程度副詞形成條件

近年來語法化研究逐步深入，研究成果不斷問世，詞彙化、語法化的研究呈現出一派生機勃勃的景象。漢語具有三千多年的悠久歷史和豐富的方言類型，詞彙化、語法化和語言類型學理論爲漢語的研究注入了新的生機和活力。但由於漢語詞彙豐富多樣，誘發詞彙化、語法化的機制和條件又不盡相同，所以詞語在形成過程中既存在一些共同的規律，又表現出一些自身的特點。程度副詞是一個重要的副詞次類，它數量眾多，歷時變化很大，是考察漢語詞彙化、語法化的極好切入點。

一般認爲漢語程度副詞是經歷詞彙化、語法化的過程而形成的，詞彙化、語法化是程度副詞形成的最重要途徑。近年來，語言學界已對程度副詞來源進行了不少有益的探討，並取得了可喜的成績。程度副詞的形成和發展過程往往是比較複雜的，它通常跟幾種形成模式相聯繫。單音詞本身往往只與某種途徑產生，而複音詞的形成過程卻很複雜。調查發現，單音程度副詞的來源途徑較爲單一，即大都來自語法化（實詞的虛化）或假借；而複音程度副詞的形成過程則要豐富複雜得多，它們或來自詞組的語法化，或是跨層結構通過重新分析而來，抑或由單音節程度副詞通過並列、附加、重疊等方式產生①。下文將對程度副詞形成的條件、程度副詞與認知的關係及相關問題進行討論。不同程度副詞的來源存在著不少差異，如全部的單音程度副詞和由詞組轉化而來的複音程度副詞幾乎都是通過語法化的途徑產生的②；由重新分析方式產生的程度副詞則指那些構成語素之間並無直接組合關係，是在一定的句法環境中凝固而成的複音程度副詞；由並列式、附加式、重疊式等方式構成的合成詞，它們是程度副詞通過不同途徑構成的複音詞。

（一）語義基礎

語義基礎是詞彙語法化的基本條件。無論一個程度副詞的意義有多虛，我們總能找到其引申和虛化的軌跡，因為一個詞語要演變為程度副詞，必須要有語義作為基礎。如"頂"本為名詞，指人頭的最上端，所指很具體。當其虛化為程度副詞以後，意義相對就抽象一些，只能用於形容詞、心理動詞以及由它們構成的短語之前，表示程度極高。但我們發現無論是用作名詞，還是程度副詞，它們在"（某些方面）超出一般"意義上具有一致性，因此"頂"有從名詞虛化為程度副詞的語義基礎。再如"越"，本為動詞，"度過、跨過"義，用於體詞性成分之前。當其演變為程度副詞以後，只能用於謂詞性成分之前。不過，"越"作動詞或程度副詞時都具有在某方面"A超過B"的意義，因此"越"能從動詞虛化為程度副詞，表示程度的增加。

---

① 楊榮祥（2005：187—190）認為由實詞虛化為副詞可分為直接虛化和間接虛化兩種。所謂直接虛化，是指一個副詞直接由實詞虛化而來。這類副詞包括幾乎所有的單純副詞（基本上是單音節副詞）和一部分合成副詞。所謂間接虛化，是指詞義由"實"到"虛"的過程不是體現在詞的層面，而是體現在構詞語素層面。間接虛化涉及的主要是一部分合成副詞，如重新分析式合成副詞、同義語素構成的並列式合成副詞、重疊語素構成的合成副詞等。程度副詞的形成機制與楊先生的觀點有相通之處，也有些差別。詳見後文。

② 通過假借形式形成的程度副詞是不能計入此類的。若假借之後有引申虛化過程，則需考察。

　　程度是依靠比較體現出來的，比較的雙方在時間、數量、空間、性質等方面存在差別，就構成了程度的基礎。通過比較，雙方一般有"不及""相同"和"超過"三種結果。我們認爲，表示"不及"和"超過"意義的詞語，在一定的句法環境下很容易產生程度副詞用法。最類、太類、甚類、更類和略類程度副詞內部成員均可分別看成同義詞（近義詞）。這些同義詞在語法化過程中往往有不同的發展軌跡，一是平行引申，二是殊途同歸。平行引申指一些具有大致相同意義的實詞、短語或句法單位，它們在相同的句法環境中受到相同的因素的影響，朝著共同的方向發展，引申爲同義程度副詞；殊途同歸指一些意義本不相同的實詞、短語或句法單位，經過虛化引申，成爲同義程度副詞。如果將這些同義詞置於程度副詞系統之中進行觀察，我們就會發現程度副詞語法化的這些規律。如：

　　　　兄：本義長→增益→更加
　　　　加：本義誣枉→增益→更加
　　　　益：本義水溢出皿→增益→更加
　　　　滋：本義生長→增益→更加
　　　　倍：本義照原數等加→增益→更加
　　　　更：本義變化，改變→更加
　　　　轉：本義運轉物體→變化，改變→更加
　　　　愈：本義病情好轉→超過，勝過→更加
　　　　逾：本義越過，跨過→超過，勝過→更加
　　　　越：本義越過，跨過→超過，勝過→更加

　　更類程度副詞虛化的規律性最強。以上十個詞在古代漢語中都可用作更類程度副詞，它們的來源過程並不相同，但它們都是在"超過”意義上發展出程度用法①。“兄”“加”“益”“滋”和“倍”五個詞的本義完全不同，但它們都經由“增益”義發展爲程度副詞，“增益”義是它們虛化爲程度副詞的語義基礎；“更”和“轉”的本義也不相同，但它們是從“變化、改變”義發展爲程度副詞的，“變化、改變”義是它們虛化爲程度副詞的語義基礎；“愈”“逾”和“越”都由“勝過”意義發展爲程度副詞，“勝過”義是它們虛化爲程度副詞的語義基礎。“增益”“勝過”與“超過”意義相近，而“改變”也與“超過”具有相通之處，因此上面諸詞均具備發展爲程度副詞的條件。

值得注意的是，“越”與“逾”的本義相同，發展方向一致，都虛化爲更類程度副詞，表現出平行引申的規律。它與“兄”“加”“益”“滋”“倍”“更”“轉”和“愈”的本義雖然不相同，但它們最終都虛化爲更類程度副詞，表現出殊途同歸的規律。

再如：

    稍：本義禾末→小→略微

    微：本義隱匿、隱藏→後假借爲“散”，義爲細小→略微

    小：本義物之微→略微

    粗：本義糙米、粗糧→粗疏、粗略、不精細→略微

    略：本義經營天下→謀略、謀劃→大旨、簡略、粗略→略微

    少：本義不多→略微

以上六詞，它們的來源途徑並不相同，但都虛化爲略類程度副詞，屬於殊途同歸現象，它們都是在“不及”的意義上虛化爲程度副詞。“稍”“微”和“小”三詞的本義不同，但都經由“小”義虛化爲程度副詞，“小”義是它們虛化的語義基礎；“粗”和“略”本

---

① 這裏只是爲了說明程度副詞在虛化過程中所表現出的規律，並未窮盡性列舉。下面幾類程度副詞亦如此。

義不同，但都經由"粗略"義虛化爲程度副詞，"粗略"義是它們虛化的語義基礎；"少"本義爲不多，由此發展出程度副詞用法。"小""粗略""不多"均與"不及"意義相關，故而虛化爲程度副詞。

甚類程度副詞在語法化之前，一般都可表示在性質、數量、空間等某一方面"比較突出""超過一般"的意義，因此它們可虛化爲程度副詞。如：

盛：本義爲祭祀所用食物→興盛、興旺→大、盛大→甚

深：本爲古水名，但常作爲形容詞"深"→甚

大：本爲形容詞"大"→甚

篤：本義爲馬行遲鈍→借"篤"爲"厚"→豐厚、深厚→甚

精：本義爲優質純淨的米→純粹、精粹、精華→甚

酷：本義爲酒味濃厚→甚

橫：本義爲闌木→橫暴、放縱→甚

非常：本義爲超過一般、不同尋常→甚

異常：本義爲異於正常、與尋常不同→甚

異樣：本義爲與尋常不同→甚

上列十詞來源並不相同，如"盛""深""大""篤""精""酷"和"橫"七個詞的本義完全不同，但它們都含有在某方面"超過一般"的意義。"盛""深"在空間方面超過一般，"大"在數量上"超過一般"，"篤""精""酷"和"橫"在性狀、情態方面"超過一般"，最終它們都虛化爲甚類程度副詞。"非常"與"異常""異樣"的本義相同，發展方向一致，表現出平行引申的規律。"非常"與"盛""深""大""篤""精""酷""橫"幾個詞的本義差別很大，但都引申爲程度副詞，是殊途同歸現象。

最類程度副詞在語法化之前，一般也可表示在性質、數量、空間等某一方面"超過一般"的意義。如：

極：本義房屋的中棟、正樑→頂點、最高的地位→最

頂：本義人頭的最上端→最

至：本義到達→極點→最

最：本義"犯而取也"，後借爲"聚集"義→最

祁：本義大→最

肆：本義極力陳列→最

絕：本義斷絲→斷裂→橫度、超過→最

以上七個詞來源途徑不同，如"極""頂""至""最""祁"
"肆"和"絕"七個詞的本義完全不同。"極""頂""至"本義雖不
同，但都經由"極點、頂點"義虛化爲最類程度副詞，"頂點"意義
是它們虛化爲最類程度副詞的語義基礎。"最""祁""肆"和"絕"
四詞，"最"在數量上超過一般，"祁"在空間上超過一般，"肆"在
性狀上超越一般，而"絕"從"超越"意義虛化爲最類程度副詞。
以上這些詞的虛化過程迥異，但發展方向一致，最終都虛化爲最類程
度副詞。

太類程度副詞的形成過程也與其他類別的語法化機制一致。如
"過"表程度是由其"超過"義發展而來的，"忒"表程度是從其
"變更"義虛化而來，"變更"與"超過"有相通之處，因此"忒"
具備從動詞虛化爲程度副詞的語義基礎。

（二）句法位置

句法位置是詞彙語法化發生的決定性因素。句法位置的改變通常
表現爲某個實詞（短語）由在句子中的核心句法位置變成經常出現
在某個適合於表示某一特定語法關係的句法位置上，從而引起其詞義
變化（抽象化），發展下去，便成爲專門表示語法關係或語法功能的
虛詞。一般來說，狀語和補語的位置比較容易引發語法化，處於這兩
個位置上的詞彙，如果它們的詞義進一步虛化，就有可能轉化爲單純
表示語法意義的語法單位。同樣，詞語意義的虛化、泛化、分化、融
合等也會引起功能發生改變，使之用於新的語法位置、結構關係上，

從而產生一個新的虛詞。

實詞或短語語法化爲程度副詞，無不與其句法位置的改變有關。就程度副詞而言，能夠表示"不及"或"超越"意義的實詞或短語，如果它們經常處於謂語結構之前，那麼它們就很容易演變爲程度副詞。如：

"好"，本爲形容詞，多指女子的容貌美好，此義只用作謂語或定語。但唐代以後開始用於形容詞和心理動詞之前，在這種情況下，"好"在句中充當狀語，其詞性也由形容詞變爲程度副詞。

"不勝"，本不是一個詞，"不"爲否定副詞，"勝"爲實義動詞，它們在句中充當謂語，如《晏子春秋·外篇上三》："賦斂無厭，使民如將不勝，萬民懟怨。"中古開始，"不勝"可在句中修飾心理動詞等，如《三國志·吳書·周魴傳》："今因隙穴之際，得陳宿昔之志，非神啟之，豈能致此！不勝翹企，萬里托命。""不勝"在此句中充當狀語，詞性也相應地變爲程度副詞。

（三）使用頻率

高使用頻率是發生語法化的重要條件。從人類語言發展的普遍性來看，詞語的使用頻率與其虛化的程度有密切關係，詞語使用頻率越高就越容易發生語法化。同時，一個程度副詞語法化程度的增加，又會提高其使用頻率，擴大其使用範圍。如"更"在上古漢語的虛化程度還不高，使用頻率不高。但中古以後進一步虛化，使用頻率大幅度提升，近代漢語以後成爲最常用的更類程度副詞。

（四）語用因素

語用因素是副詞形成的外部條件。詞語的意義和功能總是在一定的語境中得到實現，這裏的語用因素主要指語境，包括虛化成分所在句子中各成分之間的語義關係、該成分所在句子與上下文的關係以及句子本身所表示的各種意義，如隱含義、聯想義、比喻義等。在一定的語境中，概念意義會被語境意義淹沒，久而久之，這些語境意義就會被詞語吸收，並逐漸固定下來。如"好不"，最初並不是一個程度副詞，只是程度副詞"好"和否定副詞"不"在語句中相連出現。

由於它常用於表反詰的語句之中，時間一長，句子表達的反問意義便凝固爲“好不”的用法。

此外，詞彙語法化是一種詞彙—語法現象，同時也是一個心理認知過程，是從一個認知域到另一個認知域的轉變。作爲一種語言發展的客觀趨勢，語義的轉移通過主觀的認識作用而得到確認，並最終得以完成其詞彙語法化的過程。隱喻、推理和重新分析等認知心理在副詞形成過程中也具有至關重要的作用。

二　程度副詞與認知

程度是事物發展變化的水平和狀態，程度的認定是一個主觀和客觀統一的過程。因此程度副詞與人類的認知心理密切相關，是表示性質狀態或某些動作行爲的程度的一類詞，反映說話人對事物性質狀態的主觀認識和評價。認知心理對程度副詞的影響，主要包括以下兩個方面。

（一）人們的求新、求異心理促使程度副詞不斷新興

求新、求異是人類普遍存在的心理傾向，在語言發展過程中也是如此。劉丹青（2001）指出：“從說話人角度講，有些更新可能源於人類語言交際的一種重要傾向：用新穎的說法取代陳舊的說法以取得更強的語用力量。所謂‘語不驚人誓不休’，說的正是這個道理，只是詩歌對新奇性的追求更甚於普通語言而已。追求新奇也是實詞詞義發展演變或實詞詞項新舊交替的常見原因，例如有‘日’不用而改說‘太陽’、舍‘行路’而起用‘走路’等。因此，實詞的更新和虛詞的更新本質上是相通的。最能體現這種更新的是程度副詞，因爲程度副詞有較強的語用功能，用‘舊’了的詞難以發揮這種功能，需要用新詞來喚起聽話人的注意。”

人們在求新、求異心理的驅使下，人們不僅要說得準確，還要說得鮮明、形象、有新意，就不停地尋求新穎的表達方式，因此造成程度副詞的更替，新興成員不斷產生。同時在語言“經濟原則”的作用下，舊有成員也在不斷消亡。朱冠明（2005）指出：“程度副詞之

所以更易於更新，原因在於它們所具有的顯著的表情功能（emotional
function），說話者需要用更新的語言成分來突出自己的情緒、加強說
話的表現力。"正如表 6－1、表 6－2 所示，漢語新興程度副詞的發
展速度是相當迅速的，新興成員所佔的比例總高於同期的沿用比例，
如中古時期新興的程度副詞有 76 個，佔中古程度副詞總數的
66.67%。而沿用的程度副詞共 38 個，佔中古程度副詞總數的
33.33%；近代時期新興的程度副詞多達 95 個，佔近代程度副詞總數
的 60.13%。而沿用的程度副詞共 63 個，佔近代程度副詞的
39.87%。具體可參看前文相關章節。

（二）程度磨損促使並列式程度副詞大量出現

"程度磨損"①，指一些程度副詞在使用過程中，程度義不斷減弱
的現象。我們知道，詞彙語法化的重要特徵就是單向性，在這個過程
中，詞語的意義虛化、句法泛化、語用淡化、語音弱化。很多程度副
詞都是由實詞或短語發展演化而來，只要這個過程一經開始，便會沿
著這種趨勢不斷虛化，這必將導致詞語的意義越來越虛，相應地其程
度意義也會逐漸減弱②。呂叔湘（1956：150）認爲："一切表高度的
詞語，用久了都就失去鋒芒。'很'字久已一點不'很'。'怪'字也
早已不'怪'，'太'字也不再表示'超過極限'。舊的誇張沒落了，
新的誇張跟著起來，不久又就平淡無奇了。"談的就是這個問題。

根據情感表達的需要，彌補程度磨損帶來的"損失"，這就必須
要求採取其他方式來彌補"磨損"帶來的程度。其中一個最直接的
辦法就是程度副詞通過並列形式來強調程度，因此漢語中並列式程度
副詞極爲常見。並列式是漢語複音程度副詞中最常見的一種類型，共

---

① 吳立紅（2005）認爲："所謂狀態形容詞的程度磨損，其實是一種比較形象的說
法，它指的是某些程度義的表達式原本隱含了一個相對固定的程度量（多爲比較高的程
度），由於長時間的使用，原有的固化程度不再那麼明確，已經不能夠被人們敏銳地感覺
到，從而只有換用其他的表達方式。其表現之一就是前加程度詞語，來重新定位原有的
程度。"

② 參看江藍生（1999）、劉丹青（2001）、吳福祥（2003）等。

67 個，佔複音程度副詞總數（143 個）的 46.85%，其能產性可見一斑。不過，並列式程度副詞的內部結構卻存在不少差異，一部分程度副詞是同類並列，指相同類別程度副詞的連文。它們並列以後仍是該類的程度副詞，但表達的意義有所加強。具體有以下五種類型：

a. 最類程度副詞＋最類程度副詞

並列之後爲最類程度副詞，有"第一最""最第一"和"最極"3 個。

b. 太類程度副詞＋太類程度副詞

並列之後爲太類程度副詞，有"太過於""太傷"和"忒太"3 個。

c. 甚類程度副詞＋甚類程度副詞

並列之後爲甚類程度副詞，有"大甚""大小大""老大""頗甚""甚大""甚爲大"和"殊大"7 個。

d. 更類程度副詞＋更類程度副詞

並列之後爲更類程度副詞，有"倍更""倍加""倍益""更倍""更加""更益""更愈""更轉""加倍""加倍更""益更""益加""愈更""愈加""愈益""越加""越益""轉倍""轉更""轉加"和"茲益"21 個。

e. 略類程度副詞＋略類程度副詞

並列之後爲略類程度副詞，有"略小""稍少""稍小""少微""少小"和"些微"6 個。

還有一部分程度副詞是異類並列，指不同類別程度副詞的連文。這種程度副詞的前、後成分雖不屬於同一類別，但它們表達的意義往往有所側重，我們根據其表達的重心將它們劃歸爲某一類程度副詞。具體有以下九種類程度副詞型：

a. 最類程度副詞＋甚類程度副詞

並列之後爲最類程度副詞，有"極大""極甚""極爲甚""最差""最大"和"最甚"6 個。

b. 甚類程度副詞＋最類程度副詞

並列之後爲最類程度副詞，有"非常最""甚極""尤絕"3個。

c. 太類程度副詞＋甚類程度副詞：

並列之後爲太類程度副詞，有"太煞""忒煞"2個。

d. 甚類程度副詞＋太類程度副詞

並列之後爲太類程度副詞，僅"何太"1個。

e. 甚類程度副詞＋更類程度副詞

並列之後爲更類程度副詞，有"甚倍""甚加""特地更""尤更""尤加""尤益"和"轉加大"7個。

f. 更類程度副詞＋最類程度副詞

並列之後爲更類程度副詞，僅"愈極"1個。

g. 更類程度副詞＋甚類程度副詞

並列之後爲更類程度副詞，有"益大""愈甚"和"轉大"3個。

h. 略類程度副詞＋更類程度副詞

並列之後爲更類程度副詞，有"稍更"和"稍益"2個。

i. 甚類程度副詞＋略類程度副詞：

這種並列形式共2個，其中"多少$_1$"爲甚類程度副詞，"多少$_2$"爲略類程度副詞。

觀察上列所有並列式程度副詞，我們發現更類程度副詞構成並列式的能力最強，甚類和略類次之，而最類和太類最弱，這可能與各類程度副詞表達的語法意義有關。更類程度副詞本身表示動作或性狀程度地增加或變化，更類副詞並列起來以後更能表達意義地增加或變化，因此更類不僅可與更類並列，還可與最類、甚類和略類程度副詞構成並列式複音詞。更類之後，並列構詞能力依次是甚類、略類程度副詞，它們表示動作或性狀的程度很高或很低。人們爲了根據表達的需要，也往往將其構成並列式複音詞。而最類和太類程度副詞表示程度達到頂點或超過常規，它們雖可構成一些並列式程度副詞，但由於語義的制約使其能產性已受到很大影響，因此由它們構成的並列式複音詞並不多。

三　關於程度副詞研究的幾點想法

程度副詞數量眾多，歷史演變頻繁，加之個人學力有限，本書尚存在不少缺憾和不足。下面結合我們的考察和研究中的一些粗淺體會，談談關於程度副詞研究的幾點想法。

（一）程度副詞研究的內容需進一步拓展

程度副詞研究的內容豐富多彩，既要考察其歷史來源、發展和演變情況，還需要研究其句法組合功能。不過，目前學界對程度副詞的研究主要集中在一些使用頻率高、使用範圍廣的程度副詞上，而對其他成員卻關注不夠。句法結合功能是程度副詞研究中的一個重要方面，以往的研究對此多有忽略。因此，程度副詞研究的內容尚需進一步拓展。

考察來源是程度副詞研究的重要方面，結合前修時賢的研究成果，本書對所有程度副詞的來源均作出說明①。而且，我們還對一些未被受到重視的程度副詞做"個案"探討，如"過"系程度副詞；"越"系程度副詞和"怪、生、挺、蠻、滿"等。它們的形成和發展機制不同，用法各異，是值得關注的一批程度副詞。

本書對所有程度副詞的句法組合能力進行了描寫，並對其歷史發展情況進行論述。通過對程度副詞句法功能的考察，我們發現程度副詞除可修飾性質形容詞、心理動詞、助動詞之外，還可用於一些像義動詞、狀態動詞、行爲動詞、動詞短語和少數體詞性成分之前。不過，在不同的歷史時期，程度副詞的組合功能不盡相同。而且不同程度副詞類別之間以及程度副詞個體之間的組合能力都存在不少差異。研究程度副詞的句法組合功能，是我們認識程度副詞的一個重要窗口。

雖然我們盡力對漢語程度副詞的歷史演變情況進行較爲全面考察，但仍有不少問題需深入探究。如調查語料範圍有限，一些使用頻

---

① 目前還無法弄清來源者除外。

率不高的程度副詞在我們重點調查語料中未被發現，如"更加轉、加轉、頗更、頗極、頗益、少多、剩、勝、越樣、轉益、轉轉、最較"等①。此外，從程度副詞的語法意義和句法形式關係入手，探討程度副詞組合功能發生變化的原因和機制問題，尚未得到很好的解決。現代漢語方面已有不少學者結合語法意義、語用色彩進行程度副詞的對比研究，而古代漢語中尚未有人從這方面進行探究，我們雖然進行一些嘗試，但還有很多問題值得深入探討。這些都是我們下一步努力的方向。

（二）應從系統的角度研究，注重規律的提昇

程度副詞是一個完整的系統，成員之間並不是孤立存在的，而是有著千絲萬縷的聯繫，只有從系統的角度才能把握其發展、變化的特徵。漢語史中使用的程度副詞眾多，它們的形成過程和發展特徵既存在相同之處，又有許多差異。爲了更全面地認識程度副詞系統，探究其形成機制和歷史發展，我們必須對更多的程度副詞進行考察。只有在全面掌握漢語程度副詞的面貌基礎上，我們才有可能進一步探討漢語程度副詞發展中具有規律性的東西。

本書採用抽樣調查和全面統計相結合的方法，較爲全面地考察了漢語程度副詞的歷時面貌和歷時演變情況。調查發現，上古漢語裏程度副詞系統已經初具規模，共有 42 個程度副詞。中古以後程度副詞大大豐富，數量多達 114 個，程度副詞系統已經很完善。近代時期除了沿用上古、中古的程度副詞外，又出現了不少新興成員，此期共使用程度副詞 158 個，它們中的不少成員一直沿用到現代漢語之中。各類程度副詞的主要成員和主導詞在不同時期也發生了不小的變化。調查發現，最類、太類程度副詞的主要成員基本保持不變，而甚類的主要成員變化也不大，而更類和略類變化較爲迅速。就主導詞而言，太類相對穩定，最類、甚類、更類、略類均有不同程度副詞的變化。

程度副詞對被修飾成分具有很強的選擇性，即程度副詞類別的組

---

① 參董志翹、蔡鏡浩（1994）。

合功能及語法意義並不完全相同，最類、太類、甚類、更類程度副詞都能與性狀義語法成分進行組合，強調性狀程度；而略類程度副詞除表達性狀義外，還能與其修飾成分一起表達數量意義；更類程度副詞除表達性狀義外，還可修飾行為動詞等表達意義的變化。程度副詞修飾方位名詞是古今一致的用法，而程度副詞修飾名詞短語則很少見。

　　通過對程度副詞面貌及句法功能的調查和研究，我們發現程度副詞系統歷時發展具有較強的規律性特徵，歸結起來，主要有穩定性、發展性、不對稱性和差異性四個方面。穩定性主要表現在程度副詞的高繼承率和高使用率兩方面。發展性主要表現在中古和近代時期新興程度副詞的大量出現和使用以及程度副詞的複音化兩方面。不對稱性表現在主要成員的演變、主導詞的更替以及單、複音詞使用頻率的對比的不同上。差異性既表現在不同程度副詞發展演變的速度上，又表現為程度副詞組合功能的強弱方面。此外，文獻資料自身性質的差異性也會導致它們在使用的程度副詞上存在一些差異。

　　（三）應結合現代語言學理論探討程度副詞的歷時發展

　　漢語史研究者歷來注重語言事實，而理論解釋不夠，既不善於運用業已證明行之有效的理論來知指導研究工作，也不善於對已發掘到的語言事實或已得出的結論進行理論上的概括，上升為理論性的規律。

　　詞彙語法化理論對探究程度副詞來源具有重要價值，漢語中的不少程度副詞是通過這一途徑產生的。程度副詞的形成和發展過程往往是比較複雜的，它通常跟幾種形成模式相聯繫。大致說來，單音節程度副詞多由實詞虛化而來，而它們的複音形式的形成過程卻很複雜，它們或來自詞組的虛化，或是跨層結構通過重新分析而來。程度副詞形成的基本條件是以意義為依據，以句法地位為途徑。也就是說，一些具有"不及"或"超過"的詞、短語或句法成分，經常用於句子中處於狀語的位置上，它們就有轉化為程度副詞的可能。事實上漢語中的很多程度副詞就是在這種條件下轉化為程度副詞的。

　　語言與人類自身的身體體驗和認知密不可分，語言能力是人類認知能力的一部分。程度副詞表示性質狀態或某些動作行爲所達到的各種程度，反映說話人對事物性質狀態的個體認識和主觀評價，因此程度副詞與人類的認知心理有密切關係。一方面，人們的求新、求異心理促使程度副詞不斷新興；另一方面，程度副詞在使用過程中又不斷地磨損，促使並列式程度副詞在漢語史中大量出現和使用。

　　本書結合詞彙化、語法化和認知等現代語言學理論，對漢語程度副詞的形成發展和歷史演變規律進行了一些嘗試和探索。雖然我們盡力對漢語程度副詞系統進行了全面考察，但仍有不少問題需深入探究。如何區分複音程度副詞和詞組的問題，是本書在寫作過程中一直困擾我們的問題。在現代漢語之中通常採用插入、替換等方法進行區分，而古代漢語距離現代比較久遠，加之文獻自身的局限，造成了區分的困難。此外，同類程度副詞內部成員在語義、句法的差異，我們雖進行了一些嘗試，但仍有很大的發掘空間。

附表

漢語程度副詞的句法組合功能表[①]

程度副詞	形容詞性成分	動詞性成分							體詞性成分	
		心理動詞	非心理動詞	動詞短語					名詞及其短語	方位名詞
				動賓	動補	兼語	偏正			
倍	+	+	+							
倍常		+								
倍復	+	+	+							
倍更	+	+	+							
倍加		+	+							
倍益	+									
倍自	+									
不方	+	+								
不勝	+	+								
差₁	+	+	+	+						
差₂	+	+	+	+						
粗		+	+	+						
大	+	+	+	+			+			
大段	+	+	+	+	+					
大故	+	+	+	+						
大甚	+									
大爲	+			+						
大小大	+									
第一	+									
第一至	+									
第一最	+									
頂	+									

---

① 此表主要依本書第四章的統計。下表中"＋"表示文獻中存在這種組合。

續表

程度副詞	形容詞性成分	動詞性成分						體詞性成分	
		心理動詞	非心理動詞	動詞短語				名詞及其短語	方位名詞
				動賓	動補	兼語	偏正		
獨	+	+							
篤	+	+							
多	+								
多麼	+								
多少₁	+	+	+	+					
多少₂			+						
非不	+	+	+	+					
非常	+	+		+					
非常最	+								
非分	+	+							
非甚	+	+							
分外	+	+		+					
更	+	+	+	+	+	+	+		+
更倍			+						
更復	+	+							
更加	+	+		+					
更是	+		+	+					
更爲	+								
更益	+								
更愈	+								
更轉	+								
怪	+	+		+					
過	+	+	+						
過於	+	+							
好	+	+	+						
好不	+	+	+	+		+	+		
好生	+	+		+					
何	+		+						
何等	+	+							
何其	+	+		+					
何太	+								
很	+	+		+	+				
橫		+							

續表

程度副詞	形容詞性成分	動詞性成分						體詞性成分	
		心理動詞	非心理動詞	動詞短語				名詞及其短語	方位名詞
				動賓	動補	兼語	偏正		
極	+	+	+	+	+	+	+	+	+
極大									
極其	+	+							
極甚	+	+							
極是	+	+							
極爲	+		+						
極爲甚	+								
加	+	+							
加倍	+								
加倍更	+								
較	+		+	+					
儘	+	+		+					+
儘自	+								
精	+			+					
絕	+	+	+	+					
絕絕		+	+						
可煞	+			+					
可煞是				+					
孔	+	+							
酷	+	+		+					
老	+				+				
老大	+	+							
良	+	+	+						
略	+	+	+	+			+		
略略	+	+							
略爲		+							
略小		+	+						
蠻	+	+							
滿	+	+		+					
彌	+	+							
彌復	+	+							
丕	+								
偏	+	+	+	+					

續表

程度副詞	形容詞性成分	動詞性成分						體詞性成分	
		心理動詞	非心理動詞	動詞短語				名詞及其短語	方位名詞
				動賓	動補	兼語	偏正		
頗₁	+	+	+	+			+		
頗₂	+	+	+	+					
頗頗	+			+					
頗甚	+								
頗爲	+								
祁	+								
奇	+								
綦	+								
窮	+								
全	+	+							
煞	+		+	+					
煞是	+			+					
傷	+								
稍	+	+	+	+					
稍更	+								
稍稍	+		+	+					
稍少									
稍小									
稍益	+								
稍自		+							
少	+	+	+	+					
少少			+						
少微			+						
少小		+							
深	+	+	+	+			+		
深是	+								
深爲	+	+		+					
深自		+	+						
甚	+	+	+	+		+	+		
甚倍	+								
甚大	+	+							
甚極		+							
甚加	+								

續表

程度副詞	形容詞性成分	動詞性成分						體詞性成分	
		心理動詞	非心理動詞	動詞短語				名詞及其短語	方位名詞
				動賓	動補	兼語	偏正		
甚生	+								
甚是	+	+		+	+				
甚爲	+	+		+					
甚爲大	+								
生	+	+							
盛	+	+							
盛自	+								
十分	+	+	+	+	+	+			
殊	+	+	+	+					
殊大		+							
殊自		+							
肆	+								
太	+		+	+					
太過於	+								
太煞	+								
太傷	+								
太於	+								
忒	+	+	+	+					
忒煞	+	+							
忒太	+								
特	+	+	+	+			+		
特地	+								
特地更	+								
挺	+								
痛	+								
痛自		+							
萬般		+							
萬分	+	+	+						
微	+	+	+	+					
微微			+						
無妨		+							
響	+								
小	+	+	+	+					

程度副詞	形容詞性成分	動詞性成分							體詞性成分	
		心理動詞	非心理動詞	動詞短語					名詞及其短語	方位名詞
				動賓	動補	兼語	偏正			
小小										
些微			+	+						
兄	+	+								
雅	+	+	+	+						
雅自	+									
一何	+									
已	+									
益	+	+	+	+				+		
益大		+								
益發	+	+		+						
益復	+									
益更	+	+	+							
益加		+	+							
益自	+									
異常	+	+								
異樣	+	+								
尤	+	+	+	+	+			+		
尤更	+		+							
尤加	+									
尤絕	+									
尤其	+									
尤爲	+									
尤益		+								
有點	+	+		+						
有些	+	+	+	+	+			+		
愈	+	+	+	+						
愈發										
愈更										
愈極										
愈加	+			+						
愈甚				+						
愈益	+	+	+							
愈自	+									

續表

程度副詞	形容詞性成分	動詞性成分						體詞性成分	
		心理動詞	非心理動詞	動詞短語				名詞及其短語	方位名詞
				動賓	動補	兼語	偏正		
越	+	+	+	+		+			
越發	+	+	+	+	+				
越加	+								
越是		+	+						
越益	+								
越越	+								
正	+	+							
至	+	+		+			+		
至爲	+	+							
重	+								
轉	+	+							
轉倍	+								
轉大		+							
轉更	+	+	+						
轉加	+	+							
轉加大		+							
轉爲	+								
茲益	+		+						
滋	+	+	+	+					
最	+	+	+	+		+	+		
最差	+								
最大	+								
最第一	+								
最極	+								
最甚	+								
最是	+		+	+					
最爲	+	+		+				+	+

主引書目錄

上古漢語部分

《尚書》十三經注疏本，（清）阮元校刻，中華書局 1980 年版。

《詩經》十三經注疏本，中華書局 1980 年版。

《孟子》十三經注疏本，中華書局 1980 年版。

《公羊傳》十三經注疏本，中華書局 1980 年版。

《穀梁傳》十三經注疏本，中華書局 1980 年版。

《儀禮》十三經注疏本，中華書局 1980 年版。

《禮記》十三經注疏本，中華書局 1980 年版。

《論語譯注》楊伯峻譯注，中華書局 1980 年版。

《春秋左傳注》（修訂本）楊伯峻編著，上海書局 1986 年版。

《莊子集解》，（清）王先謙撰《新編諸子集成》，中華書局 2004 年版。

《荀子集解》，（清）王先謙撰《諸子集成》（第 2 冊），上海書局 1986 年版。

《老子校釋》，朱謙之撰，中華書局 1963 年版。

《國語集解》，徐元誥撰，王樹民、沈長雲點校，中華書局 2002 年版。

《墨子閒詁》，（清）孫詒讓撰《諸子集成》（第 4 冊），上海書局 1986 年版。

《商君書》，（戰國）商鞅等著，上海人民出版社 1974 年版。

《韓非子集釋》，陳奇猷校注，上海人民出版社 1974 年版。

《戰國策》，（西漢）劉向集錄，上海古籍出版社 1985 年版。

《呂氏春秋校釋》，陳奇猷校釋，學林出版社 1984 年版。

《鹽鐵論》，（西漢）桓寬撰，《諸子集成》（第 8 冊），上海書局 1986 年版。

《史記》（全十冊），（西漢）司馬遷撰，（劉宋）裴駰集解，（唐）司馬貞索隱，（唐）張守節正義，中華書局 1959 年版。

中古漢語部分

《論衡校釋》（附劉盼遂集解），（東漢）王充撰，黃暉校釋，中華書局 1990 年版。

《漢書》，（東漢）班固撰，（唐）顏師古注，中華書局 1962 年版。

《金匱要略方論》，（東漢）張機撰，（清）徐彬注，《四庫醫術叢書》本，上海古籍出版社 1994 年版。

《三國志》，（晉）陳壽撰，（劉宋）裴松之注，中華書局 1999 年版。

《抱朴子內篇校釋》（增訂本），（晉）葛洪撰，王明注，中華書局 1996 年版。

《世說新語校箋》，（劉宋）劉義慶撰，（梁）劉孝標注，徐震堮校箋，中華書局 1984 年版。

《宋書》，（梁）沈約撰，中華書局 1974 年版。

《南齊書》，（梁）蕭子顯撰，中華書局 1972 年版。

《洛陽伽藍記校注》，（北魏）楊衒之撰，范祥雍校注，上海古籍出版社 1982 年版。

《齊民要術校釋》（第二版），（北魏）賈思勰撰，繆啓愉校釋，中國農業出版社 1998 年版。

《顏氏家訓集解》（增補本），（北齊）顏之推撰，王利器集解，中華書局 1993 年版。

《長阿含十報法經》，（東漢）安世高譯，《大正新修大藏經》第

1 冊。

　　《人生欲生經》，（東漢）安世高譯，《大正新修大藏經》第 1 冊。

　　《一切流攝守因經》，（東漢）安世高譯，《大正新修大藏經》第
1 冊。

　　《四諦經》，（東漢）安世高譯，《大正新修大藏經》第 1 冊。

　　《本相猗致經》，（東漢）安世高譯，《大正新修大藏經》第 1 冊。

　　《是法非法經》，（東漢）安世高譯，《大正新修大藏經》第 1 冊。

　　《漏分佈經》，（東漢）安世高譯，《大正新修大藏經》第 1 冊。

　　《普法義經》，（東漢）安世高譯，《大正新修大藏經》第 1 冊。

　　《八正道經》，（東漢）安世高譯，《大正新修大藏經》第 1 冊。

　　《七處三觀經》，（東漢）安世高譯，《大正新修大藏經》第 2 冊。

　　《大安般守意經》，（東漢）安世高譯，《大正新修大藏經》第
15 冊。

　　《陰持入經》，（東漢）安世高譯，《大正新修大藏經》第 15 冊。

　　《禪行法想經》，（東漢）安世高譯，《大正新修大藏經》第
15 冊。

　　《道地經》，（東漢）安世高譯，《大正新修大藏經》第 15 冊。

　　《法受塵經》，（東漢）安世高譯，《大正新修大藏經》第 17 冊。

　　《阿含口解十二因緣經》，（東漢）安世高譯，《大正新修大藏經》
第 25 冊。

　　《法鏡經》，（東漢）安玄共嚴佛調譯，《大正新修大藏經》第
12 冊。

　　《道行般若經》，（東漢）支婁加讖譯，《大正新修大藏經》第
8 冊。

　　《兜沙經》，（東漢）支婁加讖譯，《大正新修大藏經》第 8 冊。

　　《阿閦佛國經》，（東漢）支婁加讖譯，《大正新修大藏經》第
12 冊。

　　《遺日摩尼寶經》，（東漢）支婁加讖譯，《大正新修大藏經》第
12 冊。

《般舟三昧經》（三卷本），（東漢）支婁加讖譯，《大正新修大藏經》第 12 冊。

《文殊師利問菩薩署經》，（東漢）支婁加讖譯，《大正新修大藏經》第 14 冊。

《伅真陀羅所問如來三昧經》，（東漢）支婁加讖譯，《大正新修大藏經》第 15 冊。

《阿闍世王經》，（東漢）支婁加讖譯，《大正新修大藏經》第 15 冊。

《內藏百寶經》，（東漢）支婁加讖譯，《大正新修大藏經》第 17 冊。

《成具光明定意經》，（東漢）支曜譯，《大正新修大藏經》第 15 冊。

《修行本起經》，（東漢）竺大力共康孟祥譯，《大正新修大藏經》第 3 冊。

《中本起經》，（東漢）曇果共康孟祥譯，《大正新修大藏經》第 4 冊。

《六度集經》，（吳）康僧會譯，《大正新修大藏經》第 3 冊。

《撰集百緣經》，舊題，（三國·吳）支謙譯，《大正新修大藏經》第 4 冊。

《法句譬喻經》，（西晋）法炬共法立譯，《大正新修大藏經》第 4 冊。

《百喻經》，（蕭齊）求那毗地譯，《大正新修大藏經》第 4 冊。

《阿育王傳》，（西晋）安法欽譯，《大正新修大藏經》第 50 冊。

《大莊嚴論經》，（後秦）鳩摩羅什譯，《大正新修大藏經》第 4 冊。

《佛本行集經》，（隋）闍那崛多譯，《大正新修大藏經》第 3 冊。

近代漢語部分

《王梵志詩校注》，（唐）王梵志著，項楚校注，上海古籍出版社

1991 年版。

《入唐求法巡禮行記》，〔日〕圓仁撰，顧承甫、何泉達點校，上海古籍出版社 1986 年版。

《敦煌變文校注》，黃征、張湧泉校注，中華書局 1997 年版。

《祖堂集》，（南唐）泉州招慶寺靜、筠法師合撰，中華書局 2007 年版。

《近代漢語語法資料彙編》，（唐五代卷）劉堅、蔣紹愚主編，商務印書館 1990 年版。

《近代漢語語法資料彙編》，（宋代卷）劉堅、蔣紹愚主編，商務印書館 1995 年版。

《新刊大宋宣和遺事》，中國古典文學出版社 1954 年版。

《新編五代史平話》，中華書局上海編輯所編輯，中華書局 1959 年版。

《朱子語類》，（宋）黎靖德編，王星賢點校，中華書局 1994 年版。

《新校元刊雜劇三十種》，徐沁君校點，中華書局 1980 年版。

《近代漢語語法資料彙編》，（元代明代卷）劉堅、蔣紹愚主編，商務印書館 1995 年版。

《老乞大諺解》，《朝鮮時代漢語教科書叢刊》（第 1 冊），汪維輝編，中華書局 2005 年版。

《朴通事諺解》，《朝鮮時代漢語教科書叢刊》（第 1 冊），汪維輝編，中華書局 2005 年版。

《訓世評話》，李邊編著，《朝鮮時代漢語教科書叢刊》（第 1 冊），汪維輝編，中華書局 2005 年版。

《金瓶梅詞話》，（明）蘭陵笑笑生著，香港太平書局 1982 年版。

《金瓶梅詞話》，（明）蘭陵笑笑生著，戴鴻森校注，人民文學出版社 1985 年版。

《醒世姻緣傳》，（清）西周生著，黃肅秋校注，上海古籍出版社 1981 年版。

《聊齋俚曲集》，蒲松齡著，《蒲松齡集》，路大荒整理，上海古籍出版社 1986 年版。

《紅樓夢》，（清）曹雪芹、高鶚著，人民文學出版社 2000 年版。

《兒女英雄傳》，（清）文康著，人民文學出版社 1983 年版。

《海上花列傳》，（清）韓邦慶著，人民文學出版社 1982 年版。

《官場現形記》，（清）李寶嘉著，人民文學出版社 1957 年版。

《老殘遊記》，（清）劉鶚著，人民文學出版社 1982 年版。

現代漢語部分

《生死場》，蕭紅著，人民文學出版社 1981 年版。

《駱駝祥子》，老舍著，人民文學出版社 1978 年版。

《北京人》，曹禺著，文化生活出版社 1946 年版。

《雷雨》，曹禺著，人民文學出版社 1994 年版。

《日出》，曹禺著，人民文學出版社 1994 年版。

《原野》，曹禺著，人民文學出版社 1994 年版。

《蛻變》，曹禺著，人民文學出版社 1994 年版。

《明朗的天》，曹禺著，人民文學出版社 1960 年版。

《膽劍篇》，曹禺著，四川人民出版社 1979 年版。

《王昭君》，曹禺著，四川人民出版社 1979 年版。

《圍城》，錢鍾書著，人民文學出版社 1978 年版。

《編輯部的故事》，王朔等編著，中國工人出版社 1992 年版。

《你是一條河》，池莉著，江蘇文藝出版社 2006 年版。

《汪曾祺自選集》，汪曾祺著，灕江出版社 1987 年版。

《皇城根》，陳建功、趙大年著，作家出版社 1992 年版。

《妻妾成群》，蘇童著，上海文藝出版社 2004 年版。

《在細雨中呼喊》，余華著，上海文藝出版社 2004 年版。

《萬壽寺》，王小波著，北方文藝出版社 2006 年版。

《河邊的錯誤》，余華著，長江文藝出版社 1992 年版。

《一個地主的死》,《戰慄》, 余華著, 新世界出版社 1999 年版。

《現實一種》, 余華著, 新世界出版社 1999 年版。

《在細雨中呼喊》, 余華著, 上海文藝出版社 2004 年版。

《夏季臺風》, 余華著, 上海文藝出版社 2004 年版。

主要參考文獻

《語法化的世界詞庫》，Bernd Heine Tania Kuteva、［德］龍海平、谷峰、肖小平，世界圖書出版公司 2012 年版。

巴丹：《極性程度副詞"極其"與"極爲"》，《漢語學報》2011年第 2 期。

鮑爾·J. 霍伯爾、伊麗莎白·克勞絲·特拉格特：《語法化學說》（第二版），［美］梁銀峰，復旦大學出版社 2008 年版。

畢永峨：《不定量詞詞義與構式的互動》，《中國語文》2007 年第 6 期。

蔡鏡浩：《魏晉南北朝詞語例釋》，江蘇古籍出版社 1990 年版。

曹廣順：《敦煌變文中的雙音節副詞》，《語言學論叢》第十二輯，商務印書館 1984 年版。

岑玉珍：《漢語副詞詞典》，北京大學出版社 2013 年版。

晁代金：《"越來越 X"用法補說》，《文學教育》2011 年第 10 期。

陳群：《說"越來越 A"》，《漢語學習》1999 年第 2 期。

陳群：《近代漢語程度副詞研究》，巴蜀書社 2006 年版。

陳群：《李白詩歌中的程度副詞考察》，《綿陽師範學院學報》2012 年第 1 期。

陳寶勤：《漢語詞彙的生成與演化》，商務印書館 2011 年版。

陳克炯：《先秦程度副詞補論》，《古漢語研究》1998 年第 3 期。

陳蘭芬：《中古漢語程度副詞探析》，碩士學位論文，華南師範大學，2004 年。

陳祥明：《從語言角度看〈撰集百緣經〉的譯者及翻譯時代》，《語言研究》2009 年第 1 期。

陳秀蘭：《敦煌變文詞彙研究》，四川民族出版社 2002 年版。

陳秀蘭：《六朝文與佛典語言比較研究》，浙江大學博士後出站報告，2003 年。

陳秀蘭：《從常用詞看魏晉南北朝文與漢文佛典語言的差異》，《古漢語研究》2004 年第 1 期。

陳秀蘭：《魏晉南北朝文與漢文佛典的極度副詞研究》，《語言科學》2004 年第 2 期。

陳燕玲：《"很"與"太"連帶結構的比較與分析》，《泉州師範學院學報》2004 年第 3 期。

程美珍：《受"有點兒"修飾的詞語的褒貶義》，《世界漢語教學》1989 年第 3 期。

程文文：《簡帛醫籍程度副詞研究》，《開封教育學院學報》2014 年第 8 期。

程湘清主編：《兩漢漢語研究》《先秦漢語研究》《兩漢漢語研究》《魏晉南北朝漢語研究》《隋唐五代漢語研究》《宋元明漢語研究》，山東教育出版社 1992 年版。

儲澤祥、肖揚、曾慶香：《通比性的"很"字結構》，《世界漢語教學》1999 年第 1 期。

刁晏斌：《"程度副詞 + 動詞性短語"論略》，《伊犁師範學院學報》2006 年第 1 期。

刁晏斌：《試論"程度副詞 + 一般動詞"形式》，《世界漢語教學》2007 年第 1 期。

董淑慧：《"敦煌變文"程度範疇研究》，碩士學位論文，南開大學，1997 年。

董秀芳：《詞彙化：漢語雙音詞的衍生和發展》（修訂本），商務印書館 2011 年版。

董志翹：《漢譯佛典中的"形容詞同義複疊修飾"》，《語文研究》

2007 年第 4 期。

董志翹、蔡鏡浩：《中古虛詞過語法例釋》，吉林教育出版社 1994 年版。

董治國：《古代漢語兼語句型新探》，《南開大學學報》1995 年第 6 期。

馮勝利：《漢語韵律句法學》，上海教育出版社 2000 年版。

付玉萍：《"老大"從形容詞到副詞的語法化歷程及其句法表現》，《首都師範大學學報》2006 年第 5 期。

傅書靈：《〈歧路燈〉程度副詞"極"字考察》，《安陽師範學院學報》2005 年第 4 期。

高育花 a：《中古程度副詞"頗"探微》，《溫州師範學院學報》2001 年第 1 期。

高育花 b：《中古漢語"更"探微》，《湘潭大學學報》2001 年第 3 期。

高育花：《中古漢語副詞研究》，黃山書社 2007 年版。

高育花：《漢語雙音節程度副詞"X 爲"的歷史發展及演變》，《長江學術》2010 年第 2 期。

高雲玲：《"更""更加"和"越發"》，《內江師範學院學報》2006 年第 5 期。

葛佳才：《東漢副詞系統研究》，嶽麓書社 2005 年版。

郭鴻傑：《基於語料庫的加拿大英語強化詞變異研究》，《外語教學與研究》2016 年第 3 期。

郭錫良：《古漢語語法研究芻議》，《語文導報》1985 年第 9 期；又見郭錫良《漢語史論集》（增補本），商務印書館 2005 年版。

郭錫良：《先秦漢語構詞法的發展》，《第一屆國際先秦漢語語法研討會論文集》，嶽麓書社 1994 年版；又見《漢語史論集》（增補本），商務印書館 2005 年版。

韓陳其：《古漢語單音節程度副詞之間的音義關係》，《徐州師院學報》1988 年第 4 期。

韓容洙：《現代漢語的程度副詞》，《漢語學習》2000 年第 3 期。

闞緒良：《南北朝時期的副詞"傷"》，《中國語研究》34 号，日本白帝社 1998 年版。

闞緒良：《〈齊民要術〉詞語雜記》，《語言研究》2003 年第 4 期。

郝琳：《動詞受程度副詞修飾的認知解釋》，《佳木斯大學社會科學學報》1999 年第 3 期。

何亞南：《〈三國志〉和裴注句法專題研究》，南京師範大學出版社 2004 年版。

何瑜群：《〈醒世恒言〉程度副詞計量研究》，《桂林航空工業學院學報》2013 年第 2 期。

洪波：《論漢語實詞虛化的機制》，《古漢語語法論集》，郭錫良主編，語文出版社 1998 年版。

洪波：《論平行虛化》，《漢語史研究集刊》第二輯，四川大學出版社 2000 年版。

洪波：《漢語歷史語法研究》，商務印書館 2010 年版。

洪成玉：《〈史記〉中的程度副詞"頗"》，《首都師範大學學報》1997 年第 1 期。

侯立睿：《〈國語〉程度副詞研究》，碩士學位論文，山西大學，2003 年。

胡敕瑞：《〈論衡〉與東漢佛典詞語比較研究》，巴蜀書社 2002 年版。

[美] 蘭蓋克（Ronald W. Langacker）：《認知語法基礎（第一卷）：理論前提》，牛保義、王義娜、席留生、高航，北京大學出版社 2013 年版。

許寶華、[日] 宮田一郎：《漢語方言大詞典》，中華書局 1999 年版。

[荷] 許理和：《關於初期漢譯佛經的新思考》，顧滿林譯，《漢語史研究集刊》第 4 輯，巴蜀書社 2001 年版。

〔荷〕許理和著：《最早的佛經譯文中的東漢口語成分》，蔣紹愚譯，《語言學論叢》第十四輯，商務印書館 1984 年版。

〔荷〕許理和著：《佛教征服中國》，李四龍、裴勇等譯，江蘇人民出版社 1998 年版。

黃侃述、黃焯編：《文字聲韻訓詁筆記》，上海古籍出版社 1983 年版。

黃征、張湧泉：《敦煌變文校注》，中華書局 1997 年版。

黃盛章：《談程度副詞》，《語文學習》1957 年第 4 期。

黃士平：《“越……越……”語句的邏輯解讀》，《江漢大學學報》2001 年第 2 期。

黃祥年：《比較句中的“更”和“還”》，《語言教學與研究》1984 年第 1 期。

黃增壽：《漢譯佛經中作狀語的“甚大”》，《濟南大學學報》2005 年第 5 期。

黃增壽：《〈賢愚經〉狀語研究》，博士學位論文，南京大學，2005 年。

季薇：《現代漢語程度副詞研究》，光明日報出版社 2011 年版。

江藍生：《魏晉南北朝小說詞語匯釋》，語文出版社 1988 年版。

江藍生：《語法化程度的語音表現》，《中國語言學的新拓展》，香港城市大學出版社 1999 年版。

江藍生、曹廣順、吳福祥：《近代漢語研究的回顧與前瞻》，《中國語言學現狀與展望》，許嘉璐、王福祥、劉潤清主編，外語教學與研究出版社 1996 年版。

蔣冀騁、吳福祥：《近代漢語綱要》，湖南教育出版社 1997 年版。

蔣禮鴻：《敦煌變文字義通釋》（第 4 次增訂本），上海古籍出版社 1981 年版。

蔣紹愚：《唐詩語言研究》，中州古籍出版社 1990 年版。

蔣紹愚：《白居易詩詞語詮釋》，《國學研究》（第二卷），北京大學出版社 1995 年版。

蔣紹愚:《近代漢語研究概要》,北京大學出版社 2005 年版。

解惠全:《談實詞的虛化》,《語言研究論從》第四輯,南開大學出版社 1987 年版。

解惠全:《關於虛詞複音化的一些問題》,《語言研究論叢》第七輯,南開大學出版社 1997 年版。

金晶:《〈全元散曲〉中馬致遠作品之程度副詞研究》,《邯鄲職業技術學院學報》2014 年第 2 期。

金紅梅、張家合:《〈顏氏家訓〉程度副詞系統考》,《懷化學院學報》2013 年第 9 期。

雷冬平、胡麗珍:《說說程度副詞"暴"和"超"》,《漢語學習》2011 年第 5 期。

黎錦熙:《新著國語文法》,商務印書館 2000 年版。

李圃:《甲骨文選注》,上海古籍出版社 1989 年版。

李計偉:《試論程度副詞"老大"的來源》,《雲南師範大學學報》(對外漢語教學與研究版)2005 年第 6 期。

李傑群:《"甚"的詞性演變》,《語文研究》1986 年第 2 期。

李傑群:《上古漢語程度副詞考辨》,《紀念王力先生九十誕辰文集》,山東教育出版社 1992 年版。

李晉霞:《"好"的語法化與主觀化》,《世界漢語教學》2005 年第 1 期。

李俊輝:《〈歧路燈〉程度副詞語法化考察》,碩士學位論文,山東大學,2006 年。

李露蕾:《甚詞演變的一種趨勢》,《中國語文》1986 年第 6 期。

李宇明:《漢語量範疇研究》,華中師範大學出版社 2000 年版。

李佐豐:《先秦漢語實詞》,北京廣播學院出版社 2003 年版。

梁啟超著:《佛學研究十八篇》,陳士強導讀,上海古籍出版社 2001 年版。

梁曉虹:《試論〈正法華經〉中的同義複合副詞》,《語苑集錦》,上海教育出版社 2001 年版。

林娟：《程度副詞修飾無性狀量級動詞性成分考察》，《深圳大學學報》2012 年第 1 期。

藺璜、郭姝慧：《程度副詞的特點範圍與分類》，《山西大學學報》（哲學社會科學版）2003 年第 2 期。

劉堅、曹廣順、吳福祥：《論誘發漢語詞彙語法化的若干因素》，《中國語文》1995 年第 3 期。

劉楚群：《說"越 V 越 A"》，《河北師範大學學報》2004 年第 4 期。

劉丹青：《語法化中的更新、強化與疊加》，《語言研究》2001 年第 2 期。

劉丹青：《漢語中的框式介詞》，《當代語言學》2002 年第 4 期。

劉丹青：《語序類型學與介詞理論》，商務印書館 2003 年版。

劉開驊：《中古漢語的並列雙音副詞》，《煙臺師範學院學報》（社會科學版）2004 年第 1 期。

劉凱鳴：《副詞"傷"源流初探》，《漢語學習》1985 年第 6 期。

劉曉惠：《〈搜神記〉程度副詞考察》，《山西廣播電視大學學報》2005 年第 3 期。

柳士鎮：《從語言角度看〈齊民要術〉卷前〈雜說〉非賈氏所作》，《中國語文》1989 年第 2 期。

柳士鎮：《魏晉南北朝歷史語法》，南京大學出版社 1992 年版。

柳士鎮：《試論中古語法的歷史地位》，《南京大學學報》2001 年第 5 期。

柳士鎮：《漢語歷史語法散論》，上海人民出版社 2007 年版。

龍國富：《"越来越……"构式語法化——从語法化的視角看語法构式的顯現》，《中国語文》2013 年第 1 期。

龍潛庵：《宋元語言詞典》，上海辭書出版社 1985 年版。

盧惠惠：《古代白話小說句式研究》，學林出版社 2007 年版。

盧惠惠：《近代漢語程度副詞"好"的語法化》，《語言研究》2009 年第 4 期。

盧惠惠：《近代漢語程度副詞"好"的語法化及其語體特徵》，《語言研究集刊》2009 年第 6 輯。

陸彥：《近代漢語程度副詞研究述評》，《蘇州教育學院學報》2014 年第 2 期。

陸儉明：《"還"和"更"》《現代漢語虛詞散論》，陸儉明、馬真著，語文出版社 1999 年版。

陸儉明：《"更加"和"越發"》，《現代漢語虛詞散論》陸儉明、馬真著，語文出版社 1999 年版。

呂澂：《中國佛學源流略講》，中華書局 1979 年版。

呂澂：《新編漢文大藏經目錄》，齊魯書社 1981 年版。

呂冀平：《漢語語法基礎》，商務印書館 2000 年版。

呂叔湘：《中國文法要略》，商務印書館 1956 年版。

呂叔湘：《漢語語法論文集》（增訂本），商務印書館 1984 年版。

呂叔湘：《現代漢語八百詞》（增訂本），商務印書館 1999 年版。

呂叔湘著：《近代漢語指代詞》，江藍生補，學林出版社 1985 年版。

呂雅賢：《從先秦到西漢程度副詞的發展》，《北京大學學報》1992 年第 2 期。

馬真：《先秦複音詞初探》，《北京大學學報》1980 年第 5 期。

馬真：《先秦複音詞初探》，《北京大學學報》1981 年第 1 期。

馬真：《程度副詞在表程度比較的句式中的分佈情況考察》，《世界漢語教學》1988 年第 2 期。

馬真：《簡明實用漢語語法教程》，北京大學出版社 1997 年版。

馬真：《說副詞"有一點兒"》，《世界漢語教學》1989 年第 4 期。

馬忠：《古代漢語語法》，山東教育出版社 1983 年版。

馬建忠：《馬氏文通》，商務印書館 1983 年版。

馬清華：《強程度標記的疊加》，《華東師範大學學報》2003 年第 3 期。

馬慶株：《漢語動詞及動詞性結構》，北京大學出版社 2005 年版。

馬幼垣、馬泰來：《京本通俗小說各篇的年代及真偽問題》，《清華學報》1965 年第五卷第 1 期。

孟蓬生：《副詞"頗"的來源及其發展》，《中國語文》2015 年第 4 期。

孟豔紅：《〈五燈會元〉程度副詞研究》，碩士學位論文，武漢大學，2004 年。

聶志平：《關於"Ｘ得很"中"很"的性質》，《中國語文》2005 年第 1 期。

齊滬揚、張誼生、陳昌來：《現代漢語虛詞研究綜述》，安徽教育出版社 2002 年版。

錢慧：《〈孟子〉中的程度副詞研究》，《唐山師範學院學報》2015 年第 4 期。

沈家煊：《"語法化"研究綜觀》，《外語教學與研究》1994 年第 4 期。

沈家煊：《實詞虛化的機制——〈虛化而來的語法〉評介》，《當代語言學》1998 年第 3 期。

沈家煊：《認知與漢語語法研究》，商務印書館 2009 年版。

史金生：《"畢竟"類副詞的功能差異及語法化歷程》，《語法化與語法研究》（一），吳福祥、洪波主編，商務印書館 2003 年版。

石毓智：《語法化的動因與機制》，北京大學出版社 2006 年版。

疏蒲劍：《程度副詞的漢日對比研究》，《漢日語言對比研究論叢》2016 年第 7 輯。

束定芳：《認知語義學》，上海外語教育出版社 2008 年版。

宋洪民：《〈史記〉副詞"最"特殊句法位置試析》，《古漢語研究》2002 年第 2 期。

蘇興：《京本通俗小說辨疑》，《文物》1978 年第 3 期。

孫朝奮：《〈虛化論〉評介》，《當代語言學》1994 年第 4 期。

孫錫信：《漢語歷史語法要略》，復旦大學出版社 1992 年版。

［日］太田辰夫：《漢語史通考》，重慶出版社 1958 年版。

［日］太田辰夫：《中國語歷史文法》（修訂譯本），蔣紹愚、徐昌華譯，北京大學出版社 2003 年版。

覃興華：《〈莊子〉程度副詞研究》，碩士學位論文，山西大學，2006 年。

唐韻：《近代漢語的程度副詞"十分"》，《四川師範學院學報》1992 年第 4 期。

唐善生：《"程度副詞＋名"與"程度副詞＋有＋名"結構》，《華中師範大學學報》1992 年第 5 期。

唐賢清：《〈朱子語類〉中的副詞"大段"》，《湖南大學學報》2002 年第 6 期。

唐賢清：《〈朱子語類〉副詞"大故"探析》，《船山學刊》2003 年第 2 期。

唐賢清：《〈朱子語類〉中的"太""煞"與"太煞"》，《雲夢學刊》2003 年第 5 期。

唐賢清：《近代漢語副詞"可煞"的演變規律》，《中南大學學報》2003 年第 1 期。

唐賢清：《近代漢語副詞"太煞"芻議》，《湖南社會科學》2003 年第 3 期。

唐賢清：《副詞"煞"與"殺"句法分佈的歷時演變》，《長沙電力學院學報》2004 年第 2 期。

唐賢清：《朱子語類副詞研究》，湖南人民出版社 2004 年版。

唐賢清、羅主賓：《程度副詞作補語的跨語言考察》，《民族語文》2014 年第 1 期。

唐智燕：《漢語商貿詞彙演變研究》，中國社會科學出版社 2010 年版。

唐智燕：《漢代商貿類常用詞的歷史演變》，《湘潭大學學報》2011 年第 4 期。

唐智燕：《清代寧波契約文書中"更田"類常用詞的解讀》，《史學月刊》2011 年第 10 期。

　　唐智燕:《論近代民間不動買賣契約文書的語言風格》,《當代修辭學》2012 年第 2 期。

　　田家隆:《程度副詞"非常""異常""無比""萬分"的衍生與發展》,《國際漢語學報》2015 年第 1 輯。

　　汪維輝:《東漢—隋常用詞演變研究》,南京大學出版社 2000 年版。

　　汪維輝:《試論〈齊民要術〉的語料價值》,《古漢語研究》2004 年第 4 期。

　　汪維輝:《〈齊民要術〉卷前"雜說"非賈氏所作補證》,《古漢語研究》2006 年第 2 期。

　　汪維輝:《〈齊民要術〉詞彙語法研究》,上海教育出版社 2007 年版。

　　汪曉莉、李嬌嬌:《基於語料庫的〈長恨歌〉英譯本中程度副詞的強化研究》,《上海對外經貿大學學報》2015 年第 5 期。

　　王靜:《"很"的語法化過程》,《淮陰師範學院學報》2003 年第 4 期。

　　王靜:《"很""非常"和"十分"的不對稱及其原因》,《黃河科技大學學報》2003 年第 4 期。

　　王珏:《可受程度副詞修飾的動詞短語》,《解放軍外國語學院學報》1992 年第 1 期。

　　王軍:《漢語工具範疇》,中國石化出版社 2013 年版。

　　王力:《中國現代語法》,商務印書館 1954/1985 年版。

　　王力:《漢語史稿》,中華書局 1980 年版。

　　王力:《漢語語法史》,商務印書館 1989 年版。

　　王寅:《認知語言學》,上海外語教育出版社 2007 年版。

　　王海棻:《六朝以後漢語疊架現象舉例》,《中國語文》1991 年第 5 期。

　　王繼如:《訓詁學:面對新世紀》,《訓詁問學叢稿》,江蘇古籍出版社 2001 年版。

王麗潔:《〈型世言〉程度副詞研究》,碩士學位論文,山東大學,2007 年。

王秀玲:《程度副詞"分外"的來源及其發展》,《古漢語研究》2007 年第 4 期。

吳福祥:《敦煌變文語法研究》,嶽麓書社 1996 年版。

吳福祥:《關於語法化的單向性問題》,《當代語言學》2003 年第 4 期。

吳福祥:《漢語伴隨介詞語法化的類型學研究》,《中國語文》2003 年第 1 期。

吳福祥:《語法化與漢語歷史語法研究》,安徽教育出版社 2004 年版。

吳福祥:《漢語主觀性與主觀化研究》,商務印書館 2011 年版。

吳福祥:《近代漢語語法》,中國社會科學出版社 2015 年版。

吳立紅:《狀態形容詞的程度磨損及其表達式的變化》,《修辭學習》2005 年第 6 期。

吳琦幸:《"傷"字新解》,《中國語文》1982 年第 1 期。

武振玉:《〈兒女英雄傳〉中的程度副詞述評》,《綏化師專學報》2003 年第 4 期。

武振玉:《〈朱子語類〉中的"十分"》,《古籍整理研究學刊》2004 年第 2 期。

武振玉:《程度副詞"非常、異常"的產生與發展》,《古漢語研究》2004 年第 2 期。

武振玉:《程度副詞"好"的產生和發展》,《吉林大學社會科學學報》2004 年第 2 期。

武振玉:《程度副詞"十分"的產生與發展》,《山東教育學院學報》2004 年第 6 期。

武振玉:《古漢語中雙音程度副詞的產生和發展》,《新疆師範大學學報》2005 年第 2 期。

武振玉：《試論〈三言二拍〉中的雙音程度副詞》，《延邊大學學報》2005 年第 2 期。

夏齊富：《程度副詞再分類試探》，《安慶師範學院社會科學學報》1996 年第 2 期。

［日］香阪順一著：《水滸傳詞彙研究（虛詞部分）》，植田均譯、李思明校，文津出版社 1992 年版。

向熹：《簡明漢語史》，商務印書館 2010 年版。

肖奚強：《"更"字歧義句及其相關句式》，《南京師範大學學報》1993 年第 4 期。

肖奚強：《談程度副詞"太$_1$"和"太$_2$"》，《零陵學院學報》2002 年第 1 期。

肖奚強：《相對程度副詞句法語義分析》，《南京師範大學學報》2003 年第 6 期。

肖奚強、錢如玉：《現代漢語副詞研究綜述》，《雲南師範大學學報》（對外漢語教學與研究版）2006 年第 3 期。

邢福義：《"越 X，越 Y"句式》，《中國語文》1985 年第 3 期。

邢福義：《漢語語法學》，東北師範大學出版社 1997 年版。

邢公畹主編：《現代漢語教程》，南開大學出版社 1994 年版。

徐朝華：《上古漢語的程度詞》，《河北師院學報》1993 年第 3 期。

徐建宏：《程度副詞"很"與"太"的用法辨析》，《遼寧大學學報》（哲學社會科學版）2005 年第 2 期。

徐俊霞：《程度副詞"非常"的來源》，《殷都學刊》2003 年第 1 期。

亞里斯多德：《範疇論》，商務印書館 1997 年版。

楊伯峻：《文言文法》，中華書局 1983 年版。

楊伯峻、何樂士：《古漢語語法及其發展》，商務印書館 2001 年版。

楊從潔：《不定量詞"點"以及"一點""有點"的用法》，《語言教學與研究》1988 年第 3 期。

楊榮祥：《〈馬氏文通〉狀字部分存在的問題》，《語言研究》1996 年第 2 期。

楊榮祥：《漢語副詞形成芻議——以近代漢語爲例》，《語言學論叢》第二十三輯，商務印書館 2001 年版。

楊榮祥：《從歷史演變看 "VP＋甚/極" 的句法語義結構關係及 "甚/極" 的詞性》，《語法化與語法研究》（二），沈家煊、吳福祥、馬貝加主編，商務印書館 2005 年版。

楊榮祥：《近代漢語副詞研究》，商務印書館 2005 年版。

楊樹達：《詞詮》，中華書局 1979 年版。

楊樹達：《高等國文法》，商務印書館 1984 年版。

楊永龍：《〈朱子语类〉完成体研究》，河南大学出版社 2001 年版。

楊永龍：《汉語史論稿》，中國社會科學出版社 2009 年版。

姚梅林、吳建民：《遷移機制與語言遷移》，《寧波大學學報》2000 年第 1 期。

姚佔龍：《也談能受程度副詞修飾的 "有＋名" 結構》，《漢語學習》2004 年第 4 期。

殷曉傑：《"面" 與 "臉" 的歷時演變與共時分佈》，《漢語史學報》2010 年第九輯。

殷曉傑：《近代漢語 "一會兒" 義詞的歷時演變與共時分佈》，《南開語言學刊》2010 年第 2 期。

殷曉傑：《明清山東方言詞彙研究》，中國社會科學出版社 2011 年版。

殷曉傑：《"抬類詞" 共時分佈的歷時考察》，《浙江師範大學學報》2012 年第 2 期。

殷曉傑、何意超：《"甘" "甜" 歷時替換考》，《漢語學報》2013 年第 1 期。

殷曉傑、張家合：《"找" "寻" 的历时替换及相关問題》，《漢語學報》2011 年第 3 期。

殷曉傑、張家合：《山東膠南話中的"一Ｖ"結構》，《中國語文》2011 年第 3 期。

殷曉傑、張家合：《近代漢語"掇類詞"的時空演變及其相關問題》，《南開語言學刊》2011 年第 2 期。

袁賓：《近代漢語"好不"考》，《中國語文》1984 年第 3 期。

袁賓等：《宋語言詞典》，上海教育出版社 1997 年版。

袁明軍：《受程度副詞修飾的述賓結構中動詞的類》，《語言學論輯》（3），南開大學出版社 2000 年版。

張斌：《漢語語法學》，上海教育出版社 1998 年版。

張相：《詩詞曲語辭匯釋》，中華書局 1953 年版。

張桂賓：《相對程度副詞與絕對程度副詞》，《華東師範大學學報》1997 年第 2 期。

張國憲：《現代漢語形容詞的典型特徵》，《中國語文》2000 年第 5 期。

張家合：《程度副詞"越""越發"的語法化及相關問題》，《漢語學習》2010 年第 5 期。

張家合：《程度副詞"過""過於"的語法化及功能差異》，《佳木斯大學學報》2010 年第 5 期。

張家合：《〈世說新語〉心理動詞研究》，《阜陽師範學院學報》2010 年第 6 期。

張家合：《中古漢語程度副詞探析》，《唐山師範學院學報》2010 年第 6 期。

張家合：《從程度副詞看中土文獻與漢譯佛經的差異》，《泰山學院學報》2012 年第 1 期。

張家合：《漢語"更加"類副詞的歷時演變》，《浙江師範大學學報》2013 年第 1 期。

張家合：《〈元曲選〉曲文跟賓白的語言差異：以常用詞"站—立""若—如"爲例》，《浙江師範大學學報》2016 年第 2 期。

張美蘭：《近代漢語論稿》，江西教育出版社 2004 年版。

張琪昀：《“太”“很”考辨》，《漢語學習》2002 年第 4 期。

張萬起：《世說新語詞典》，商務印書館 1993 年版。

張文國：《古漢語語法學》，巴蜀書社 2003 年版。

張亞軍：《副詞與限定描寫功能》，安徽教育出版社 2002 年版。

張詒三：《〈三國志·魏書〉程度副詞的特點》，《殷都學刊》2001 年第 3 期。

張誼生：《論與漢語副詞相關的虛化機制——兼論現代漢語副詞的性質、分類與範圍》，《中國語文》2000 年第 1 期。

張誼生：《程度副詞充當補語的多維考察》，《世界漢語教學》2000 年第 2 期。

張誼生：《現代漢語虛詞研究》，華東師範大學出版社 2000 年版。

張誼生：《現代漢語副詞探索》，學林出版社 2004 年版。

張誼生：《“太”的語義內涵和語用規約》，《中國語言學報》，商務印書館 2006 年版。

張誼生：《從間接的跨層連用到典型的程度副詞——“極其”詞彙化和副詞化的演化歷程和成熟標誌》，《古漢語研究》2007 年第 4 期。

張誼生：《程度副詞“到頂”與“極頂”的功能、配合與成因》，《世界漢語教學》2013 年第 1 期。

張誼生：《介詞的演變、轉化及其句式》，商務印書館 2016 年版。

張玉金：《甲骨文虛詞詞典》，中華書局 1994 年版。

張振德、宋子然：《〈世說新語〉語言研究》，巴蜀書社 1995 年版。

趙軍：《程度副詞“頂”的形成與分化》，《雲南師範大學學報》（對外漢語教學與研究版）2005 年第 3 期。

趙軍：《“最”類極性程度副詞的形成和發展》，《寧夏大學學報》2009 年第 4 期。

趙長才：《〈莊子〉的程度副詞系統》，《漢語史學報》第六輯，浙江大學出版社 2006 年版。

鄭燕萍:《〈型世言〉程度副詞句法語義分析》,《學術交流》2007 年第 4 期。

［日］志村良治:《中國中世語法史研究》,江藍生、白維國譯,中華書局 1995 年版。

鍾兆華:《近代漢語虛詞研究》,中國社會科學出版社 2011 年版。

周秉鈞:《古漢語綱要》,湖南人民出版社 1981 年版。

周鳳彤:《副詞芻議》,《齊齊哈爾師範學院學報》1988 年第 2 期。

周廣幹:《〈左傳〉〈國語〉程度副詞比較研究》,《南陽師範學院學報》2011 年第 11 期。

周小兵:《論漢語的程度副詞》,《中國語文》1995 年第 2 期。

周元琳:《"(一)點兒"的語法功能和語用特徵》,《安慶師範學院社會科學學報》1999 年第 5 期。

朱德熙:《現代漢語形容詞研究》,《語文研究》1956 年第 1 期。

朱德熙:《語法講義》,商務印書館 1982 年版。

朱冠明:《口語中新流行的程度副詞"巨"》,《語文建設通訊》2005 年第 3 期。

朱慶之:《佛典與中古漢語詞彙研究》,文津出版社 1992 年版。

朱慶之:《試論佛典翻譯對中古漢語詞彙發展的若干影響》,《中國語文》1992 年第 4 期。

朱慶之:《佛教混合漢語初論》,《語言學論叢》第二十四輯,商務印書館 2001 年版。

朱自清、葉聖陶、呂叔湘合編:《文言讀本》,上海教育出版社 1980 年版。

祝鴻傑:《試論若干甚辭的來源》,《語言研究》1987 年第 2 期。

祝敏徹:《從〈史記〉〈漢書〉〈論衡〉看漢代複音詞的構詞法》,《語言學論叢》第八輯,商務印書館 1981 年版。

祝敏徹:《〈朱子語類〉句法研究》,長江文藝出版社 1991 年版。

後　記

　　程度副詞是歷史漢語研究的熱點問題之一，已有不少學者對此問題進行研究，取得了喜人的成果。從讀博開始，我對漢語程度副詞進行了長時間的關注，傾注了自己的熱情，並有幸得到各類課題的資助。我雖努力前行，但生性愚拙，疏懶成性，愧對師長的關愛和期待。總是希望能夠集中時間和精力，好好梳理漢語程度副詞的源流和發展，現迫於各種要求，匆忙付梓。

　　感謝博士導師柳士鎮教授。從求學南京開始，至今已近十二載，先生對我的影響和關心是多方面的。大到畢業論文的選題，個人事業的發展，小到論文的標點，孩子的成長。或是耳提面命，或是郵件指教，諄諄教誨，沒齒難忘！

　　感謝碩士導師王志瑛教授。在我最艱難的時候，給了我求學的機會，引我進入漢語歷史語法研究領域。先生多年來一直關注我的學業和發展，給予我慈母般的鼓勵和支持。

　　感謝論文開題、寫作和答辯進行指導的各位先生。他們是陳文傑博士、董志翹教授、高小方教授、何亞南教授、李開教授、劉曉南教授、魯國堯教授、馬景侖教授、汪維輝教授。

　　同門白雁南、陳明富、程亞恒、何亮、胡萍、羅榮華、王軍、張豔、張延俊等，在論文寫作過程中，提供了大量的幫助，一併致謝。

　　感謝張先亮教授、張湧泉教授對我的關心和幫助，感謝浙江師範大學漢語言文學一級學科，尤其是語言學科各位教師對我的關心和幫助。

　　感謝中國社會科學出版社的蘿莉編輯和任明編輯，他們為本書的出版做了大量的工作。

　　感謝家人的一直以來的關愛、理解和支持。

　　　　　　　　　　　　　　　　　　張家合

　　　　　　　　　　　　　　　2017 年 4 月於金華